甘肃省软科学项目"高质量发展视域下甘肃省推进城乡融合的发展机制与政策实践研究" 阶段性成果（项目编号：23JRZA426）

学文
术库

高质量发展视域下
推进城乡融合发展的理论构建
与政策实践研究

雷兴长　谭伊茗　伏广彬◎著

中国财经出版传媒集团

经济科学出版社
Economic Science Press

·北京·

图书在版编目（CIP）数据

高质量发展视域下推进城乡融合发展的理论构建与政
策实践研究/雷兴长，谭伊茗，伏广彬著. -- 北京：
经济科学出版社，2024.12. --（兰州财经大学学术文库
）. -- ISBN 978 - 7 - 5218 - 6566 - 0

Ⅰ. F299.21

中国国家版本馆 CIP 数据核字第 2024EY8149 号

责任编辑：杜　鹏　张立莉　武献杰
责任校对：郑淑艳
责任印制：邱　天

高质量发展视域下推进城乡融合发展的理论构建与政策实践研究
GAOZHILIANG FAZHAN SHIYUXIA TUIJIN CHENGXIANG RONGHE FAZHAN DE
LILUN GOUJIAN YU ZHENGCE SHIJIAN YANJIU

雷兴长　谭伊茗　伏广彬◎著

经济科学出版社出版、发行　新华书店经销
社址：北京市海淀区阜成路甲 28 号　邮编：100142
编辑部电话：010-88191441　发行部电话：010-88191522
网址：www. esp. com. cn
电子邮箱：esp_bj@ 163. com
天猫网店：经济科学出版社旗舰店
网址：http://jjkxcbs. tmall. com
固安华明印业有限公司印装
710 × 1000　16 开　15 印张　280000 字
2024 年 12 月第 1 版　2024 年 12 月第 1 次印刷
ISBN 978 - 7 - 5218 - 6566 - 0　定价：99.00 元
（图书出现印装问题，本社负责调换。电话：010 - 88191545）
（版权所有　侵权必究　打击盗版　举报热线：010 - 88191661
QQ：2242791300　营销中心电话：010 - 88191537
电子邮箱：dbts@ esp. com. cn）

前　言

实现"高质量发展"和推进"城乡融合发展"是党的二十大重要精神。高质量发展视域下推进城乡融合发展，要把握好"高质量发展"和城乡融合发展的内在联系；处理好城乡融合发展和畅通城乡要素流动的因果关系；协调好城乡融合发展的城市和乡村之间的互动关系；化解好乡村传统要素和城市现代要素的融合关系；衔接好农业转移人口与市民化的转化关系；驾驭好城乡要素流动与乡村体制开放的对应关系；统筹好"镇域"转型与"县域"发展的一体化关系。

一、把握好"高质量发展"和"城乡融合发展"的内在联系

"城乡融合发展"不仅反映了城乡关系发展的新阶段，而且是新时代实现"高质量发展"主题的内在要求。党的二十大报告在提出"坚持以推动高质量发展为主题"的同时，要求"着力推进城乡融合和区域协调发展"。由此可见，"城乡融合发展"已经成为推动"高质量发展"的重要途径。

目前，影响高质量发展的主要问题之一是发展不平衡，具体表现为城乡之间发展不平衡和区域之间发展不协调，尤其是城乡发展不平衡问题表现得更为突出。城乡收入水平差距仍然较大，乡村居民人均收入偏低，农业农村现代化有待提升，这涉及 6 亿多农村户籍人口。2021 年，按常住地区分，城镇居民人均可支配收入 47 412 元，农村居民人均可支配收入 18 931 元，城乡人均收入之差是 2.5：1①。解决城乡发展不平衡问题是"高质量发展"要面对的重大课题。为此，要大力推进城乡融合发展，实现农业农村现代化，积极化解城乡发展不平衡问题。因此，要准确把握好"高质量发展"和城乡融合发展的内在联系，提高对城乡融合发展的认知度。

首先，城乡融合发展是实现"高质量发展"的内在要求。通过城乡融合发展，推动农业农村现代化，提高乡村居民收入水平，尽快缩小城乡收入差距，落

---

① 资料来源：2021 年国民经济和社会发展统计公报。

实"高质量发展"的国家经济社会发展的战略目标。

其次，"高质量发展"是城乡融合发展的追求目标。通过城乡融合发展，提高乡村经济发展质量，实现第一、第二、第三产业融合发展，推动乡村经济进入新的发展阶段，实现乡村振兴，使城乡两大区域保持平衡发展。

最后，围绕"高质量发展"进行城乡融合的理论政策创新。城乡融合发展的理论政策创新，要与"高质量发展"的主题保持一致，推动城乡融合发展和"高质量发展"构成一个有机整体。

二、处理好城乡融合发展和畅通城乡要素流动的因果关系

要提高对"畅通城乡要素流动"的认知度。实现城乡融合发展的前提是"畅通城乡要素流动"。城乡融合发展的实质内容是城乡发展要素的高效深度融合，要素融合的主要方式是流动，尤其是城乡要素要自由流动。为此，党的二十大报告提出，"坚持城乡融合发展，畅通城乡要素流动"。

"畅通城乡要素流动"是实现城乡融合发展的内在要求。要认识到，城乡融合就是城乡要素的融合，要素融合的主要方式是通过市场实现有效流动，尤其是城乡要素要实现自由流动，最佳配置。因此，要建立健全"畅通城乡要素流动"的理论、体制、机制和政策体系，为城乡融合发展创造宽松的大环境。

首先，要围绕"畅通城乡要素流动"进行有关城乡融合发展的理论体系创新。要依据"畅通城乡要素流动"，构建城乡融合发展的理论学科体系，推进城乡融合的基础理论、重点理论和核心理论的内容研究。

其次，要围绕"畅通城乡要素流动"进行有关城乡融合发展的体制机制创新。重点是依据"畅通城乡要素流动"需要，进行体制改革和机制创新。一切不利于"畅通城乡要素流动"的体制机制要逐渐废弃，有利于"畅通城乡要素流动"的体制机制要积极推广、大胆应用。

最后，要围绕"畅通城乡要素流动"进行城乡融合发展的政策体系创新。要积极对县域、乡镇和下乡企业城乡融合发展的成功案例进行调查研究，为"畅通城乡要素流动"政策体系创新，提供实践依据。

三、协调好城乡融合发展的城市和乡村之间的互动关系

城乡融合发展的主战场在乡村，而城乡融合发展的能量却在城市，这无形之中加大了城乡之间协调推进融合发展的难度。推进城乡融合发展，是为实现农业农村现代化和提高乡村居民收入，主战场必然在乡村。在城乡之间，哪一方拥有

更多的现代要素，那么这一方的内生发展动能就比较旺盛，就会掌握城乡融合发展的主导权。

在占有现代发展要素上，城乡之间存在着明显差异。城市是现代产业聚集区域，乡村是传统产业生存区域。城市是现代文化、时尚文化生活的聚集区，乡村是传统文化、民俗文化生活的传承区。城市聚集着大量的高素质人力资源，乡村拥有着庞大的廉价劳动力资源。城市是高技术、新业态的原发地，乡村是传统生产方式、原生态的守护地。城市主导着各类主要消费市场变化，乡村满足着原生态农产品市场需要。

在城乡之间，由于城市拥有更多先进的现代要素，以及强盛的内生发展动力，主导着国家经济与社会发展的大趋势，在大多领域，乡村只能是被动顺应城市的发展需求。由此可见，城市掌握着城乡融合发展的主导权。因此，新时代的城乡融合发展，国家有关部门和城市政府要积极协调好城市和乡村之间的互动关系。

首先，既要积极协调城乡发展关系，实现城乡同步发展；更要坚持"以城带乡"的融合方向，通过吸纳城市的现代要素和现代理念，带动乡村实现更快更好的高质量发展。

其次，通过行政区域改革或行政体制改革，扩大城市行政职能管辖的范围和责任，促进城市政府向辖区内乡村投入更多的各种现代要素，积极引导城乡融合发展，推动农业农村现代化。

最后，要把"城乡融合发展"事项纳入城市五年发展规划，地方公共事业建设向乡村倾斜，如乡村道路建设与维护、农村义务教育、乡村医疗事业等，使城市政府推进城乡融合发展的责任更加明确、更加具体，充分发挥主导作用。

四、化解好乡村传统要素和城市现代要素的融合关系

在 21 世纪，城乡融合更多地体现为：现代要素与传统要素的融合、新生元素和优秀基因的融合。具体表现为，现代第二、第三产业和传统农牧业的融合，城市现代理念和农村传统理念的融合，现代城市文化和传统农耕文化的融合，现代城市公共社会服务体系和传统乡村家族家庭自助互助体系的融合。

城乡融合是在拥有几千年历史传承优秀基因的乡村和拥有几百年发展现代基因的城市之间寻求形成一种新的发展模式，其难度是相当大的。因此，要积极主动地化解乡村传统要素和城市现代要素的融合过程产生的各种困惑与桎梏。

第一，推进城市现代要素与乡村传统要素的"有机融合"，要催生城乡之间

的利益纽带和价值链、技术链、产业链，形成城乡各个领域相互关联协调、密不可分的经济有机体。

第二，在城乡融合事务中，要始终把追求农业农村现代化和农民生活发展进步放在首位，城市要多投入、多贡献一些先进的现代要素，乡村要勇于利用现代理念，对传统要素创新转化，要展现出城乡运行一体化，城乡有机融合的生命力。

第三，作为传统要素沉积的乡村，要以积极开放的姿态，引入现代农业运行模式、引进现代工业生产力，导入现代城市生活服务体系，促进传统要素与现代要素的创新融合，推动乡村振兴大业。

第四，要逐渐改变乡村传统的谋生习俗和发展轨迹，逐步突破"靠山吃山"、单纯依靠自然资源的传统生存之道。要树立现代市场理念，依据国内外市场需求，建立乡镇产业开发区，聚集现代发展要素，开辟乡村产业发展的新道路。

五、衔接好农业转移人口与市民化的转化关系

城乡融合发展的重点任务之一是实现城乡人口融合。通过农业转移人口的市民化，推进城乡人力要素融合。提高农业转移人口市民化质量是城乡融合发展的重要目标，也是经济社会"高质量发展"的主要内容之一。

"三农"问题难以解决，城乡发展不平衡，主要原因是农村人口基数过大，农业劳动力过剩。国家统计局发布的《第三次全国农业普查主要数据公报》显示，2016 年末国内有 20 743 万农牧业经营户和 204 个农业经营单位，这就意味着国内存在着近 2.1 亿个拥有农业经营权的大小老板。尽管国内的农业市场空间不小，然而也难以承载 2 亿多个农业经营老板的市场博弈拼杀。伤亡惨重的结果，几乎是不可避免的，有些小农户就有可能成为市场经营的失败者。

同时，农业劳动力过多，造成人均占有耕地面积过少，直接影响实现农业现代化。2016 年，全国农业生产经营人员共有 31 422 万，农村居民家庭人均经营耕地面积也只有约 3.4 亩，难以实行农业适度规模化经营，直接影响乡村居民人均收入增长。因此，要着力推动城乡人口融合，提高农业转移人口市民化的数量与质量。

第一，大力促进城乡人口融合。深化户籍制度改革，健全城乡人口合理流动体制，尤其是要推进乡村人口流向城市的工作，鼓励乡村居民落户城镇就业生活，并为农业转移人口落户城市开通便利渠道，使乡村人力资源要素得到充分利用。

第二，大力提高乡村人口市民化质量。要形成乡村人口市民化机制，构建转移人口市民化标准指标，努力提高农业转移人口市民化质量。尤其是要确保已经

进入城镇生活就业的转移人口，生活水准达到一个新的高度。

第三，大力推进农民工市民化。城乡人口融合的重点工作，要放在解决已经进城就业的近 3 亿农民工的市民化问题上，尤其要确保外出农民工，尽快融入城市生活工作，享受市民化待遇。

推动农业转移人口市民化，意味着农业经营主体要转换职业和进城生活，难度会很大、成本会很高、时间会很长，然而这是农业农村现代化发展过程不可回避的，势在必行的。因此，农业转移人口转换职业身份，在城镇第二、第三产业专职打工，由农业经营者转变为城市务工人员，走上城乡融合发展之路，这是大多数小农户的必然选择。这也要求健全相应的农业转移人口市民化机制。

六、驾驭好城乡要素流动与乡村体制开放的对应关系

畅通城乡要素流动是实现城乡融合发展的前提。党的二十大报告提出，"坚持农业农村优先发展，坚持城乡融合发展，畅通城乡要素流动"。这意味着乡村是城乡融合发展的主战场，要积极推进要素流动，建立要素自由流动的乡村开放体制。只有实行乡村开放体制，推动城市现代要素下乡，才能推进城乡融合发展，带动农业农村现代化。建立乡村开放体制，是畅通城乡要素流动的保障。

由于顾虑到农业农村农民发展的稳定问题，耕地、土地、宅基地、农民房屋财产等乡村要素流动体制改革滞后，并没有建好乡村要素开放体制，就有可能直接影响到城乡要素的流动畅通。为此，要进一步加大农村体制改革的力度，加快建立乡村开放体制的步伐，积极构建城乡要素流动的乡村渠道。

第一，推动有利乡村要素流动的农村承包地制度改革。包括建立有利于农村土地长久承包的法律制度，完善有利于放活土地经营权的体制，健全有利于规模经营的土地流转机制，提高农村闲置承包地的处理、利用、流转效率。

第二，推进城乡可流动的农村宅基地制度改革。积极探索宅基地"三权分置"的产权制度改革，构建盘活利用闲置宅基地房屋的体制机制，推动农民房屋产权流动、交易，积极化解农村宅基地"三权分置"改革需要关注的问题。

第三，放大农民拥有乡村要素的权益。考虑到农民是当今中国人数最多、最弱、最需要扶持的社会群体，从维护人民群众现实利益的角度，应该想方设法地进一步放大农民在耕地、宅基地房屋等乡村要素上的权益，使他们拥有一定资本可以参与城乡要素流动，并从中获得收益，以便融入城镇生活与创业。

七、统筹好"镇域"转型与"县域"发展的一体化关系

全国城乡融合是"一盘棋"，"县域"城乡融合是一个"面"，"镇域"城乡

融合是一个"点"。城乡融合发展的"面",要靠"镇域"城乡融合"点"的兴旺发达来带动。目前,城乡融合发展的亮点在小城镇("镇域"的核心区域),重点也在小城镇,关键点也在小城镇。通过城乡融合,实现"镇域"(乡镇)转型发展,带动"县域"经济现代化。

从中华人民共和国民政部 2021 年民政事业发展统计公报提供的数据看,"县域"下"乡"的设置越来越少,镇的设置越来越多。1988 年底,全国内地设有 11 481 个镇和 45 195 个乡;2021 年底,镇的设置增为 21 322 个,乡的设置减至 8 309 个。小城镇越来越多是县域经济城镇化的重要表现,也是城乡融合的重要成果。

在县域范围内,通过城乡融合,实现小城镇转型发展,主要表现在两个方面:一是通过城乡融合发展,推动城乡人口融合,实现"镇域"内人口构成由村民向市民转化,提升县域人口生活质量;二是通过城乡融合发展,推动城乡产业融合,实现"镇域"产业由农业经济为主向三次产业融合发展,提升县域经济发展质量。因此,要统筹好"镇域"转型与"县域"发展的一体化关系,支持小城镇有效利用城乡要素尤其是城市现代要素,推进"镇域"产业现代化进程。

第一,要鼓励乡村人口向小城镇聚集。人口聚集是小城镇发展的基本要求。人口规模达到一定程度,小城镇才有可能形成生活消费市场和城乡要素聚集地,滋生现代第二、第三产业。小城镇要消除乡村人口流动的各种限制,形成与大中城市一样的人口自由流动机制,成为城乡人口要素的汇集点。

第二,要给予小城镇更多的土地等乡村要素支配权。在推进城乡融合发展过程中,要根据小城镇扩容建设和现代产业发展的需要,以及人口自由流动的要求,创造性地扩大包含土地和房屋财产的处置权,推动各类城乡要素在小城镇区域自由流动。

第三,要吸引工商资本、企业、机构单位进驻小城镇。工商资本、企业、机构单位进入,是快速推进小城镇城乡融合发展的关键环节,可以轻而易举地推进城镇化、现代产业兴起,第一、第二、第三次产业融合,带动小城镇的全面发展。因此,要创造条件,吸引工商资本、企业、机构单位入驻小城镇。

第四,要提升小城镇的城市化、市民化水准。落实城乡融合、一体化发展,关键在于要把小城镇的城市化建设作为投资重点,使小城镇的硬件基础设施和公共服务达到城市化水平。同时,把小城镇人口的村民身份,创造性地转化为市民身份,并享受城市居民一样的市民待遇。另外,也要转变镇政府的传统管理职能,提供更多的城市公共服务和城镇社会福利。

目　录

第一章 导 论

城乡融合发展是新时代党和国家推出的具有战略性的一项系统工程，必须从多维角度构建城乡融合发展的战略体系，以确保在不同发展阶段的客观性、科学性和准确性。要善于发现城乡融合的发展规律，遵循城乡融合的发展规则，把握城乡融合的发展轨迹。

第一节 城乡融合的背景

城乡融合发展是化解发展不平衡不充分问题的重要途径，涉及建成现代化经济体系，形成新发展格局，实现新型工业化、信息化、城镇化、农业现代化等目标。客观准确地掌握城乡融合的战略背景，有利于调动和利用一切因素，推进不同区域不同领域的城乡融合发展。

一、高质量发展

"高质量发展"是推进城乡融合发展的时代背景。在未来很长一段时期，都要以高质量发展为主题，推进城乡融合发展。党的十九大报告提出，我国经济已由高速增长阶段转向高质量发展阶段，正处在转变发展方式、优化经济结构、转换增长动力的攻关期。党的二十大报告指出，"高质量发展是全面建设社会主义现代化国家的首要任务"。同时强调，要坚持以推动高质量发展为主题，推进城乡融合和区域协调发展。

随着国家经济社会的发展进步，经济发展的理念由单纯追求速度转变为同时追求质量与规模，并把高质量发展放在第一位。"质量"的含义也在不断充实、完善和深化。"质量"的物理学原始含义是指物体所具有的一种物理属性，是物质的"量"的量度。物质的"量"达到一定"规模"引起"质"的变化、"质"的追求。"高质量发展"概念，使"质量"的内涵更加丰富、边界更加扩展，追求的是"发展质量",而且是"高质量"。"高质量发展"的基本含义是:国家经济社会通过创新发展达到高质量水准。创新发展是永无止境的,同样,高质量发展也是永无止境的。

改革开放之后的一个很长时期,为了加快经济社会步伐,经济发展过度追求产量产值的增长,不可避免地忽略了质量水平的提升。把降低生产成本作为竞争优势,很少关心对生态和资源的过度消耗。

党的二十大报告提出:我们要坚持以推动高质量发展为主题,增强国内大循环内生动力和可靠性,提升国际循环质量和水平,加快建设现代化经济体系,着力提高全要素生产率,着力提升产业链供应链韧性和安全水平,着力推进城乡融合和区域协调发展,推动经济实现质的有效提升和量的合理增长①。党的二十大报告要求,坚持高质量发展为主题,要实现三个"着力",其中之一是"着力推进城乡融合和区域协调发展"。可见,推进城乡融合发展,已经成为实现高质量发展的重要内容和主要路径。

以高质量发展为主题,意味着在经济增长方式、产业结构调整、要素资源配置、社会消费模式等方面的变化,意味着经济生产活动要减少对资源的依赖和消耗,意味着全社会要倡导科学理性、优质安全、节能环保的发展理念,意味着各级政府部门要拥有城乡融合和区域协调发展的大局观。高质量发展更强调国家经济社会整体的全面发展和水准提升,大力支持乡村经济现代化、农业经济现代化、农民生活现代化、欠发达地区现代化建设,因此,要求推进城乡融合发展和区域协调发展。

二、乡村振兴

实施乡村振兴战略是推进城乡融合发展的社会背景。"城乡融合发展"是国家准备实施乡村振兴战略之后提出来的。推进传统乡村振兴,要求通过"城乡融合发展",实现农业农村现代化。

党的十九大报告首次明确提出"实施乡村振兴战略"。同时,强调农业、农村、农民问题是关系国计民生的根本性问题,把解决好"三农"问题作为全党工作重中之重。并且要求,按照产业兴旺、生态宜居、乡风文明、生活富裕,建立健全城乡融合发展体制机制和政策体系,推进农业农村现代化。具体指出,促

---

① 习近平. 高举中国特色社会主义伟大旗帜,为全面建设社会主义现代化国家而团结奋斗——在中国共产党第二十次全国代表大会上的报告 [EB/OL]. 新华社,2022 – 10 – 25.

进农村第一、第二、第三产业融合发展，支持和鼓励农民就业创业，拓宽增收渠道。由此可见，"城乡融合发展"和"乡村振兴战略"之间存在着密切联系，城乡融合发展的重点区域在乡村，是为了推进农业农村现代化和促进乡村振兴。

党的二十大报告再次提出，要"全面推进乡村振兴"。并且指出，"全面建设社会主义现代化国家，最艰巨最繁重的任务仍然在农村""坚持农业农村优先发展，坚持城乡融合发展"。要求"加快建设农业强国，扎实推动乡村产业、人才、文化、生态、组织振兴"。强调推进乡村振兴和"城乡融合发展"的密切关系，突出了"城乡融合发展"要坚持农业农村优先发展的主导理念，体现了"城乡融合发展"是全面推进乡村振兴的重要方式。也可以认为，"城乡融合发展"的目标就是要实现"乡村振兴战略"。

因此，要构建"城乡融合发展"和"乡村振兴战略"的内在有机体系。要发展乡村特色产业，拓宽农民增收致富渠道；要统筹城乡基础设施和公共服务布局，建设宜居、宜业、和美乡村；要发展新型农业经营主体和乡村社会化服务业，推进农业规模化产业化经营；要深化农村土地制度改革，赋予农民更加充分的财产权益，以体现农民的主体地位；要保障进城落户农民合法土地权益，鼓励依法自愿有偿转让，加快乡村要素流动。

乡村振兴是一项系统战略工程，城乡融合发展是实现乡村振兴的战略途径，畅通城乡要素流动是"全面推进乡村振兴"的基本方式，保障城乡之间的人、地、钱、业的流动畅通是乡村振兴的关键环节。通过破解人才瓶颈制约、开拓投融资渠道、提供发展用地、发展新产业新业态，激发乡村振兴的内生动能和外源动力，并推动人力、土地、资金和产业等四大要素有机融合发展。通过城乡融合机制，把城市与乡村、第一、第二、第三产业、城乡居民作为一个整体统筹规划和整体推进。通过城乡空间结构优化和体制机制政策创新，科学推进乡村经济、社会、文化、教育、生态、技术系统协调与可持续发展，实现城乡多维发展均衡、居民生活品质看齐。

三、新型城镇化

新型城镇化战略是推进城乡融合发展的基础背景。城镇化是国家经济社会发展的大趋势，城乡融合发展是推动现代城镇化的重要内容。新型城镇化战略不仅要求提高城市现代化水准，而且要求扩展现代城镇的发展空间。城乡融合发展正好为推进新型城镇化提供了广阔空间和多样舞台。推进城镇化是国家现代化的必由之路，是扩大国内需求潜力的主要路径，对促进经济社会健康发展、构建新发展格局、实现共同富裕都具有重要作用。

党的十八大以后，国家提出实施新型城镇化战略，要求构建"以人为本、四化同步、优化布局、生态文明、文化传承"的中国特色新型城镇化。经过中央、地方及城市的共同努力，近十年来，新型城镇化建设取得重大成效。1.3亿多农业转移人口在城镇落户，城市常住人口流动畅通，人口市民化质量提升，城市空间布局不断优化，国家城镇化战略格局基本形成，城市发展潜力充分释放，城乡融合的发展机制和政策体系日益完善。2021年，实现全国常住人口城镇化率64.72%、户籍人口城镇化率46.7%，从各个方面提升了城镇化水平和市民生活质量。①

为了进一步推进城镇化发展，党的二十大报告提出，深入实施新型城镇化战略，优化城市布局，构建城乡优势互补、高质量发展的城市经济格局。同时要求，"推进以人为核心的新型城镇化，加快农业转移人口市民化；以城市群、都市圈为依托构建大中小城市协调发展格局；推进以县城为重要载体的城镇化建设。同时强调，要提高城市规划、建设、治理水平；要加快转变超大特大城市发展方式；要实施城市更新行动，加强城市基础设施建设；要打造宜居、韧性、智慧城市"②。总之，党的二十大对实施新型城镇化战略，提出更多要求和更高标准，也为城乡融合发展提供了动力和方向。

以人为核心的新型城镇化，主要体现在四个方面：一是承载更多市民人口的城镇数量不断增多；二是城市人口规模不断扩大；三是城市常住人口市民化生活质量不断提升；四是城乡居民生活标准不断靠拢。

同时，要通过城乡融合发展，扩大新型城镇化的外延溢出效能，推进城乡统筹、城乡一体、产业互动、节约集约、生态宜居、和谐发展为基本特征的城镇化；推进大中小城市、小城镇、新型农村社区协调发展、互促共进的城镇化。另外，新型城镇化不以牺牲农业和粮食、生态和环境为代价，城镇化也要造福农民、农村，实现城乡基础设施一体化和公共服务均等化，促进城乡共同发展、共同富裕。

四、城乡不平衡

城乡不平衡是推进城乡融合发展的现实背景。在城乡发展不平衡问题比较突

---

① 资料来源：2021年国民经济和社会发展统计公报。

② 习近平．高举中国特色社会主义伟大旗帜，为全面建设社会主义现代化国家而团结奋斗——在中国共产党第二十次全国代表大会上的报告［EB/OL］．新华社，2022-10-25.

出的现实情况下，推进城乡融合发展，缩小城乡发展差距就显得尤为重要。城乡发展不平衡的问题由来已久，解决的难度也非常大。国内城乡发展不平衡，主要表现在三个方面：

一是城乡居民收入差距大。国内城乡发展不平衡的突出问题就是城乡居民收入差距大，并且随着城乡经济社会发展，这种差距还在不断增加。城镇居民人均收入较高，失业率较低，享有相对完善的社会保障，幸福感较强；而乡村居民受农业经营效益低和自然气候影响较大，整体人均收入偏低，加上社会福利保障不足，一些弱势农户很容易陷入生活困境。尽管国家想方设法，采取多种措施，增加农民收入，然而城乡居民收入差距仍然较大。

二是城乡基础设施差异大。由于现代产业发展，要求城市进行相应的基础设施配套服务；房地产业快速发展，也带动了城市基础设施投资建设。因此，近30年来，城市基础设施建设投资量大，公共服务水平提升快，马路宽阔、设施完善、环境整洁，尤其是大中城市基础设施已经接近于发达国家水准。近年来，乡村基础设施也在不断投资建设，成效也比较显著。但是，相比之下，乡村基础设施建设成本较高，使用效率较低，严重影响到各级政府和国有企业的建设投资热情，道路硬化标准低、公共活动场所设施不够完善，导致乡村公共事业发展缓慢，生产条件和生活环境改善有限。

三是城乡公共服务不均衡。城乡公共服务不均衡首先就体现在教育资源方面，政府对于城市学校的投入较大，无论是师资配备还是设施建设都给予大力支持；乡村学校则是设备陈旧，学生流失，规模萎缩，教育质量难以提高。城市居民的各种医疗保障体系都比较健全，有重点医院、众多名医可供选择；可是，乡村医疗设施和人员比较缺乏，医疗水平普遍不高。城镇居民实现了社会养老的全覆盖，退休养老金较普及；农村也开始实施新型农村社会养老保险，但是养老金普遍较低，等等。

面对城乡发展不平衡的诸多问题，就显得推进城乡融合发展十分必要。城乡融合发展的首要任务是解决或缩小城乡居民收入差距，通过城乡产业融合，实现乡村产业多元化、现代化，为农民创造更多更好的兼职机会，扩大乡村居民收入来源，就显得尤为重要。

第二节 城乡融合的空间

"县域"和"乡镇"是城乡融合发展的主要地域空间。加快城乡融合，实际上是县市行政地域内如何加快城乡融合发展的问题。要科学判定县域、小城镇的定位与构成；要客观了解县域或镇域的主要特点；要积极掌握县域的发展趋势。

一、辽阔的"县域"

"县"是我国的重要行政区划单位之一，在过去，主要由地区、自治州、盟、直辖市管辖；现在，大多由地级市、直辖市或由省直接管辖。"域"一般是指地域、区域，大多是代表着在一定疆界内的地方。随着语境认知的不断扩展，"域"也泛指某种范围或某种计量单位，如数学、生物、科技等学科的某类单位。

"县域"拥有辽阔的地域空间和众多的乡村人口。新疆的若羌县是国内辖区面积最大的县域，拥有土地面积 19.83 万平方千米，超过了江苏省的土地面积，被称为中华第一县[①]。安徽的临泉县是全国人口最多的县，人口 231.3 万。[②] 广东普宁市是全国人口最多的县级市，人口达到 248.31 万，超过西宁、海口、银川、拉萨等省会城市。[③]

在这里，"县域"有三层含义：一是指"具"行政区划单位；二是地方县级政府管辖的地域空间；三是县域所拥有的发展资源。在过去，"县域"还意味着农村区域辽阔，乡村人口占主导地位。

二、县域的定位与构成

县域是国家拥有的基层行政区域。县作为行政区划，始于古代春秋战国时代。秦始皇统一中国时，开始在全国范围内正式设置郡县制，使县域成为中央基层政府的管辖区域。县政府（县衙）一直处于中央集权体制的末端，代表上级政府（主要是中央政府）依法依令行使县域内的社会管理和资源调配的管辖权力。

目前，我国的县域行政区划主要分为两种类型，即传统的"县"和新兴的"县级市"。2021 年我国境内拥有县（含自治县、旗、自治旗，不含港澳台地区）1 470 个，县级市 394 个，二者合计 1 864 个。同时，2021 年全国县域下的乡级行政区划单位 38 558 个，其中，镇 21 322 个，乡 7 197 个，苏木 153 个，民族乡 958 个，民族苏木 1 个，街道 8 925 个，区公所 2 个[④]。

---

① 资料来源：若羌概况_若羌县人民政府 http://www.xjrq.gov.cn。
② 资料来源：阜阳市第七次全国人口普查公报。
③ 资料来源：普宁市第七次全国人口普查公报。
④ 中华人民共和国民政部，2021 年民政事业发展统计公报 [EB/OL]. 中华人民共和国民政部，2022 – 08 – 26.

三、县域的主要特点

县域一般是指县政府治理下的区域，属于传统县域行政区划，农业社会作为体制机制的运行基础，在我国县级行政区划中占有主要地位。与新兴"县级市"相比，县域行政区域拥有以下特点：

一是历史悠久，文化传承。在我国境内，大多数县拥有几百年甚至上千年的历史文化沉淀，县与县之间都拥有不同特色的生产、生活、饮食、娱乐、语句俗语等文化传统习俗，这也是维系县域作为一个传统行政区域的血脉基因。

二是地域广阔，物产丰富。在我国境内，县域的资源禀赋最丰富，不仅拥有广阔的土地资源、丰富的物产资源，而且包含了众多特殊资源，如世界自然文化遗产、国家风景名胜区、国家地质与森林公园，可利用可开发的物质、非物质资源星罗棋布，潜藏着难以估量的发展空间。

三是体制完善，执行力强。作为国家基层行政区划单位，在行政权力体制上，县域与国家的中央集权体制保持高度一致。经过历史传承、体制改革，县域行政体制更加成熟，贯彻中央精神、上级指示的执行力更加有效，区域内的社会治理能力日渐提升。

四是收入偏低，消费力弱。目前，由于国内大多数县域还是以农业牧业为主要经济产业，农村农民为主流社会主体，县行政的财政来源不足，广大居民的收入普遍不高。由此，极大限制了县域内的公共设施建设投资，以及市场消费能力和生活消费水平。

五是劳力剩余，劳务输出。农业现代化、科学耕种、耕地有限等诸多因素，使县域内农业劳动力普遍剩余，从而催生出农村劳务输出产业。劳务输出既满足了城市产业发展的需求，又实现了乡村居民增加收入的愿望。目前，劳务输出的规模和收入普遍占到县域内农村劳动力和农民收入的 50% 以上。

四、县域的发展趋势

"县级市"代表着国内县域的发展趋势。2018 年我国境内有 375 个"县级市"和 1 504 个县（含自治县、旗、自治旗），2021 年拥有 394 个县级市和 1 470 个县。在三年内，新兴的县域行政区划"县级市"增加了 19 个，传统的县域行政区划"县"减少了 34 个，这意味着"县级市"已经成为大多数县域的未来发展方向。①

---

① 资料来源：2019 年和 2022 年中国统计年鉴。

一是大力推进城市化发展，人口城镇化率不断上升。在县域内，城乡人口结构发生变化，县城人口快速增长，人口城镇化趋势明显。如，陕西省乾县 2020 年（第七次人口普查）城镇人口 259 971 人，城镇化率达到 46.44%；而 2000 年（第五次人口普查）城镇人口为 33 685 人，城镇化率只有 6.18%。2021 年，我国城镇常住人口为 9.1 亿人，其中 1 470 个县的县城常住人口约为 1.6 亿人，394 个县级市的城区常住人口约 0.9 亿人，县城及县级市城区人口占全国城镇常住人口的近 30%[①]。

二是非农产业快速发展，县域经济规模逐年扩大。在推进农业现代化的同时，大力发展第二、第三产业，县域经济结构日益优化，产业产值规模迅速扩大。尤其是县级市高度重视非农产业开发，工业经济出现飞跃发展，县域经济走向现代化。2020 年，全国有 39 个县级市的产值超千亿，昆山和江阴两市产值已经超过 4 000 亿元，张家港、晋江、常熟、慈溪 4 个县级市在 2 000 元~4 000 亿元之间，宜兴和长沙县在 1 500 元~2 000 亿元之间。[②] 在县级市引领下，县域经济已经成为国民经济持续发展的新生力量。

三是乡镇区域结构发生变化，小城镇成为县域发展的主导力量。在县域范围内，随着城镇化和乡改镇的推进，小城镇数量逐年上升，乡行政单位数量减少。在全国乡级行政区划单位中，镇由 2011 年的 19 683 个增至 2021 年的 21 322 个，乡由 2011 年的 13 587 个减至 2021 年的 8 309 个。[③] 在县域内，乡改镇体制改革的推进，意味着县域的公共基础设施建设和城镇公共服务职能的扩大，城乡居民生活水平的进步。

第三节 城乡融合的内容

"城乡融合发展"的"融合"是内容，"城镇"是关键，"发展"是目的。"融合"的内容是"城乡要素"，要素融合要实现一体化有机融合；城乡融合是一种跨区域、跨领域、跨产业的融合，也是差异性融合，融合难度较大；城乡融合是为了实现融合发展，并且要达到一加一大于二的融合发展目标。

---

① 姜刚，毛振华. 分类引导县城发展方向 [J]. 瞭望，2022 (30).
② 资料来源：2021 年县域统计年鉴。
③ 资料来源：2012~2022 年中国统计年鉴。

一、融合

"融合"，词义上是指几种不同的事物合成一体，物理上是指不同物质熔成或熔化为一体，文化上是指不同的个体、群体通过交往、磨合、认知、取向接近一致或融为一体。总之，融合是一种"升华"，是不同事物通过密切、频繁、交往、交融之后获得不同的成长、进步、提升。

"融合"是多视角、多领域的，有现代与传统的融合、文化与经济的融合、资本与资源的融合、科技与产业的融合、内容与形式的融合、产品与市场的融合、体育与艺术的融合、化学与物理的融合、体制与机制的融合等。不同视角和不同领域的多元化融合，会产生不同的融合效果和融合结晶。

"融合"事物双方的亲密无间的接触过程，时间可短可长，速度有快有慢。大多数事物之间的融合，需要较为漫长时间的溶化、消化。"融合"是有不同程度的融合表现的，大多数事物的融合属于"局部融合"，只是吸纳对方的强势要素或优秀基因，以提升自己的生存发展能力。

总之，"融合"是一种交融、磨合、碰撞、吸纳、注入、再生、创新。

二、城乡要素

"城乡融合"的内容是"城乡要素"的融合，要素融合要实现一体化有机融合。因此，要了解掌握城乡要素，要利用好城乡不同的核心要素。

乡村要素主要包含耕地土地、人口劳力和农耕文化、古村民宅、自然生态等等资源。其中，土地是城乡融合的乡村核心要素资源，劳动力是城乡融合的乡村优势要素资源，农耕文化、古村民宅、自然生态是城乡融合可利用、可放大的要素资源。

城市要素主要包括工商资本、金融资金、财政资金、现代产业、专业技术、生产方式和市场需求等等。其中，资金是城乡融合的城市核心要素资源，现代产业是城乡融合的城市优势要素资源，专业技术、生产方式和市场需求是城乡融合可利用、可放大的城市要素资源。

三、城乡融合

"城乡融合"是指城市与乡村的有机融合，打破城乡分割界限，形成城乡产业一体化，缩小城乡居民之间的差别，实现城乡社会无差异化。

城乡融合的"城"有三层含义：一是指城市，全国范围内的各类现代城市；

二是指县域下的县城、小城镇；三是指乡村的社会城镇化、生活城市化、生产工业化。

城乡融合的"乡"也有三层含义：一是指乡村范畴，包含全国范围内的各类农村、牧区、林区、渔村、生态区等；二是指农业，提供满足人们饮食需求的第一产业；三是指乡村传统，包括生产方式、生活习俗、文化娱乐等。

在 21 世纪，城乡融合更多地体现为现代与传统的融合、现代要素和优秀基因的融合。具体表现为，现代第二、第三产业和传统农牧业的融合，城市现代理念和农村传统理念的融合，现代城市文化和传统农耕文化的融合，现代城市公共社会服务体系和传统乡村家族家庭自助互助体系的融合。

总体上，城乡融合是现代要素与传统要素的"有机融合"，要形成城乡各个领域相互关联协调、密不可分的有机体；要展现出城乡运行一体化，城乡有机融合的生命力。同时，城乡融合不是政府简单的、一时的"拉郎配"，而是在城乡之间各种主体的自主自愿、相互吸引、根据需求、主动融合。

四、融合发展

通过融合，实现发展，这是融合发展的基本含义。融合是手段、方式、形式，发展是目标、期望、使命。实现融合发展要有"融合剂"。"资金链条""利益链接""现代方式"是融合发展必须具备的融合剂。

金融"资金链条"支持是实现融合发展必备的前提条件。融合发展要有一个融合的时间与过程，少则二三年，多则六七年，甚至更长时间。在融合发展过程中，离不开金融资金的持续支持。能否获得金融资金链条的持续支持，就成了融合发展运行能否成功的关键环节。

"利益链接"是维持融合发展不可缺少的因素。融合发展是为了共同的利益或各自的利益，走到一起的，"互利互惠"是融合发展的基本条件要求。在"利益链接"中，包含"眼前现实利益"和"长远战略利益"。个体劳动者、打工人、农民要获得现实利益，因为眼前收益是他们日常生活必须拥有的。企业、机构、投资家们要拥有战略利益，获得长远利益是机构、企业等战略投资者应有的远见卓识。

"现代方式"是维系融合发展的根本要素。融合发展要应用现代方式，就是科学技术和现代管理、市场运营等现代要素的组合式投入。融合发展是一种优化、进步、突破式发展。不论是"融合发展"还是乡村发展，实现"发展"是核心问题、是硬道理。科学技术就是第一生产力，现代管理方式就是现代生产关系，市场运营就是满足市场需求，这三大要素是维系融合发展可持续的核心要素。

五、城乡"一加一大于二"效果

城乡融合发展，就是城乡之间的发展要素、生活要素的"交往""交融"，取得"一加一大于二"的发展效果。通过"融合"扩大城乡发展空间，实现多样化发展。城市的现代资源、发展力量，可以进入乡村的广阔空间，寻求新的发展机会。同样，乡村可以利用城市的现代发展要素，激发原始资源、劳动力的升值潜力，提升农业生产和农村生活的现代化水准。

21 世纪的城乡融合发展，更多地强调城乡各个不同领域的全方位融合发展，既要体现城乡经济的深度融合与健康发展，也要展现城乡的空间布局、基础设施、公共服务、生态环境等诸多领域的高度融合与发展进步。

城乡经济融合是城乡融合发展的物质基础，通过突破城乡二元经济体制隔离，形成各有特色的运行规律，有机融合发展的城乡经济体系。产业融合是城乡经济融合的核心内容。产业融合是通过城市现代产业和乡村传统产业高度融合，提升乡村产业的效益质量、专业生产、市场衔接、风险化解的能力，并在此基础上构建现代生产、产销对接、主体成熟的现代农业体系，形成城乡产业优势互补、分工合理、发展协调的城乡经济格局。

第四节　城乡融合的活力

城乡融合的活力是城乡融合发展的生命力。城乡融合的活力，来自更加开放的融合体制和更加灵活的融合机制。从汉语的词语含义解释，"体制"是指社会机构运行的规则、制度，"机制"是指各要素或部门之间的有机衔接和最佳运行方式。体制的内容更多属于上层建筑领域，机制的特性大多属于生产关系范畴。构建开放的融合体制和灵活的融合机制，确保城乡融合发展充满活力，应是县域及乡镇体制改革的重要方向。

一、构建"服务性的融合体制"

"体制"的主要内容是"管理"与"服务"，通过"管理"实现各个部门或各个领域的正常运行，通过"服务"实现企业或社会群体的利益最大化。"体制"的内容是有特色的，不同领域、不同区域、不同时期的体制是不完全一样的。各个不同领域都有各自的运行规律。不同领域的"体制"构建，必须遵循各自领域的运行发展规律。不同区域的实际情况、发展水平不一样，相应要求体制构建也要有一定差异。不同时期的发展要求不一样，体制构建的重点内容也就不一样。同时，"体制"构建的重点内容也是有选择性的。有些体制的构建，侧重于对客体的管理；有些体制的构建，侧重于对客体的服务。

构建"服务性的融合体制"，推进城乡融合发展。"城乡融合发展"是一个新概念，是新时代提出的一种新的发展思路与发展方式，体制构建的重点就要在管理和服务两个方面作出适度选择。目前，城乡融合发展还处在探索与形成过程，为了确保城乡融合的活力，体制建设内容重点应放在如何更好地服务于城乡融合发展这一目标上。

二、构建"开放的融合体制"

构建开放的融合体制，确保城乡融合充满活力是核心问题。只有构建开放的融合体制，才能激发城乡融合的创新发展活力。融合体制的开放度越大，城乡融合才会走向深入，才会拥有创新活力。因此，要及时总结城乡融合的成功经验，努力掌握城乡融合的发展规律，在此基础上，构建开放的融合体制，确保城乡融合创造性发展的活力。

同时，城市和乡村应该根据各自在城乡融合发展的特点定位，构建侧重点不同的开放融合体制。乡村的开放融合体制构建，重点应该是"开"，打开乡村大门，迎接城市现代要素进入，激发乡村的城乡融合活力。城市的开放融合体制构建，重点应该是"放"，放开各种体制的束缚，鼓励城市现代要素下乡，走向更开阔的乡村，形成推进城乡融合的发展动力。

三、形成科学的融合机制

"机制"，是指各要素或部门之间的有机衔接和最佳运行的方式。"机制"是在不断实践探索中逐渐形成的。在"机制"形成过程中，更重视科学性和合理性。

"机制"原指工业生产机器的构造与运作的物理原理，其物理科学性是不可缺少的。随着"机制"概念的广泛应用，逐渐引用至经济社会运行领域，借指事物的内在工作方式，包括有关不同的要素或部门的相互关系以及各种变化的内在联系①。

---

① 孔伟艳. 体制与机制的区别［EB/OL］. 中国教育和科研计算机网，高校科技，2018.

作为部门工作和社会发展的具体运行方式，在形成"机制"时，必须追求其自身的科学性、客观性、合理性和准确性，才能符合物理运行原理，才能被不同的社会群体认可、接受、使用，才能确保不同事物的正常运转、协调发展。为此，必须掌握城乡融合"机制"的四大特性：

第一，融合机制是通过实践检验过的、证明是行之有效的、被普遍认可的融合方式；第二，融合机制是各种有效方式、方法之中提炼出来的，尽管是具体的生存、发展的工作之道，然而是有一定抽象性、宏观性的运行规律；第三，融合机制一般是依靠多种方式、方法有机融合产生作用，围绕一个核心机制，形成一个较为完整的机制体系；第四，融合机制是一个有机循环系统，要有一定的自我免疫、及时纠正的功能，确保融合机制的良性运行和城乡融合的健康发展①。

四、形成灵活的融合机制

各省市和县镇可以形成灵活的融合机制，确保城乡融合发展具有活力。融合机制是在城乡融合发展实践中发现与形成的。城乡融合的区域广泛，各地的城市和乡村、企业和农户的情况差异性较大，产生的融合方式有可能千差万别。因此，城乡融合机制不能套用一个模式，千篇一律，应该允许具有特色，强化城乡融合机制的灵活性，尤其是要强调融合机制的灵活应用。

应该采取激励措施政策，鼓励各乡镇政府、企业、农户大胆实践，主动创新，形成适应性强、有特色的城乡融合机制。

总之，构建体制的主要目标是确保相关领域的正常运行，形成机制的主要任务是确保相关领域的繁衍发展。在建立体制时，要留有一定的自由发挥空间，不能一管就管死；在健全机制时，要拥有自我调节系统，确保长久有机生长的发展活力。

---

① 孔伟艳. 体制与机制的区别［EB/OL］. 中国教育和科研计算机网，高校科技，2018.

第二章　城乡融合发展的基础理论

城乡融合的基础理论是构建城乡融合发展体制机制的出发点，是制定政策体系的理论依据之一。党的二十大报告提出，"坚持城乡融合发展，畅通城乡要素流动"①。推动城乡融合发展，就要促进城乡之间发展要素的合理配置、自由流动、平等交换，促进各种要素资源的市场化，加快形成新型城乡关系。发展要素创新性转化为生活要素，生活要素创造性转化为发展要素。

第一节　城乡要素合理配置

要积极发现并遵守城乡要素的机理规则，努力实现城乡要素的合理配置。城乡要素合理配置是实现城乡经济社会平衡发展的重要基础，同时，城乡发展不平衡又可能影响着城乡要素的合理配置。追求城乡要素合理配置是长远目标。城乡要素配置的现实与目标之间往往存在差距，属于市场经济活动的正常范畴。在城乡要素不合理配置度达到极限时，已经造成乡村贫困化问题时，政府应该使用有效手段，强力推进城乡要素的合理配置。

一、城乡要素的构成与优化

城乡要素一般分为传统要素和现代要素。从城乡融合发展的视角看，城乡要素更多的是指城乡发展要素。城乡发展要素是在生产力基础上构成的以现代要素为核心的城乡要素资源。现代经济学把发展要素构成归纳为四大资源，即人力资源、自然资源、资本资金和科学技术。同时，发展要素是动态的、优化的。

人力资源的素质提升。作为人类社会，人力资源是构成城乡发展要素的核心

---

① 秦顺乔．缩小江西省城乡居民生活消费差距的对策 [J]．经济师，2011 (12)：238 – 239.

主体。人口数量要达到一定规模，保证发展需要的人力资源；城乡居民要形成人口聚集，构成一定的市场需求；人口素质要不断提升，能够满足经济社会高质量发展要求；社会居民要有个性和自由的意识空间，可以激发想象力和创造力。

自然资源的科学使用。自然资源包含土地、水、矿产、生物等天然物质，这是构成城乡发展要素的客观主体。科学使用自然资源的能力，预示着城乡社会的发展水平。大自然是人类生存与发展的舞台、载体、空间，自然资源的有限性和矿产资源难以再生，要求人们不断提升精准、高效、循环利用的能力。

资本资金的持续供给。资本供给包括原始原创资本的大量投入和后续金融资金的积极支持，这是构成城乡发展要素的主要血脉。有了绵绵不断的资本资金供给，不论是乡村的还是城镇的农户、现代农场、现代企业、各种商家才能维系日常的生产经营活动，生存与发展才有可持续性。

科学技术的主动投入。技术投入包括机械设备、技术人才和新技术、新产品的投入与研发，这是构成城乡发展要素的进步动能。在任何时候，新的科学与技术投入都是城乡发展的第一要素，这一规律是不能违背的，城市和乡村都要遵守这一规则，否则就会导致发展滞后。要有主动进行技术开发投入的战略意识，要积极支持新产业的萌发和新业态的运行。

二、城乡要素的流动特性

发展要素是可利用、可创值的宝贵资源。作为要素资源是可以流动的，在流动中，体现价值，实现升值。发展要素可以在城市之间、乡村之间进行流动，也可在城乡之间跨界、跨域流动。发展要素流动是有规律可循的，一般会流向回报率高、增长率高的产业领域，也会流向开放度高、营商环境好的城乡区域。

一是流向高回报领域。发展要素作为现代人类可掌控、可利用的社会资源，通过流向高回报领域，以求体现自身价值，实现价值目标，这也是符合市场运行规则的。如果发展要素追求高回报，并实现了高价值的利益目标，这就为要素资源的再开发与质量再提升，聚集了必要的动力和能量，也有利于要素资源构成的不断优化。高回报领域大多潜藏在城市现代经济，尤其是金融证券投资领域。但是，高回报领域也意味着高风险，有时也会出现流向通道拥堵，增大流向风险。

二是流向高增长产业。新兴产业、高科技产业、高端制造业、现代服务业等大多属于高增长产业，有许多还处于投资开发的成长时期，需要使用众多资源支撑其快速发展空间，于是，对发展要素产生了强大吸引力。同时，高增长产业的科技含量高、附加值大，发展要素流向这一产业领域，一般也能产生较高的回报率。因此，国内外各大中小城市纷纷投资建立各种类型的高新技术开发区或新区，扶植高增长产业安家落户，促使了发展要素流向城市区域。

三是流向高开放区域。在高回报领域和高增长产业之后，发展要素流向的选择，更倾向于高开放区域。在开放地区，发展要素更容易物尽其用，体现其要素资源的价值。相对而言，不论是城市区域还是乡村区域，哪个地方的开放度高、障碍物少，对要素资源流入的阻力就小，就有可能形成发展要素的聚集。尤其是乡村区域，在缺少高回报、高增长的产业情况下，只有扩大经济社会的开放度，才能助推发展要素流入。

四是流向营商环境好的地方。城乡区域的软硬设施环境，也影响着发展要素的流向。在同样的县域开放条件下，发展要素更倾向于流向硬件设施完善、软件服务到位、体制机制健全的乡镇区域。因此，为了吸引更多更好的发展要素流入，构建四通八达的交通网络，完善水电暖等公共服务设施，提升政府工作人员服务质量，健全市场运行的法规政策体系，形成乡镇独具特色的优良营商环境，就成了县域内各级政府工作的重要目标。

三、城乡要素的配置评议

城乡要素应该实现合理配置，这是国民经济社会平衡发展的基本要求，也是政府和民众的期盼。问题在于，什么样的城乡要素配置是合理的，如何判定城乡之间要素资源的合理构成和利用效率，这是一个非常有难度的问题。只能从要素配置的效果，判定配置的合理程度。因此，应该从城乡之间的居民收入差距、经济社会发展平衡、产业增长效率和经济构成更新等方面来判断。

从城乡之间居民收入差距，判定城乡发展要素合理配置。城乡居民收入不平衡是人们关注城乡发展要素合理配置问题的一个主要因素。按照国际惯例，城乡居民收入水平可以存在一定的差距，如果城乡居民人均可支配收入比值大约是1.3：1，收入差距在合理范围内，那么城乡发展要素配置也在合理范围之内。如果超出这一城乡收入差距比值，城乡发展要素配置就处于不合理状态。国家统计局公布的《2021年国民经济和社会发展统计公报》的有关数据显示，2021年，城镇居民人均可支配收入47 412元，农村居民人均可支配收入18 931元，城乡居民人均可支配收入比值为2.50，比上年缩小0.06。这预示着，当前，国内城乡发展要素合理配置的空间仍然较大。

从城乡经济社会发展平衡角度，判定城乡要素合理配置。目前，发展不平衡体现在两个方面：一是城乡之间发展不平衡；二是县域之间经济发展不平衡。城乡发展不平衡，意味着城乡要素资源流向城市较多，流入乡村较少，产生要素合理配置问题。而县域经济发展不平衡，一些县级市发展水平与城市已经难分高低，这就意味着城乡要素资源流向县级市区域较多，要素配置在城镇之间趋向合理。如，江苏省张家港市（县级市）按常住人口计算，2021 年全市人均地区生产总值 21.1 万元，同年上海市常住人口人均地区生产总值也只有 17.36 万元。可见，张家港作为县级市，城乡要素合理配置已经处于较高水准①。

从城乡产业构成角度，判定城乡要素合理配置。一个区域的产业构成反映着城乡要素的配置状况和要素资源的利用能力。一般情况下，应该以国家三大产业结构衡量各个县域经济的产业构成水准和要素配置使用能力。目前，在产业构成水准和发展要素配置上，欠发达县域与发达的县级市之间存在较大差距。地处欠发达地区的甘肃省会宁县，2021 年三次产业结构为 30.6∶17.6∶51.8。发达地区的江苏省张家港市，2021 年三次产业结构为 1.0∶51.2∶47.8。同年，全国三次产业比重是 7.3∶39.4∶53.3②。从三次产业结构看，欠发达县域的工业要素资源利用能力较弱，影响到要素的合理配置；发达县域对要素资源的综合利用较强，尤其是制造业要素利用能力比较突出。在城乡要素合理配置上的差异，最终反映在劳动力资源的使用能力上。会宁县 2021 年输转劳动力 13.05 万人，劳务总收入 41.68 亿元；张家港市 2021 年（常住人口 144.04 万人）户籍人口 92.93 万人，外来暂住务工人员 66.03 万③。

第二节　城乡要素自由流动

自由流动是城乡要素流动的基本形态。社会主义市场经济要求，在正常情况下，城乡要素是通过城乡之间的自由流动，实现相互合理配置。在要素自由流动过程中，调节要素配置，实现合理配置。自由流动是城乡要素合理配置的主要形式和基本途径。

---

① 上海市统计局，国家统计局上海调查总队．2021 年上海市国民经济和社会发展统计公报［EB/OL］．上海市统计局，2022－03－15．

② 会宁县统计局．2021 年会宁县国民经济和社会发展统计公报［EB/OL］．会宁县统计局，2022－05－18．

③ 张家港市统计局．2021 年张家港市国民经济和社会发展统计公报［EB/OL］．张家港市统计局，2022－05－19．

一、自由流动是要素资源的天然属性

要素资源是经济社会可持续发展的宝贵财富，必须争取物尽其用，充分体现其使用价值。自由流动是要素资源的天然属性。通过有效的自由流动，实现城乡要素价值最大化。在各类要素中，不论是人力资源、自然资源，还是资本资金和科学技术，流动可以使要素资源利用更加合理，自由流动可以使要素资源价值空间更新升华。

人力资源作为城乡发展的核心要素，就是在流动过程中逐渐成长、成熟，实现自我完善、自我价值的。从儿童时进入小学、少年时进入中学、青年时进入大学、成年时进入工作岗位，一直在流动的过程中学习、成长，创造社会价值，实现自身价值。自由更多的是指人的自由。同样，自由流动也更多地指向人力资源的自由流动。通过岗位流动、职业的"自由流动"，可以找到更适合自己的兴趣、个性、能力的社会分工位置，成为更加有用的人。如果缺少自由流动，人力资源的岗位贡献、社会价值将会逐年递减萎缩。

自然资源作为城乡发展的客体要素，也是在自由流动过程中逐步提升物理性能和社会使用价值的。任何一种自然资源，尤其是矿产资源都是经过矿业开采、冶炼、初加工、配件深加工、成品组装等众多上、中、下游的不同产业分工的"流动"生产程序，创造出不同的物化性能、使用价值的。同时，通过市场的"自由流动"的价值利益驱动组合，经历每一次产业分工加工的"流动环节"，都在提升其物化性能和社会价值。在市场经济体制下，加快生产资料在产业间的自由流动、深度加工、科学制造，使自然资源实现了创造性的神奇转化，最终满足人们生活不断进步的各种消费需求。

资本资金作为城乡发展的无形要素，追求市场利润、经济效益的本性，催生其尽可能地加快"自我流动性"。也可以认为，在现代市场经济体制下，资本资金的本质就是"流动"，最好是"自由流动"。在"流动"中实现资本的市场利润，在"自由流动"中实现资金的最佳经济效益。在各类要素中，资本资金是最看重"自由流动"的。资本资金与"自由流动"的密切关系，最恰当的形容，好比是时间和金钱的关系，"时间就是金钱"。在一般情况下，"流动"的速度越快、时间越短，资本的利润就越大，资金的效益就越好、价值就越高。

科学技术作为城乡发展的动力要素，也是在研究机构、产业、企业之间自由流动，不断发挥着对经济社会发展与进步的动能价值。科学技术要素一直处于流动状态，科学知识在人们传授普及过程流动，科学专利在企业应用过程流动，科学人才在跨地跨界合作研发过程流动。科学技术要素在"自由流动"过程中体现发展动能、实现应用价值，并为科研成果的再次发明创造积累力量。

二、城乡要素自由流动的助推力

城乡要素自由流动已经成为人类社会的普遍认知。众多科学技术的发明创造、不同产业领域的创新发展，都在以各种方式助推城乡要素的自由流动，并在加快这一流动进程。流动规模的不断扩大，流动领域的不断突破，主要因素是相关输送设备、信息网络、产业形态的创新发展，汇聚成城乡要素自由流动的助推力。交通技术进步的日新月异，使城乡要素流动实现了国内国际双循环，自由流动由"可能"转化为"现实"。

第一，输送设备技术创新性发展，助推城乡要素自由流动。交通设备技术的突破性创新，交通设施现代化是城乡要素自由流动的物质力量。目前，国内外都要高度重视交通基础设施现代化，公路、铁路、机场和港口等交通枢纽建设规模不断扩大，高铁、汽车、飞机和轮船等交通设备技术不断创新突破，使人力、矿产、配件等要素流动的承载能力和输送速度快速提升，这为要素资源的自由流动，创造了客观条件。

第二，信息网络系统突破性发展，助推城乡要素自由流动。信息网络技术创新应用和线上网络新业态快速形成，城乡要素流动的参与度和准确度快速提升，要素交易规模迅速扩大，要素资源自由流动的市场信息失真率下降。现代网络技术催生了各类发展要素的交易平台，线上要素交易公司纷纷登场，各类企业、农户、个人等主体可以直接进入，了解掌握要素交易信息及市场动态，及时准确参与人力、资源、融资、技术等要素市场交易。由此，形成了便捷、低廉、成熟、完善的城乡要素自由流动的立体交易市场体系。

第三，现代物流产业创新发展，助推城乡要素自由流动。在现代交通设备技术创新和网络要素交易新业态纷涌的基础上，促进了现代物流产业的快速创新发展，以满足城乡要素自由流动的需要。在现代物流产业快速膨胀过程中，又催生着物流、人流、资金流等要素流动技术的创新发展，物体识别、人脸识别、信息数据库、大数据等数据技术的创新应用，快递公司、劳务公司、培训机构、网上银行、线上支付平台等要素流动服务主体成为经济活动的重要角色，保障着日益壮大的城乡要素自由流动体系正常运行。这一切的创新与努力，使难以有序的城乡要素自由流动由"不可能"，变为真实的城乡发展推动力。

三、城乡要素自由流动的潜在规则

人力资源、产业资本、物质资源、科学技术、现代管理等城乡要素，在市场利益驱动下，通过自由流动，实现合理、能动、高效组合，实现城乡发展经济效能最大化。同时，在市场经济体制下，城乡要素自由流动也是有一些规则可以探索、掌握的。

第一，城乡要素自由流动的激励规则。"自由"和"流动"是市场经济的基本形态。不论是城市经济还是县域经济，在市场经济体制下，"自由"和"流动"是促使各种要素实现优化组合、物尽其用的最佳方式和最佳捷径。"自由"可以激发一个人、一个企业、一个区域利用要素的想象力和创造力，激励发展主体的斗志。"流动"可以促使一个人、一个企业、一个区域选择利用物美价廉的各种要素，制造出具有竞争力的产品与服务。县域经济与城乡融合必须遵循市场经济"自由流动"的城乡要素运行的基本规则，而且要想方设法加快"自由流动"这一进程。

第二，城乡之间要素的双向流动规则。不论是城市还是乡村都需要通过大量要素流入，驱动区域内经济发展，形成城乡双向要素自由流动系统。城市和县域对要素资源的需求是不一样的，乡村需要城市的产业资本、现代企业、技术人才、营销人员等要素资源自由流入，推动县域经济结构优化，实现农业农村现代化。城市需要乡村的人力和土地、农业产品等要素资源自由流入，降低经营成本，开辟新的发展空间。

第三，城乡要素自由流动的不平衡规则。在市场主导下的要素流动，是一种合理的自由流动，也是一种不平衡的自由流动。由于发展层次不一样，导致在城市之间、乡村之间要素资源流动不平衡。由于发展空间的差异，导致在城乡之间要素资源流动不平衡。城乡发展作为市场主导的流动资源，在正常情况下，都是要追求高回报率、高增长率。大多数县域经济的发展层次较低，尤其农业领域的发展空间不大，市场回报率低，经营风险又大，难以充分吸引资本、人才、技术等优质要素向县域流动、满足乡村振兴的实际需要。

四、推动城乡要素流向县域乡村

在市场主导下的城乡要素自由流动，县域乡村一直处于弱势地位，于是，产生城乡之间要素双向流动不合理不充分问题。在坚持城乡要素自由流动的基础上，充分发挥县域经济特色优势，积极化解农业农村发展短板，全力引导现代要素与优质资源进县入乡，进一步缩小城乡发展差距。

一是大力发挥各种组织系统职能，引导优质要素资源向县域乡镇流动。各类不同层次的组织系统，既是不同要素资源的使用者，也是拥有者。地方政府要积极协调督导，促进不同要素在各自相关组织系统内下乡流动、畅通无阻，以此推动县域内城乡要素快速流动、高效配置。党政组织系统要通过积极的用人政策，确保高素质人才向县域乡村流动；市场组织系统要通过各类产业、行业协会，引导城市的产业资本、现代技术、需求信息等优质要素向县域乡村流动；公共组织系统要逐渐加大相关领域资源调配力度，促进城市医疗、教育的财政资金、专业人才、设备技术等优质要素向县域基层流动；银行组织系统要通过积极金融政策，加快金融领域的资金、产品向县域产业、农户流动。

二是积极应用数字信息网络技术，推进要素资源向县域乡村流动。5G、网络平台、大数据、人工智能等作为新一代信息技术，对城市乡村、各行各业均有极强的浸透性与应用价值，可以有效加快城乡之间要素流动进程。有专家研究认为，新一代信息技术普及应用，可以弱化城市与乡村之间的地理关联差异对要素流动的消极影响。城市与乡村之间的要素流动已经开始从传统的线下交易向以数字信息要素交换为特征的线上交易转变，这将逐步改变城乡要素的配置方式、消除要素流动阻碍，扩大交易范围。同时，新一代信息技术将推动城市与乡村出现海量实时互动数据，通过数据科学处理及应用，使乡村资源要素与城市优质要素有效匹配，进一步加快城乡要素融合流动。

三是加大政府公共设施服务投入，带动现代要素向县域乡村流动。在市场主导下的要素自由流动不能满足县域乡村发展、下乡流动不充分的情况下，政府可以通过公共财政政策，加大对县域乡村公共服务基础设施的投资力度，改善土地投资、产业运营与居民生活的环境条件，吸引城市优质要素向乡村流动。在三年脱贫攻坚阶段，政府对贫困地区公共基础设施建设的大量投入，就带动了城乡要素（资本、产业、资金、物资、人员）向欠发达县域乡村流动。实施乡村振兴战略，实际上就是政府鼓励现代要素流向县域乡村的国家号召，通过加入加快县域乡村的要素流动，缓解城乡之间要素双向流动不充分问题。

四是完善要素流动体制机制，促进现代要素向县域乡村流动。城乡要素的自由流动应该是全方位的、多层次的自由流动，既要有农村内部、城市之间的要素自由流动，更要有城乡之间的要素双向自由流动。如果人力、土地、资金、技术、人才、产业等发展要素，难以在城乡间充分双向的自由流动，县域乡村市场经济发育程度就会落后于现代城市市场经济的发展进程。如果城市要素流入乡村的自由流动路径还不完全打通，下乡创业就缺乏在医疗、社保、住房等方面的针对性扶持政策。如果农民职业化保障体系不及时建立健全，资金、人才、技术、资本、产业、机构等现代要素就难以向欠发达乡村流动。

推动城乡要素双向自由流动，关键是要建立有利于城乡要素合理配置的市场化"开放"体制，健全农业转移人口市民化机制，形成城市专业高素质人才下乡发展激励机制，完善农村承包地经营权转让机制，搞活农村农户的宅基地房产权，建立工商资本入乡促进机制①。围绕着人力资源、土地资源和工商资本、产业组织等乡村经济社会发展的核心要素，实现城乡之间双向自由流动。解决城乡要素自由流动问题，要从制度、机制层面进行积极改革和大胆创新，以破解现实困境。

第三节　城乡要素公平交换

不仅要推动城乡要素双向自由流动，还要实现城乡要素的公平交换。只有进行城乡资源、产品、劳务、资本的公平交换，城乡要素双向自由流动才能转化为可持续的城乡融合发展。城乡要素之间的公平交换包括城乡要素财产权利平等、城乡要素交换市场过程平等、城乡要素交换的收入分配平等方面。在城乡融合发展背景下，随着城乡双向要素的流动加快，关注城市要素流入乡村的平等待遇问题，同样是非常重要的。

一、城乡要素流动的权利地位对等

权利对等是城乡要素公平交换的基础和前提，不能因身份和地域的差异而有所区别。在现实城乡关系背景下，建立城乡要素权利保护机制，不仅要建立起农民的权利保护机制，更为重要的是，要了解和掌握城乡要素所有者在要素权益方面的差异，建立起城乡对等的要素权利。

第一，在乡村要素流动上，要充分展现农民的权利地位。县域乡村要建立清晰、高效的要素权利体系，充分显示农民作为要素拥有者的主体地位。在城乡要素的权利保护、交易范围、收益分配等方面，实现乡村居民与城市居民拥有对等的要素权利。努力把城乡要素"权利对等"从可能性转化为现实性。

---

① 张延龙. 城乡要素合理配置的四条路径［N］. 经济日报, 2022 - 08 - 08.

第二，在城乡要素流动上，要充分体现乡村要素的权利收益。要解决乡村要素权利的不够完整，与政府权利纠缠不清的问题；要化解村集体土地所有权与农民土地要素权利界限不清的问题。同时，尽可能地减少城乡要素权利差异，在乡村要保护城市要素的权利，在城市要拓展乡村要素的权利，建立起能够实现城乡要素双向自由流动的权利体系。

第三，在要素流动保护上，城乡要素应有同等的法律地位。国家立法机构要积极完善"要素"法律体系，让城乡要素拥有者获得对等权利，得到相同的法律地位。法律执行机构要树立城乡要素拥有者"平等权利"的理念，通过公平执法，落实要素流动的权利对等，保护城乡要素自由流动。

二、城乡要素交换的市场过程平等

城乡要素市场包括城乡土地市场、城乡劳动力市场、城乡资本市场等可交易领域。建立健全城乡各类要素交易市场，努力实现交易平等、交易结果平等，以此确保城乡要素双向自由流动。

城乡土地要素市场，地方政府仍占主导地位，难以实现城乡要素平等交换。城乡土地要素，特别是建设用地依然在分割的市场上进行交易。农村集体建设用地市场仍处于起步阶段，除少数试点地区外，大部分乡村集体建设用地直接入市交易的通道并未打开，集体建设用地只能通过政府征地形式间接进入要素市场。

城乡劳动力市场，随着乡村外出务工劳动力的增加，大学生毕业群体的加入，城乡差异化正在逐渐弱化。但是，由于劳动力市场在城市，规则由城市政府制定，兼顾城市居民利益更多一点。于是，城市劳动力对交换规则的选择空间较大，而外来的农村劳动力只能被动接受规则，二者在交易过程中的地位，实质上也是存在"不平等"的。

乡村资本资金市场运行不够充分，城乡金融市场发展不均衡。尤其是乡村资本市场发育不够充分，城乡资本交易活动难得活跃。从城乡人均金融资源占有量上看，城乡间仍有较大差异。由于乡村金融服务的成本过高，导致金融市场存在竞争不充分。同时，存在获得金融服务的成本较高、金融风险主体缺位等问题，造成城乡金融市场二元结构现象依然严重，乡村主体经营活动难以获得金融资金的平等支持。

三、城乡要素交换的收入分配公平

实现城乡要素交换的收益公平，完善城乡要素所有者以要素实际贡献为收益分配的标准。同时，健全涵盖工农差异的城乡要素收益分配体制，构建合理的要素初分配与再分配机制。城乡要素收益分配公平，就是要形成公平的国民收入分配和再分配格局。

城乡要素收益分配公平是城乡之间要素平等交换的重要内容。城乡平等的分配机制就是要实现市场分配公正（初次分配）和社会分配公平（再次分配），使城乡要素所有者能够按照要素贡献率获得相应的初次分配比例，并且在再分配过程中享受平等的公共服务，获得同等的价值再生产机会。在城乡要素交易过程中，如果对乡村要素的市场分配难以充分实现公正，就应该在社会分配中加以平衡体现。

城乡要素收益初次分配的公平性，取决于要素所有者能否获得合理的要素价格。要素价格是否合理的标准，在于同质要素是否能够根据贡献率获得相应的价格。平等的要素权利和市场交易过程，能够实现公正的初次分配结果。但是，考虑到农业是弱势产业、乡村是传统区域、农民是弱势群体，在初次分配价格环节上应该得到充分保护。

城乡要素收益的再次分配公平性，取决于国民收入再分配过程，能否通过合理的税收、财政资金分配，为城乡要素提供公平的再生产条件。再次分配的公平性，依赖于政策导向的有效性和制度设计的合理性。在构建城乡要素的税收制度和财政投入体制时，要充分考虑已经形成的城乡差距，通过加大对乡村教育、基础设施等与要素再生产密切相关的公共品投入，逐步消除城乡间要素再生产条件的区别，从根本上促进城乡要素平等交换。

在城乡要素交换过程中，初次分配结果的公正性，主要体现在要素所有者的收益权得以顺利实现，即要素所有者能够获得合理的要素报酬。要素所有者只能通过公开、完善的市场，获得公正的要素交易价格，赢得"合理"的要素报酬。但是，考虑到农业产品属于确保社会温饱问题的基础性民生产品，在政府鼓励农业生产的情况下，对农产品价格应该实施市场最低保护价格制度。以此，使初次分配结果的公正性得到更加准确的体现。

再次分配的公平性，主要体现在税收制度和财政支出的公平，包括对要素所有者征收的所得税是否一致、稳定，要素所有者所享受到的公共服务是否相同等。城乡收入再分配的公平，体现在通过财政转移支付、公共品供给等形式，使城乡要素所有者能够平等获得要素收入再次分配份额[①]。

---

① 张克俊，高杰. 乡村振兴视域下的城乡要素平等交换：特征、框架与机理［J］. 东岳论丛，2020，41（7）.

第三章 城乡融合发展的重点理论

遵循城乡融合发展的规律，把握城乡融合发展的方向。在新时代，中国已经成为世界制造业大国、城市经济也已达到一定现代水准，城乡融合发展的理论体系的重点内容也应有积极变化，要突破"城乡二元体制"，要顺应农业现代化、乡村城镇化的大趋势，要树立城乡一体化的理念，要突出以工促农、以城带乡的发展方式，构建要素配置、产业发展、基础设施、公共服务、生态保护等相互融合和向乡村倾斜的城乡融合发展理论体系①。

第一节 突破"城乡二元论"理论体系

"城乡二元体制"是在工业经济基础薄弱和城市自我发展能力不足的背景下提出的，其目的是通过城乡分割治理体系，加快工业和城市的发展步伐。构建城乡融合发展理论体系，就要打破"城乡二元体制"，突破"城乡二元论"理论体系的束缚，创建适合城乡融合发展，能够跟上时代步伐的新的城乡理论观念。

一、"城乡二元论"理论体系的主要特点

城乡发展差异，导致城乡分割，产生城乡二元论，形成城乡二元体制。"城乡二元论"是一个涵盖经济、社会、文化等各方面的综合性理论体系概念。

在观念上，"二元论"把城乡差异绝对化，过多地强调城乡的不同与区别，并对城乡地域进行不合理的分割和治理。在"二元论"倡导下，人为地贬低农村地位和农业价值，过度地维护城市地位和工业价值，使城乡关系僵硬化，难以进行公平、合理的正常交往。

在经济上，"二元论"过多地强调农业为工业服务、农村为城市服务，导致

---

① 杨洁. 论推进城乡统筹发展的体制机制创新 [J]. 当代经济，2011 (21)：68 - 69.

城乡之间存在着发展要素交换的不平等。同时，通过计划经济体制和国家统购统销政策，使乡村农产品、土地资源、劳动力等要素资源均以低廉的价格输送到城市，却没有换得等价的回报，最终影响到农业、农村的现代化发展。

在社会上，"二元论"过多地强调城乡分而治之，实行人口城乡"二元"户籍制度，推行社会差异化管理，社会福利上区别对待。同时，城乡存在着公共服务与基础设施的不平等，基础设施和公共产品在城乡的配置不合理，"质"与"量"存在严重失衡①。

二、"城乡二元论"产生的时代背景

任何一个理论的产生和一种体制的形成，都是有时代烙印的。"城乡二元论"及其"城乡二元体制"是特殊年代的历史产物。究其原因，无非是主客观两个方面的因素。

从客观因素上，探讨"城乡二元论"产生和存在的原因，其一，城乡之间的差别是客观存在的。农村地域辽阔，城市地域狭小；大多乡村存在的历史悠久，诸多城市还处于创建时期；农村发展长年变化不大，城市发展年年有进步。其二，农业在国民经济一直占有重要地位。1957 年，第一产业在国内生产总值构成中占 40.1%（第二产业占 29.6%，第三产业占 30.3%）。在"六五"时期（1981～1985 年），第一产业还在国内生产总值构成中占 31.4%，其中 1982 年占比多达 33.3%，农业经济仍拥有独特地位。其三，农村社会的管理责任重大。乡村人口众多，人口管理难度较大，1985 年，全国人口数量 105 851 万，其中乡村人口 80 757 万，占比达 76.3%②。以上数据表明，新中国成立以后的一个很长的历史时期，在诸多领域，城乡之间不仅存在较大差别，而且农村具有较强的实力与地位与城市相抗衡，这也是"城乡二元论"和"城乡二元体制"生存的客观基础。

从主观因素上分析，"城乡二元论"和"城乡二元体制"的出发点都是善意的，其一，为了稳定新兴的农村生产关系。新中国成立初期，刚刚经历了土地改革和农业合作化的剧烈变化，农民、农村都比较脆弱，实行"城乡二元体制"，在一定程度上是为了维护农村稳定和保护农民利益。其二，为了避免出现一些发展中国家的"城市病"。新中国成立以后，国内工业经济和城市建设还处于起步

---

① 杨爱君，杨昇. 构建中国特色的原创性城乡融合发展理论［J］. 河南社会科学，2021，29（1）：92-99.

② 金兆丰. 中国统计摘要——2002［M］. 北京：中国统计出版社，2002.

阶段，容纳外来人口的空间有限，实行"城乡二元体制"，限制乡村人口流入城市，避免了其他发展中国家普遍出现的"城市病"。其三，为了筹集现代城市工业发展的起步资金。在新中国成立后的近30年内，由于无法利用外来资金，因而推行农业支持工业、农村支援城市的政策，实行"城乡二元体制"，有利于国家从农业农村获得更多的建设现代工业、现代城市所需要的资源与资金支持。但是，"城乡二元体制"的长期运行，在客观上，忽视了农村发展，并且或多或少地损害了农民利益。

三、"城乡二元"理论的时代冲突

与人类社会一样，中国在快速发展进步，"城乡二元论"和"城乡二元体制"与21世纪新时代的经济市场化、体制改革开放、人口城镇化、乡村振兴和城乡融合等等诸多领域的发展战略存在着较大冲突。

一是与市场化冲突。现代市场经济要求，在城乡之间，各类主体要自主经营，发展要素要自由流动，全国市场要统一畅通。而"二元论"强调，城乡各自成为一个独立的经济体系，实行分别运行治理，限制城乡之间的发展要素自由流动。

二是与大循环发展冲突。现代化经济发展，强调要充分满足各种市场需求，实行国内大循环和国际国内双循环，实现现代化经济体系的高质量运行。而"二元论"以"保护"农村、农民为借口，人为地割裂了城乡之间正常交往的市场经济关系，阻碍了农村进一步发展，损害了农民增收创收的根本利益。

三是与实现缩小城乡差别冲突。现代人类社会的发展目标，就是通过农业农村现代化建设，尽可能地缩小城乡差别，实现城乡居民共同富裕。"城乡二元论"不是努力缩小城乡差别，而是把城乡之间的差异绝对化，只看到城乡差异的对立面，而忽视了城乡之间的内在联系、城乡相互依存的发展关系。

四是与人口城镇化发展相冲突。现代社会进步的突出表现是：城乡居民自由平等的社会地位，逐步享受同样的社会福利待遇，尤其是不允许城乡、种族、民族之间相互歧视。而"二元论"催生的城乡二元体制，实行城乡两种不同的户籍管理制度，实际上形成了对农民不同的社会待遇和政策歧视。

总之，"城乡二元论"寻求的是地域管理效益、控制效果最大化，却在无意之中，限制了城乡发展资源的自由流动，分割城乡统一大市场，阻碍了发展要素的主动配置，削弱了城乡内生的发展动能。尤其是"城乡二元体制"更多地强调对农业农村的管控，限制乡村各种资源的合理自由流动，在一定程度上也牺牲了农村的发展和农民的利益①。

第二节　县域经济社会的城镇化

积极把握县域城乡融合的大方向，顺应城镇化大趋势。人类社会发展的历史轨迹就是：走出原始森林、草原，在传统乡村耕种务农；进入现代城镇，从事工商业活动。城镇是现代产业、现代生活的主要聚集区域，新时代的县域城乡融合发展，必须顺应人类社会城镇化发展趋势。在 21 世纪，城乡融合发展的过程，也是县域经济和社会发展的城镇化过程。只有顺应城镇化大趋势，才能有效地利用城乡发展资源尤其是城市要素，较快地推进农业农村现代化进程。在各个传统县域，小城镇要提升城市化质量，乡村要缩小城镇化差距。

一、小城镇成为县域发展的新兴主体

小城镇越来越多是县域内城镇化发展的重要表现，也是城乡融合发展的主要成果。在县域城镇化发展过程中，广阔的乡村区域会出现很多大小不一的城镇，小城镇成为县域发展的新兴主体。1988 年底，全国内地设有 11 481 个镇和 45 195 个乡；2021 年底，全国内地的镇的设置增为 21 322 个，乡的设置减至 8 309 个②。

城镇数量不断增多的因素是多样化的，主要表现在以下几个方面。

第一，由乡改镇的行政设置渠道。根据乡镇政府所在地和辖区的人口达到一定聚集规模，进行行政区划的乡改镇设置。西部地区大多小城镇都是由乡改镇的行政方式诞生的。在 1988 年一年内，由于行政区划的乡改镇设置活动，新设置镇 378 个，同时，减少了 13 544 个乡的设置。

第二，通过乡村人口搬迁创建小城镇。在精准扶贫脱贫时期，把山区贫困乡村人口搬迁至生活生产条件尚佳的平川区域。随着人口聚集越来越多，有些乡村就会直接转化为新兴小城镇。这也是县域欠发达地区的一些小城镇兴起的直接原因。

---

① 中共中央，国务院关于建立健全城乡融合发展体制机制和政策体系的意见［N］. 人民日报，2019 - 05 - 06（001）.

② 中华人民共和国民政部，2021 年民政事业发展统计公报［EB/OL］. 中华人民共和国民政部，2022 - 08 - 26.

第三，外来单位机构进入促成小城镇。一些大学或大公司根据自己发展或经营空间扩展的需要，迁入环境较好的县域乡村，由此促使迁入地乡村逐渐转化为新兴小城镇。近十几年来，国内诸多大学建设新校区，就带动了小城镇建设。西方发达国家更是一所大学、一个大公司的迁入，促成一个小城镇的诞生与生存。

第四，现代企业、产业催化小城镇。现代企业和现代产业的运行与发展，需要相应的小城镇设施建设为其配套服务。可以认为，小城镇是现代企业、产业运行的主要载体。国内东部沿海地区的江苏、广东、浙江等省份的县域乡村的小城镇，就是随着乡镇企业、外资公司和现代产业的不断成长而纷纷兴起发展的。

二、乡村人口城镇化成为大趋势

城乡人口融合是县域城乡融合发展的主要内容。县域城镇化发展的重要标志是乡村人口城镇化。城镇人口规模不断扩大是乡村人口城镇化的主要体现。

首先，要认识到，人口融合是城乡融合发展的基本要求。通过城乡人口融合，破除城乡二元论。城乡人口融合的主要趋向，就是乡村人口城镇化，这与"水往低处流，人往高处走"是一个道理，城市居民的现代素质、生活环境、收入水平等方面的水准比较高一些。因此，在城乡人口融合过程中，大多数情况下，要鼓励乡村居民向城镇居民的高标准看齐，也就是乡村居民要城镇化。

其次，县域乡村拥有人口城镇化的潜力。随着，国内农业生产现代化，农业经营专业化，从土地耕作中解放出来的农业剩余劳动力越来越多。近几年，每年有近3亿农民工在城镇之间打工就业就是最有力的佐证。2021年，全国农民工人数达到29 251万人，比上年增长2.4%。其中，基本上等于完全脱离农业的"外出农民工"是1.7亿人，没有完全离乡的半脱离农业的"本地农民工"1.2亿人。[①] 也就是说，在县域乡村，目前仍有近亿劳动力行走在城镇与乡村之间，已经迈出人口城镇化的步伐。

最后，城镇和现代工业拥有消化乡村人口的能力。改革开放以来，随着现代工商业的快速发展，城市也进入发展的快车道。一方面是工商企业的市场竞争与国际竞争，需要大量的乡村廉价劳动力，降低竞争成本；另一方面是国内各类城市、小城镇建设，建设也需要乡村外出务工人员；同时，城市的房地产、服务业和公共设施的扩张性发展，也有效扩大了城镇对外来人口的承载力。这些因素形

---

① 资料来源：2021年农民工监测调查报告。

成合力，不断助推着乡村人口城市化进程。

三、非农产业占主导地位

城乡融合发展过程，也是县域三大产业结构日渐优化的过程。随着城镇化进程的推进，第二、第三产业比重逐步上升①。在现代科学技术的支持下，农业产能效益进一步提升，为工业和服务业的发展规模不断扩大，打下坚固的基础。

一是县域经济结构实现历史性转化。长期以来，县域经济一直围绕着农业运转，导致经济结构层次传统落后，几十年来，甚至上百年来没有多大变化进步。对大多数县域而言，城镇化发展，首先意味着经济结构要实现历史性转化。通过城乡融合发展，形成以非农产业为支柱的现代县域经济结构，推动产业构成的历史性突破。

二是县域经济结构围绕特色创新性转化。县域经济城镇化，不是简单地模仿城市经济结构，而应围绕本地特有资源和特色优势，大胆进行经济结构的创新性转化。在积极吸纳、消化城市涌现的新技术、新产业、新业态的同时，构建符合本地实际、独具特色的县域产业结构体系，强化县域经济的内生发展动力。

三是县域经济结构突出服务业发展。服务业尤其是现代服务业发展一直是县域经济结构的短板。在乡村人力资源丰富、绿色生态发展要求和乡村居民生活水平提升等诸多因素下，县域经济结构优化，更加关注服务业发展，缩小城乡之间的服务业发展差距。通过完善生产性服务业体系，加快农业现代化；通过加快生活性服务业进入，提高居民生活水平。

四、推动小城镇的转型发展

在县域经济圈内，小城镇是县域城镇化发展的主力军，也是城乡融合发展的主要载体，承担着确保城乡要素畅通的重任。在未来一个时期，小城镇要华丽转身，实现转型发展，成为新型城镇化发展的主要角色。

首先，县域小城镇现代化建设转入新型城镇化发展体系。长期以来，一直把小城镇归入乡村建设的一部分，"乡土味"过于浓厚，"现代化"要素缺失，难以承担县域乡村城镇化的重任。把县域小城镇建设归入新型城镇化发展体系，推动城市现代要素下乡，使小城镇成为新型城镇化建设的前沿，去完成大中城市一

---

① 牛舒俊，修泽华，朱珊等．新型城镇化过程中提高居民生活水平的探索［J］．住宅与房地产，2017（23）：25－28.

时难以承受的乡村居民城镇化的历史使命。

其次，产业转化是小城镇转型的实质。小城镇产业构成由农业为主转化为以现代产业为主。通过城乡融合发展，小城镇实现产业转型，由单纯的农业为主导转化为工业、商业、农业并重的多元化产业构成，更加强调城乡经济一体、第一、第二、第三产业融合、产业运行集约化，聚集产业特色，推行农业专业化，使现代高效产业在城镇经济结构中占主导地位。

最后，居民生活转变是小城镇转型的内容。通过新型城镇化的建设与发展，小城镇在确保农业现代化和粮食生产充足、生态环境优化的基础上，推动农民身份职业转换和居民生活内容转变，提升城镇生活质量和乡村发展层次，丰富现代城市的文化生活内容，充实市场竞争的生存发展素质，实现城乡基础设施一体化和公共服务均等化，促进城乡同步发展，实现居民共同富裕①。

第三节　树立城乡一体化理念

城乡一体化理念是城乡融合发展的主观动能。城乡一体化的目标是缩小城乡差别，在城乡经济主体之间和城乡社会主体（城乡居民）之间，实现公正公平的待遇。城乡一体化的核心内容是城乡之间的体制、机制、政策要逐渐实现一体化。通过城乡一体化，畅通城乡要素流动，在城乡各个领域形成相互关联协调、密不可分的有机体。

一、践行城乡一体化理念

既要树立城乡一体化理念，更要践行城乡一体化理念。从"一体化"的字义上理解，"一体"是强调不同的"主体"要结合为"一体"，一个整体，行为要"同步"、要"一样"。"化"更多的是指大趋势、基本走向，含有将要出现或已经出现的"发展规律"的意思。在 21 世纪，一体化已经成为一种国际惯例，各国社会发展的一种追求。

目前，"一体化"词语用处较多，在国际上，出现主权国家构建的国际一体化经济组织，强调成员国的一体化，即成员国的法律、体制、政策要实现一体化。在企业生产经营行为上，也广泛应用"一体化"词语，产运销一体化、一

---

① 李后强．"两化"互动更应发挥统筹作用［J］．中国西部，2012（8）：50–55.

体化设计、机电一体化技术、物流一体化、集约型一体化管理体系等。

在城乡融合发展过程中，要树立城乡一体化理念，努力把城乡两个不同主体，作为国家发展的一个整体，不分主次、不分轻重、不分先后，努力实现城乡同步发展，共同富裕。树立城乡一体化理念，应该包括城乡基础设施一体化、公共服务一体化、城乡社会福利一体化、城乡生态环境一体化、城乡产业发展一体化等①。

各级政府部门和社会各界人士，要勇于突破城乡二元论体制，积极树立和践行城乡一体化理念。中央部门要做好城乡一体化的国家顶层设计和政策体系构建，各级地方政府部门要落实城乡一体化的理念和政策，使城乡一体化理念转化为城乡融合发展的内在动能。

二、努力实现城乡政策一体化

城乡经济、文化、社会等不同领域的各种政策尤其是涉及城乡居民切身利益的政策要实现一体化，实现零差别的国民待遇。

城乡一体化的关键内容是城乡政策无差别、城乡居民同等对待，一样享受"国民待遇"。不论是产业政策、就业政策，还是居民福利、工资收入，实行无差异的一体化政策。目前，尤其是在乡村发展相对滞后、农民收入相对低下的情况下，国家各种政策应该适当向乡村、农民倾斜，更多地照顾落后地区和弱势群体。

在传统经济与社会体制下，城乡形成二元化发展格局，国家城乡政策存在较大差异，无法推行城乡一体化建设与发展政策。改革开放以来，由于城乡二元结构根深蒂固，在一个时期内传统体制难以退出，弊端难以消除，导致城乡一体化的理念、政策难以落实。

"城乡融合发展"概念的提出，为城乡一体化理念的落实，奠定了广泛的社会基础。从理论上看，"城乡融合发展"是"城乡一体化"的延伸、具体化。从时间看，提出"城乡一体化"在先，"城乡融合发展"在后。从概念上，"城乡一体化"更多地强调政府政策的主导作用，是单一主体的城乡协调发展概念。"城乡融合发展"不仅需要政府的积极主导作用，更多地强调政府、市场、城镇、乡村、企业、农户的积极共同参与。从范畴上，"城乡融合发展"是更加多元化的、更加整体化的"城乡一体化"发展阶段。因此，在城乡融合发展过程，

---

① 何关新. 统筹城乡发展全面推进社保一体化［J］. 中国人力资源社会保障，2012（4）：30－31.

更容易树立、落实、践行"城乡一体化"理念。

第四节　以工促农、以城带乡的融合发展导向

在城乡融合发展过程中，必须通过以工促农、以城带乡的发展方式，推进农业与农村的现代化。"工"与"农"、"城"与"乡"是经济发展和社会进步不可或缺的两个不同的主体，它们之间的差异性还是比较突出的，"农业"和"乡村"更传统一些，"工业"和"城镇"更现代一些。因此，县域城乡融合发展，要引入现代工业运行模式、引进现代城市发展要素。

一、坚持"以工促农"的融合方式

"以工促农"是由工业和农业的不同经济性质、发展地位决定的。工业经济是近现代产业，只有不足 400 年的发展经历，正处在生龙活虎的青壮年时期，生命力旺盛，对其他产业领域尤其是对农业有较强的浸透力和融合力。农业经济是传统产业，已经拥有五千多年甚至更久的发展历史，尽管不能说已进入暮年，但是老年症状已经出现，必须注入新的产业基因血液，才能再现发展力和旺盛期。

从发展要素进行比较，工业经济代表着现代与未来，农业经济代表着过去与现在。工业经济产值增长空间较大，可以进一步满足人们对美好生活的期望，农业经济产值增长空间有限，大多数农产品只能满足人们生活的一般温饱需求。工业经济的现代技术含量普遍较高，农业经济的现代技术含量普遍较低。工业经济在融入高技术、新技术后，可以开辟新的产业领域，使人们生活更加舒适、便捷，农业经济尽管也能够吸纳高技术、新技术，然而耕地资源和市场需求、生物特性的局限性，严重压抑着农业的产业创新活力。

更重要的是工业意味着现代产业，充满着现代技术创新发展活力，满足着日益增长的现代社会生活发展需求。农业意味着传统产业，受各种因素制约，技术创新和发展活力不足，市场需求规模有限。因此，在工农两大产业关系发展中，工业始终处于主导地位，传统农业经济只有在现代工业技术和现代产业促进下，转化为现代农业，谋求进一步发展。

工业下乡发展是县域城乡融合发展的基本方式。工业下乡，意味着工业资本、现代技术、机械设备和现代管理等工业要素下乡，可以带动县域乡村的产业结构优化、产品附加值增加、农业生产现代化、乡村要素利用率提升、村民职业

身份转换和居民创收机会增多，从而实现工农两个经济领域的共同发展繁荣。

二、坚持以城带乡的融合方向

同样，由于城市和乡村拥有着不同的发展要素和内生动能，导致城乡融合发展要坚持"以城带乡"的融合方向。在城乡之间，哪一方拥有更多的现代要素，那么这一方的内生发展动能就比较旺盛，就会掌握城乡融合发展的主导权。

在拥有现代发展要素上，城乡之间存在着明显差异：城市是现代产业聚集区域，乡村是传统产业生存区域；城市是现代文化、时尚文化生活的聚集区，乡村是传统文化、民俗文化生活的传承区；城市聚集着大量的高素质人力资源，乡村拥有着庞大的廉价劳动力资源；城市是高技术、新业态的原发地，乡村是传统生产方式、原生态的守护地；城市主导着各类主要消费市场变化，乡村满足着原生态农产品市场需要。

在城乡之间，由于城市拥有更多先进的现代要素，以及强盛的内生发展动力，主导着国家经济与社会发展的大趋势，在大多领域乡村只能是被动顺应城市的发展需求。因此，新时代的城乡融合发展，既要积极协调城乡发展关系，实现城乡同步发展，更要坚持"以城带乡"的融合方向，通过吸纳城市的现代要素和现代理念，带动乡村实现更快更好的高质量发展。

三、塑造以工促农、以城带乡的条件和能力

在 21 世纪，既要有"以工促农、以城带乡"的愿望和理念，更要创造实现"以工促农、以城带乡"的条件和能力。经过 40 多年的改革开放和经济发展，目前，中国的工业和城市已经初步具备了一定的能力和实力，促进农业和引领乡村的现代化发展。

2023 年，中国国内生产总值 1 260 582 亿元，其中，农业增加值 89 755 亿元，工业增加值 482 589 亿元，服务业增加值 688 238 亿元；工业增加值是农业的 5.38 倍，服务业增加值是农业的 7.68 倍。同年，城镇居民人均可支配收入达到 51 821 元，农村居民人均可支配收入只有 21 691 元，城镇人均收入是乡村的 2.40 倍；城镇居民人均消费支出 32 994 元，农村居民人均消费支出 18 175 元，城镇人均消费能力也是乡村的 1.82 倍[①]。

以上这组对比数据表明，不论是从经济实力还是从发展水平看，工业和城市

---

① 资料来源：2023 年国民经济和社会发展统计公报。

已经初步拥有实现"以工促农、以城带乡"的能力。如果，通过"规模化经营"和"市民转化"，把县域内乡村居民人口数量规模逐步减少至 1 亿人左右，"以工促农、以城带乡"的能力与效果会更加显著。

"以工促农、以城带乡"是世界各国普遍采取的方式。在城乡融合发展过程中，大多数发达国家都通过工商税收收入、财政补贴方式，补助农业、乡村发展。农业作为传统产业、乡村作为欠发达地区，维系着人类社会的生存与沿袭，理应得到现代工商业、现代城市的支持与引领。

关键在于如何完善政府引导、市场主导的体制机制，通过城乡融合发展路径，尽快有效地实现"以工促农、以城带乡"的融合发展方式。通过"以工促农"，加大工商资本下乡发展规模，积极输入工业技术和产业化方式，推动农业现代化。通过"以城带乡"，提升乡村发展要素利用效率，缩小城乡收入与发展差距，推动乡村现代化。

在探索、发现、遵守城乡融合发展的一般规律基础上，坚持顺应城镇化的发展大趋势，树立城乡一体化的发展理念，突出以工促农、以城带乡的发展导向，构建城乡融合发展的主要理论体系和基本体制机制。

第四章　城乡融合发展的核心理论

任何一个理论，都应服务于经济社会的不断发展进步。理论创新要把握"城乡融合发展"的脉络，提升体制机制运行的效益。城乡融合是城乡关系演变的新发展阶段，是实现高质量发展的重要途径。城乡融合发展的核心理论，是将马克思主义的城乡关系理论和现代人类社会的城乡发展经验与中国特色的城乡关系的实践相结合，开辟当代城乡关系理论的新篇章。

第一节　城乡关系理论的创新轨迹

随着中国经济社会的日益发展、城乡经济关系的不断变化，城乡理论内容、体系也逐渐丰富与完善。新中国成立之后，尤其是改革开放以来，把马克思主义的城乡关系理论与我国的城乡实际情况相结合，提出一系列具有中国特色的城乡关系协调发展思想。

一、城乡兼顾思想

毛泽东把马克思主义原理与实际国情相结合，揭示了我国早期城乡关系的性质与发展规律，以农村为中心，利用农村包围城市，逐渐转变为以城市为中心的城乡并重的协调发展之路。毛泽东的城乡兼顾思想对以后城乡关系发展起到了至关重要的作用，同时也对马克思主义的城乡关系理论进行了创造性扩展。

一是以城市为中心，兼顾城乡发展。党的七届二中全会举行以后，党的工作中心开始发生转变，注重城市的发展。毛泽东提出以城市为中心，坚持城乡兼顾的思想。首先，在城市与乡村之间的工作部署方面，重点发展城市的建设工作，同时不能忽略乡村的稳定发展；其次，在城市的工人与乡村的农民的利益方面，应兼顾工人与农民的权益；最后，在工业与农业方面，应有效地促进工业与农业的协调发展。

　　二是工业、农业并举。在城乡兼顾上，毛泽东提出了工农业并举。工农业并举的基本要求是：处理好我国人民收入中积累与消费的比例关系；处理好重工业、农业和轻工业在发展过程中的比例关系；处理好重工业、农业和轻工业内部的比例关系；处理好大中小企业的建设工作。工农并举政策要求，在发展工业的同时，必须发展农业，逐步完成农业与工业的现代化。在工业与农业发展的过程中，将农村的农业与城市的工业有机的结合，并优先发展重工业。农业与轻工业在发展过程中应占有一定的比例。在努力实现工业现代化时，不能忽略农村以及农业的发展，也要努力实现农业的现代化。

　　三是城乡要素等价交换。毛泽东提出，在社会主义制度条件下，商品交换必须符合客观规律，即商品价值法则，商品之间的交换应该遵循等价原则。由于农村容易平均主义，在社与队、队与队、社会与国家之间，在经济上只能是买卖关系，必须遵守等价交换原则。平等交换是保证我国公民的最基本的合法权益，可以提高劳动者的农业生产积极性，有效推动农村经济发展，改善农村生活面貌，加强城市与农村之间的经济互动[①]。

二、城乡互动思想

　　邓小平根据我国城乡实际情况，对新中国成立以来城乡关系进行了梳理，并总结了我国城乡关系发展进程中的成就和教训，结合改革开放之后城乡关系发展的实践经验，对城乡关系理论进行创新，提出城乡互动思想。邓小平的城乡互动思想是以经济为中心，强调城乡相互协调发展。

　　一是农村改革促进经济发展。邓小平的城乡关系的核心思想是以经济建设为中心，科学处理城乡关系。通过农村体制改革，使中国经济社会的城乡关系产生重大的变化，城市与乡村之间的关系呈现出相互影响、相互依赖的状态。邓小平坚信，通过改革，可以解放和发展城乡生产力。先重点发展农村，后加强对城市的发展。通过农村改革与农业发展解决全国温饱问题。

　　二是调动农民生产积极性和推广科学种田。党的十一届三中全会举行以后，给予农民经营自主权，有效提高农业生产的积极性。同时，强调科学种田对农业发展的积极作用，要大力加强农业科学研究和人才培养。改变农村单一的经营模式，提高农作物的产量，改变传统的耕作方式，为农村解决能源问题，依靠科学来保护我们赖以生存的生活环境。

---

①　丁宁.中国特色城乡关系：从二元结构到城乡融合的发展研究［D］.吉林：吉林大学，2019.

三是实现城乡互动发展。邓小平根据我国的实际国情，重点阐明了农业在国家经济发展过程中的重要性。优先发展农村农业以及轻工业，可以有效地推动农村第三产业的发展。农业与工业具有相互依存的关系，是一种相互制约的发展过程，工业与农业的发展问题不能片面地去分析。农业哺育了工业的发展，工业又反哺农业的发展，工业与农业是相互支援，共同发展进步。工业和城市的发展应该同时带动农村的经济发展，积极帮助农村发展自己的小型工业，从而满足我国农业生产和农民生活的各种物质需求，有效推动了农村的工业化发展①。

四是重视乡镇企业发展。在 20 世纪 80 年代和 90 年代，东部沿海农村地区的部分乡镇企业不断地发展壮大，逐渐地改变了传统单一的经营模式，有效的提高了农业生产效率，扩大了乡村居民的就业渠道，增加了乡村居民的收入，使得城市与乡村之间的差距不断地缩小，改善了城乡之间不协调、不平衡的现象。邓小平高度肯定乡镇企业发展对农村经济的重要作用。乡镇企业的发展与壮大，为中国特色农村工业化开辟了一条新的道路，也是我国城乡关系发展的重要转折点。

第二节　城乡关系理论的创新基础

进入 21 世纪后，加入世界贸易组织，工业经济发展拥有了广阔的国际市场，城乡发展差距逐渐扩大，"三农"问题日渐突出。为了进一步调整城乡发展关系，胡锦涛提出了"城乡统筹"和"城乡一体化"理论。

一、城乡统筹发展战略

2002 年，党的十六大报告首次提出城乡统筹发展理论。针对农民和城镇部分居民收入增长仍然缓慢、失业人员持续增多、部分群众生活依旧困难、收入分配关系尚未理顺、市场经济秩序有待继续规范的国内发展国情，党的十六大提出：要统筹城乡经济社会发展，建设现代农业，发展农村经济，增加农民收入。在党的十六届三中全会上，将城乡统筹发展放在五个统筹之首：按照统筹城乡发展、统筹区域发展、统筹经济社会发展、统筹人与自然和谐发展、统筹国内发展和对外开放的要求，体现了国家对城乡协调发展的高度重视②。

① 丁宁. 中国特色城乡关系：从二元结构到城乡融合的发展研究 [D]. 吉林：吉林大学，2019.
② 张延曼. 新时代中国特色城乡融合发展制度研究 [D]. 吉林：吉林大学，2020.

随着城乡之间的差距不断扩大，根据当时我国经济社会的发展，胡锦涛提出了"两个趋向论"。在党的十六届四中全会上，胡锦涛指出：在工业化初始阶段，农业支持工业、为工业发展提供积累是普遍性做法。在工业化达到一定程度后，工业反哺农业、城市发展促进农村进步，也是带有普遍性的趋向。① 这一论断表明，统筹城乡发展的重点是要利用工业带动农业、城市带动乡村发展。党的十六届五中全会提出："建立以工促农、以城带乡的长效机制"，对于统筹城乡发展、建设社会主义新农村具有十分重大的意义。

党的十六大以后，统筹城乡发展成为中国社会主义建设的重要方针。统筹城乡理论是中国共产党在城乡关系问题上的一次重大理论创新成果。统筹城乡思想的形成，标志着城乡分治的终结，中国工农关系、城乡关系进入了工业反哺农业、城市带动乡村发展新的历史时期。

在城乡统筹发展时期，我国对城乡规划建设、产业发展、管理制度以及收入分配等方面进行统筹谋划，尤其对"三农"加大投入力度，免除"农村农业税"、实施各项"农业补贴政策"以及"新农合新农保"等制度的运行，均取得了不同程度的成效②。

二、城乡一体化理论

随着城市支持乡村的政策不断推进，城乡关系迫切需要一种内容更加丰富、制度更加完善、发展目标更加明确的发展方案，于是城乡一体化发展理念呼之欲出。

在党的十七大报告中，胡锦涛首次提出城乡经济社会发展一体化发展理念，要求建立以工促农、以城带乡的长效机制，形成城乡经济社会发展的一体化新格局。在党的十七届三中全会上，提出了构建城乡经济社会发展一体化体制机制的要求。在党的十七届五中全会上，提出大力推进城乡发展一体化。

2013年11月，党的十八届三中全会，对健全城乡发展一体化体制机制作了深入阐述，提出了从哪些方面去推进城乡发展一体化。同时指出，要通过健全体制机制，形成新型的工农城乡关系。2015年4月，中共中央政治局就健全城乡发展一体化体制机制进行研讨。

城乡关系理论，随着城乡发展逐渐深化，从最初的"两个趋势"到统筹城

① 中共中央文献研究室. 十六大以来重要文献选编（中）[M]. 北京：中央文献出版社，2006.
② 张延曼. 新时代中国特色城乡融合发展制度研究 [D]. 吉林：吉林大学，2020.

乡发展；通过城市发展，带动农村经济的发展；利用工业技术，引领农业现代化；推动新农村建设，改变农村面貌，实现城乡一体化的发展①。

第三节 城乡融合发展的核心理论

在全面深化城乡一体化的同时，习近平提出"城乡融合发展"理念，促使城乡发展关系进入融合发展的新阶段。随着中国经济进入高质量发展，城乡之间经济、社会、生态等方面仍然存在不协调的现象。城乡统筹、城乡一体化战略已经无法满足新时代中国城乡发展需求。于是，党的十九大报告提出，建立健全城乡融合发展体制机制和政策体系。党的二十大报告进一步提出，坚持城乡融合发展，畅通城乡要素流动。

一、通过深化体制改革，推进城乡融合发展

为了贯彻落实党的十九大报告提出的"建立健全城乡融合发展体制机制和政策体系"的要求，2019 年 4 月 15 日中共中央、国务院印发了《关于建立健全城乡融合发展体制机制和政策体系的意见》，对城乡融合发展做出阶段性目标安排。

通过改革，破旧立新，破除旧的城乡二元化体制，构建新的城乡融合发展体制机制。在城乡融合发展过程中，坚持农业农村优先发展，坚持乡村振兴战略和新型城镇化战略协调推进，坚持实现缩小城乡发展差距和居民生活水平差距的融合目标，坚持促进城乡要素自由流动、平等交换和合理配置。

在城乡经济社会发展进步的基础上，强调城乡融合发展体制机制的顶层设计和构建规划。2022 年，初步建立城乡融合发展体制机制，为城乡要素自由流动提供制度保证；2035 年，形成完善的城乡融合发展体制机制，实现缩小城乡发展差距和居民生活水平差距的融合目标；到 21 世纪中叶，要形成比较成熟的城乡融合发展体制机制，实现城乡全面融合，全体人民共同富裕。

目前，我国已经具备一定破除城乡二元结构的物质技术条件。可是城乡之间的矛盾仍然没能得到根本解决，城乡发展差距尤其是收入差距仍然较大，户籍制度、土地制度、财政制度以及城市偏向制度等，严重地制约着城乡之间的协调发展，城乡融合发展仍面临着任重道远的艰难历程。

---

① 丁宁. 中国特色城乡关系：从二元结构到城乡融合的发展研究 [D]. 吉林：吉林大学, 2019.

　　要坚持"破旧立新"，用改革的办法来破除城乡二元结构，建立城乡融合体制，缩小城市与乡村之间的差距，让乡村居民可以享受到与城市居民同等的公共服务、基础设施以及收入水平。通过形成城乡融合机制，畅通城乡要素流动；通过城市产业下乡，优化乡村经济结构。

　　形成有利于城乡要素合理配置的体制机制，坚决破除妨碍城乡要素自由流动和平等交换的体制壁垒，促进各类要素更多向乡村流动。构建有利于城乡基本公共服务普惠共享的机制与政策，推动公共服务向乡村延伸、社会事业向乡村覆盖，健全全民覆盖、普惠共享、城乡一体的基本公共服务体系，推进城乡基本公共服务标准统一、制度并轨。建立有利于城乡基础设施一体化的发展机制，把公共基础设施建设重点放在乡村，坚持先建机制、后建工程，加快推动乡村基础设施提档升级，实现城乡基础设施统一规划、统一建设、统一管护。打造有利于农民收入的持续增长机制，拓宽农民增收渠道，鼓励农民跨业就业兼职，持续缩小城乡居民收入水平差距。

二、推动高质量发展为主题，推进城乡融合和区域协调发展

　　党的十八大以来，我国城乡、区域协调发展迈出坚实步伐，高质量发展动能强劲。党的二十大报告提出"着力推进城乡融合和区域协调发展"，把其作为"加快构建新发展格局、实现高质量发展"的三大着力点之一。

　　推进城乡融合和区域协调发展，各县市各乡镇要根据实际条件，要充分利用市场因素、突出特色与创新。在城乡融合发展中，要发挥首创精神，要突出乡镇发展特色，要以缩小城乡发展水平为目标；在区域协调发展中，要促进相对平衡，从全局谋划区域发展、以区域服务全局发展；不论是推进城乡融合发展，还是促进区域协调发展，都要尊重客观规律，发挥比较特色优势，实现高质量发展。

　　党的二十大对推进城乡融合发展、促进区域协调发展作了专门部署。各省区市迅速行动、全力落实，实施"百县千镇万村高质量发展工程"，推动城乡融合和区域协调发展朝着更高标准、更高质量迈进。推进城乡融合发展的着力点在县、镇、村三级行政区域，要优化县域经济结构，要促进县域城镇化，要抓好小城镇城乡融合。要确保城乡融合发展的各项工作有力有序向前推进，坚持各乡镇分类施策，突出体制机制改革创新，加大政策供给力度，保障城乡要素流动。

三、协调推进乡村振兴战略和新型城镇化战略

　　通过城乡融合发展，推进"乡村振兴"和"新型城镇化"两大战略的有机

协调。要高度认识城乡融合发展方式的理论价值和现实意义：城乡融合发展是实现"乡村振兴"和"新型城镇化"两大战略协调推进的桥梁和纽带。城乡融合发展，可以使"乡村振兴"和"新型城镇化"两大战略有机融通为一个整体，实现乡村和城市共同发展进步。

早在 2017 年，党的十九大报告就明确了乡村振兴战略和城乡融合发展的关系：乡村振兴是发展战略目标之一，城乡融合发展是实现乡村振兴战略的基本方式。通过城乡融合发展，推动城市现代要素下乡，实现农业农村现代化。在 2022 年党的二十大报告的"全面推进乡村振兴"内容中，再次强调"坚持农业农村优先发展，坚持城乡融合发展"，体现出城乡融合过程中实现农业农村现代化的优先发展地位。

推进城乡融合发展是实施新型城镇化战略的主要任务。在国家发展和改革委员会公布《2019 年新型城镇化建设重点任务》中提出，加快推进城乡融合发展，协调推动乡村振兴和新型城镇化，缩小城乡发展差距，重塑城乡关系。在国家发展和改革委员会《2020 年新型城镇化建设和城乡融合发展重点任务》的通知中，直接把"新型城镇化建设"和"城乡融合发展"并列。提出以人的城镇化为核心、提高质量为导向的新型城镇化战略，提高农业转移人口市民化质量，推进城乡融合发展。从此可以看出，城乡融合发展已经成为实施新型城镇化战略的主要内容之一。通过城乡融合发展的国家布局，使新型城镇化的战略空间扩展、延伸到县域乡村，使城市成为乡村城镇化发展的主导力量。

"乡村振兴"和"新型城镇化"两大战略联动，是农业农村现代化发展的内在要求，是化解新时代社会发展矛盾的内在需要，也是缩小城乡发展差距的双驱动能。两大战略联动，乡村和城市既要各自发挥比较优势，又要通过要素流动相互助力。实施新型城镇化战略，要以人的城镇化为核心，提高农业转移人口市民化质量，大力推进城乡人口融合，减轻乡村振兴的人口压力。乡村振兴战略要通过城乡要素流动、产业结构优化和城乡合理布局，为新型城镇化提供发展空间和新动能。

四、坚持城乡融合发展，畅通城乡要素流动

党的二十大报告提出，坚持城乡融合发展，畅通城乡要素流动。要优先建立畅通无阻的城乡要素流动渠道体系。要素流动是城乡融合发展的物质基础，城乡要素流动渠道是城乡融合发展有机体血液供给的大动脉。城乡之间的要素流动越畅通，城乡之间的融合发展就越顺畅、越牢固。

　　政府部门要深化产权体制改革，进一步完善产权制度，明确、细化、搞活各种产权，使产权要素在城乡之间进一步流动。各类经济主体要强化城乡之间的要素流动，形成要素市场化配置体系，坚决破除隔离城乡之间要素流动的二元化体制机制，促进城乡要素自由流动、平等交换和合理配置。

　　依据"农业农村优先发展"原则，确保乡村要素流动渠道畅通，推动城市现代要素下乡。乡村振兴和农业农村现代需要大量的优质要素持续供给。尽快构建"政府引导"和"市场主导"的"双导"要素流动体制机制，推动城市的资本、技术、金融、信息和人才等各种现代要素向县域乡村流动，有规划、有步骤、有力度、有系统地促进城市公共服务和基础设施延伸到偏远乡村地区，着力推进城乡融合和区域协调发展，推动县域乡村经济实现"质"的有效提升和"量"的合理增长。

第五章　乡镇城乡融合发展的案例分析

　　小城镇是实施城乡融合发展的主体，处于县域城乡融合发展的第一线。小城镇的城乡要素融合程度直接反映着省区市和市地州、县市（县级市）城乡融合发展水平。对小城镇的实地考察调研，是探讨城乡融合的发展理论和政策体系的主要途径。通过小城镇的发展案例研究，了解城乡融合发展的模式与特点，掌握城乡融合发展的内在规律。

第一节　江苏省张家港市锦丰镇城乡融合发展分析

　　2022 年，锦丰镇位居中国乡镇综合竞争力百强榜第 6 位、中国镇域高质量发展第 8 位，为全国推进城乡融合发展提供了宝贵经验。[①] 锦丰镇的城乡融合发展具有鲜明的特色，发达的工业经济，多元化的经济结构，园镇城乡合一的管理体制，使一座江边小镇转变为现代工业重镇。

一、城乡融合发展的基础优势

　　锦丰镇的城乡融合发展，具有一定的基础优势。传统的江南农业为乡村发展打下基础，长江三角洲的优越区位为城镇经济发展创造条件，发达的基础工业为城乡融合发展提供助力。2022 年，锦丰镇的地区生产总值达到 694.28 亿元，规上工业总产值达 1 982.4 亿元。城乡融合发展推进，与充分利用镇域内基础优势有直接关系。[②]

　　1. 地处江南的传统农业优势

　　锦丰镇坐落在长江下游三角洲，位于张家港市的最北侧，是一座典型的江边

---

① 资料来源：锦丰镇 2022 年政府工作报告。
② 资料来源：锦丰镇 2022 年政府工作报告。

小镇。锦丰镇土地曾处于滔滔江水之中，沧海桑田，随着江水退去留下了大大小小数十块沙洲，经过当地人民的不断改造和开垦形成了如今的锦丰大地。纵横交错的河网提供了肥沃的土地，使锦丰镇成为江南的鱼米之乡。

锦丰镇的粮食作物主要以小麦和水稻为主，经济作物以油菜为主，畜牧业以饲养猪、鸭、鸡为主，渔业以鱼、虾为主。传统特色农作物有棉花、芦稷、三麦、草头、紫米、香粳芋和稻米，河豚、刀鱼、鲥鱼也是传统的渔业资源。

江南自然环境和亚热带温湿气候，确保了锦丰镇具有传统农业发展优势。随着农业现代化推进，农产品生产能力和供给水平稳步提升，产生了相应的农业转移人口和一定的剩余土地资源，为城乡融合发展尤其是开创乡镇工业，积蓄了发展要素。

2. 长江三角洲的地理区位优势

锦丰镇位于长江三角洲，地理区位优势明显。改革开放以来，长江三角洲一直是我国现代经济发展的核心区域，高技术企业密集，经济开放度高，先进要素流动大，拥有引领江南经济发展的实力和水平。而锦丰镇所在的苏州市，一直是受上海市现代化产业辐射最大的地区之一。锦丰镇的龙头企业沙钢集团也一直寻求与上海市高新产业对接，积极利用现代城市要素，推动产品、技术升级。

密集交织的水陆交通设施，使锦丰镇的区位优势更能够发挥城乡要素流动的融合效能。镇域内有锡张高速、204 国道和杨锦公路穿境而过。全镇有公路 58 条，航道 10 条，五级航道 1 条。开通市、镇、村三级公交线路 14 条，旅游线路 1 条，镇村公交开通率 100%。内河码头 11 个，泊位 687 个。[①] 密织的交通网络，为畅通城乡要素流动提供了便利条件。

城乡融合发展的关键在于畅通城乡要素流动。长江三角洲的平坦地势和发达的水陆交通，使锦丰镇城乡融合发展的区位优势更加凸显，吸引了一批实力雄厚的现代化企业入驻园区，也使本地城乡要素流动畅通无阻。

3. 实力雄厚的基础工业优势

锦丰镇拥有基础工业发展优势，镇域内坐拥着钢产量位于全国前列的沙钢集团和韩国钢铁产量第一的浦项工业等大型工业企业。钢铁产业集聚使锦丰镇成为长江下游的钢铁重镇。

2003 年，经国家批准建立了国内首家省级特色工业园区——江苏扬子江国际冶金工业园。园区内工业基础完善，已经形成了具有特色的工业产业体系。锦

---

① 资料来源：锦丰镇 2022 年政府工作报告。

丰镇的规上工业总产值连续五年位列全市第一，这与辖区所在的工业园区和多家大型工业企业有直接关系。冶金园区吸引大批高质量企业入驻锦丰，提高了当地的工业实力，为城乡融合发展奠定了基础。截至 2021 年底，锦丰镇冶金工业园有工业企业 1 800 多家，其中有 500 强企业 3 家，规上企业 137 家，销售额超 5 000 万元企业 85 家，上市企业 5 家，专精特新企业 8 家，高新技术企业 100 家。①

锦丰镇的基础工业发展优势，助推冶金制造业成为城乡融合发展的支柱产业，也为乡村工业化、现代化打下了良好基础，为农业转移人口就业和城乡居民收入增长创造了较大空间。

二、城乡融合发展的变化特点

从改革开放之初，锦丰镇就进入城乡融合发展的快车道。苏南地区城乡融合发展的起点是充分利用城乡要素，大力兴办乡镇企业与民营企业，推动乡镇经济结构多元化、现代化。1975 年，随着锦丰轧花剥绒厂筹建的沙洲县钢铁厂建立，拉开了乡镇工业化的帷幕。随着城乡要素流动加快和利用效能提升，镇域经济实力不断增强，使锦丰镇城乡融合发展的变化特点更加突出。

1. 地区生产总值快速增长

改革开放后，锦丰镇充分利用城镇工业要素和乡村土地、人力要素，推进城乡融合发展，使地区生产总值规模不断扩大。进入 21 世纪，由于城乡要素利用效能不断提高，锦丰镇的地区生产总值由 2011 年的 463 亿元增至 2021 年的 675.51 亿元，增长近 50%（见表 5-1）。在中国千强镇排名中，从 2005 年的 207 位，一跃上升至 2021 年的第 7 位②。

表 5-1 锦丰镇的地区生产总值

年份	地区生产总值（亿元）	人均生产总值（万元）
2011	463.0	27.39
2015	527.1	29.00
2020	660.0	34.73
2021	675.1	35.53

资料来源：锦丰镇 2011~2022 年政府工作报告。

在 2011~2021 年的 10 年内，锦丰镇地区生产总值快速上升，增长速度远超

---

① 资料来源：锦丰镇 2021 年政府工作报告。
② 资料来源：锦丰镇 2011~2022 年政府工作报告。

同一时期、同一等级的乡镇。锦丰镇依靠冶金基础工业优势，不断发展工业经济，为城乡融合发展提供了经济动能。

人均产值是衡量城乡融合发展水平的主要指标。2011 年，锦丰镇地区人均产值就高达 27.39 万元，2021 年地区人均产值又升至 35.53 万元。人均产值上升必将推动城乡居民整体收入增长，并对城乡一体化发展产生积极影响。

2. 城乡产业结构不断升级

产业结构持续优化是锦丰镇城乡融合发展的重要成果。改革开放初期，锦丰镇以冶金工业为主导，走上工业化的道路，此后的几十年中冶金工业不断在此集聚，工业产值在三次产业构成占比越来越高，将锦丰镇从一个农业乡镇打造成为长江下游的工业城镇。2011 年，锦丰镇的第一产业增加值 3.4 亿元，第二产业增加值 366 亿元，第三产业增加值 93.7 亿元，三次产业比重为 0.7：79：20.3。可见，当时工业经济在产业构成中占绝对主导地位。

随着生产性服务业和生活服务市场的发展，产业结构也不断优化。2021 年，锦丰镇实现第一产业增加值 4.21 亿元，第二产业增加值 479.5 亿元，第三产业增加值 191.8 亿元；三次产业构成优化为 0.43：69.8：29.77。第三产业的占比提高，是城镇现代化发展的重要标志。在 2011 ~ 2021 年，锦丰镇的第二产业所占比重从 79% 下调至 69.8%，第三产业比重逐渐提升，由 20.3% 提高至 29.77%（见表 5 - 2）。第三产业占比逐年增高，预示着锦丰镇的城乡经济结构更加完善，市场营商环境更加改善，城乡居民生活更加美好。

表 5 - 2　　　　　　　　　　锦丰镇三次产业比重　　　　　　　　　　单位：%

年份	第一产业	第二产业	第三产业
2011	0.70	79.0	20.30
2015	0.80	74.5	24.70
2016	0.78	73.5	25.72
2020	0.70	71.2	24.70
2021	0.43	69.8	29.77

资料来源：锦丰镇 2011 ~ 2021 年政府工作报告。

目前，全国乡镇的三次产业比重为 50：25：25，全国的三次产业比值是 7.7：37.8：54.5，而锦丰镇的三次产业比重却达到 0.43：69.8：29.77，明显优于全国乡镇的经济结构水平，也凸显工业强镇的产业构成特点。随着第三产业的发展水平不断提高，传统工业镇的现代化进程加快，将加快城乡要素的双向流动，推动城乡融合发展。

3. 人口城镇化趋势明显加快

乡镇人口城镇化和乡村人口社区化是城乡融合发展的重要标志。改革开放以来，随着工业经济发展，企业员工增多，带动了锦丰镇的总人口和城镇人口扩大，前往工业园区就业的农业转移人口越来越多。2011 年末，锦丰镇有户籍人口 11.4 万人，常住人口 16.9 万人，外来人口 5.5 万。2021 年，锦丰镇的户籍人口为 11.47 万人，常住人口上升至 19.24 万，外来人口 7.77 万（见表 5-3）。

表 5-3   锦丰镇的人口结构

年份	总人口（人）	户籍总数（户）	非农人口（人）
1980	34 913	10 863	1 467
1998	38 152	15 881	6 220
2021	192 400	40 781	178 670

资料来源：张家港市统计年鉴，注：由于锦丰镇部分乡村已达到城镇标准，但户籍尚未发生变动。因此，2021 年非农人口数由乡村每户人家抽出 1 人加社区总人数所得。

同时，经济工业化和乡村城镇化，推动城乡融合发展，带动人口城镇化率不断上升。1980 年锦丰镇人口城镇化率仅为 4%，1998 年人口城镇化率升为 16%，到 2021 年人口城镇化率已经达到 81%，超过了 65% 的全国平均水平。尤其是锦丰镇实行园镇一体化管理之后，大多数乡村人口转化为城镇人口，使人口城镇化走在全国乡镇前列，也预示着锦丰镇城乡融合进入一个新的发展阶段。

4. 城乡居民收入差距逐渐缩小

城乡融合发展的主要目标就是在推动城乡居民收入增长的同时，实现城乡收入差距不断缩小。通过城乡要素流动，推动城乡融合发展，助推锦丰镇城乡居民收入不断提升，尤其是加快了乡村居民收入的增长速度。2011 年锦丰镇农民人均纯收入 18 186 元，2016 年增至 2.71 万元，2021 年达到 3.8 万元。

连续多年，锦丰镇乡村居民收入增长率高于城镇居民，逐步缩小了城乡居民收入差距。2011 年锦丰镇城乡居民收入差距为 2.48 倍，2016 年为 2.04 倍，2021 年降为 1.89 倍（见表 5-4）。这得益于城乡融合发展，增加了乡村居民在工业企业兼职就业机会，有了更多的务工兼职收入。

表 5-4   锦丰镇城乡居民人均可支配收入

年份	城镇人均可支配收入（万元）	乡村人均可支配收入（万元）	城乡人均收入比重（%）
2011	4.50	1.81	2.48
2016	5.53	2.71	2.04
2021	7.20	3.80	1.89

资料来源：锦丰镇 2011～2022 年政府工作报告。

目前，由于推进城乡融合发展效能显著，锦丰镇城乡居民收入水平均已超过全国城乡居民人均收入。2021 年，中国城镇居民人均可支配收入为 4.74 万元，农村居民人均可支配收入为 1.89 万元，而 2021 年锦丰镇城乡居民人均收入就已经分别达到 7.2 万元和 3.8 万元，是全国平均水平的 1.5 倍和 1.9 倍。

锦丰镇城乡居民大部分集中在工业园区附近，居民收入主要依靠工业企业的工资收入。作为典型的工业城镇，园镇的工业实力越强，工业产值越高，锦丰镇居民的收入就越高。

5. 大型工业企业的主导地位突出

锦丰镇城乡融合的成功得益于工业经济高度发展，冶金工业的龙头企业——沙钢集团突出的引领作用。沙钢集团的营业收入整体上呈现增长的趋势（见表 5 - 5）。历年来，沙钢集团始终是张家港市的纳税大户，2018 年向政府缴纳税款 25.6 亿元，2020 年缴纳税款金额 44.3 亿元，2021 年纳税总额 108 亿元。

表 5 - 5　　　　　　　　　　沙钢集团营业收入

年份	营业收入（百万美元）	年增减率（%）
2009	20 896.9	37.6
2010	21 418.6	2.5
2011	26 387.8	2.5
2012	32 096.8	21.6
2018	32 560.5	9.0
2019	36 440.9	11.9
2020	36 488.3	0.1
2021	38 664.5	6.0
2022	47 072.2	21.7

资料来源：2009～2022 年《财富》世界 500 强榜单。

沙钢集团有限公司是一家进行钢铁冶炼、轧制，金属设备配件轧制、加工、销售的民营钢铁企业。1992 年，以张家港市钢铁厂为核心组建成立。目前，沙钢集团拥有代表着国际先进生产水平的钢材冶炼生产线，是全国最大的电炉钢生产基地，也是世界单体规模最大的钢铁企业。沙钢的主导产品为棒材、线材、宽厚板、热卷板、冷轧延伸加工等系列产品，涵盖普钢、优钢和特钢各大类产品，大量应用于基础建设、机械装备、汽车船舶、航空航天、国防军工、轨道交通等领域。2021 年，实现营收 3 027.6 亿元，利税 348.8 亿元，效益持续位居国内同行前列。

在沙钢集团带领下，锦丰镇冶金工业规模不断扩大，于 2003 年经国家批准正式成立冶金工业园区，为城乡融合发展奠定了扎实的工业经济基础。

6. 农业生产与城市工业要素有效融合

在城乡融合的过程中，城乡要素双向流动，尤其城市要素和工业要素下乡，工业技术与农业生产有机融合，提高农业的机械化水平，推进农业现代化发展①。

锦丰镇坚持以工业化为理念，推进农业生产机械化，提高农业现代化水平。2021 年，全镇农机总投入 382 万元，其中，市级以上财政投入 116.8 万元，镇级投入 128.9 万元，村级投入 16 万元。同年，全镇水稻机插面积 2 113 公顷，机插比例为 96.26%。全镇主要农作物耕种收机械化水平 98%，特色农业机械化水平 75.76%。

城市资金要素下乡，推进农业基础设施建设。为建设高标准农田工程，2021 年，锦丰镇投资 2 021.96 万元，对辖区内 246.93 公顷耕地进行提标改造，涉及 14 个村，先后完成新建电灌站 28 座、混凝土道路 7 653.33 米、柏油路 2 822 米、U 型渠道 2.1 万米及配套渠系建筑物、土地平整面积 12 公顷等。

三、城乡融合发展的主要经验

从江南的"鱼米之乡"转型发展为长江三角洲的"工业重镇"，锦丰镇城乡融合发展水平已经走在全国乡镇的前沿领域，需要科学、客观、准确总结其成功经验，及时探索与发现具有中国特色的江南城乡融合的发展规律和运行模式。

1. 坚持做大做强工业企业，强化城乡融合的经济能量

城乡产业融合是城乡融合发展的物质基础。改革开放以来，锦丰镇坚持发展基础工业——冶金工业，为城乡融合发展奠定了现代经济基础。冶金工业一直是锦丰镇的主导产业，冶金工业园区的成立以及沙钢持续在工业领域发挥引领作用，加快了锦丰镇的经济工业化脚步。

冶金工业园区位于张家港市北部，长江下游南岸，地处长江、沿海两大经济带交融汇通之处，区位卓越，交通便利。冶金工业园区设立，促成了锦丰镇冶金产业集聚，产能效益同步增长。同时，冶金工业园区不断完善基础设施和健全配套服务行业，先后建立园区学校、医院、银行等公共服务机构，推动辖区乡村城

---

① 鲁万生. 以城乡融合促进乡村振兴的目标、难点与路径分析 [J]. 乡村科技，2018（19）：13 – 14.

镇化发展。大量企业入驻园区，为锦丰镇居民创造了众多就业或兼职机会，推动了乡村人口市民化转型。

沙钢集团一直是锦丰镇城乡融合发展的领军企业。改革开放以来，沙钢集团凭借长江三角洲的区位优势，大力发展以市场为导向的冶金工业，带动了整个镇域工业经济增长。2022 年，沙钢集团的经营范围已面向全国、走向世界，拥有包括江苏、辽宁、河南等 5 处生产基地，总资产 3 000 亿元，职工 4 万余人，年钢产量超过 4 000 万吨，年营收超过 4 000 亿元。[①] 锦丰镇由于沙钢集团持续发挥领头羊的作用，不断吸引同行企业入驻工业园区，吸引资本持续注入，确立了冶金工业的支柱产业地位，增加了锦丰镇经济实力，为城乡融合发展注入了经济动能。

2. 坚持推进农业产业化模式，推动城乡经济平衡发展

城乡融合发展的一项重要任务就是推动城市产业要素与乡村农业要素有效融合，实现农业经营产业化、现代化。改革开放以来，在推进城乡融合发展过程中，锦丰镇积极引入农业产业化经营模式，推进城镇的工商资本、现代技术和经营模式等产业要素与乡村的土地、劳动力等传统要素合理高效融合，实现农业现代化。

为了推进城市资本下乡入村，实现农业产业化经营，锦丰镇先后创建农业产业化龙头企业——金沙洲壹号庄园农渔生态有限公司、沙洲生态农业园，锦丰现代农业产业园，开始将传统自耕农业改造成产业化农业模式。2021 年，全镇拥有苏州市级农业产业化公司 2 家，张家港市农业产业化企业 2 家。建成拥有沿江 202.16 公顷面积的枇杷和蔬菜生产基地，年产枇杷、翠冠梨、黄桃等水果 31.8 万千克，产值 666 万元；年产草头、黄瓜、青菜、莴苣等蔬菜 912.2 万千克，产值 4 213.6 万元。

同时，锦丰镇推进农业主体向新型农业转化，使种植业规模经营主体达到 22 家、农业合作社 11 家、家庭农场 35 家（苏州市级示范家庭农场 8 家，张家港市级示范家庭农场 25 家），其中，港有耕香家庭农场采取"家庭农产 + 周边农户"模式，吸纳周边农户 15 余人，年收入超 100 万元，支付农民工资超 10 万元。[②] 家庭农场实行农业生产与服务一体化经营，既实现了农业农民增收，又优化了乡村产业结构。

---

① 资料来源：沙钢集团 2022 年财务报表。
② 资料来源：锦丰镇 2021 年政府工作报告。

3. 坚持工业、城镇反哺农业、乡村，缩小城乡发展差距

在沿海发达地区，工业、城镇反哺农业、乡村，是城乡融合发展的基本要求。锦丰镇作为江南工业强镇，长期以来，一直坚持工业反哺农业、城镇财政加大对乡村基础设施投入的方针，以求缩小城乡发展差距。

在锦丰镇，沙钢集团一直是承担社会责任的标兵。2021 年捐资 1.3 亿元用于杨锦公路北延伸段提档、锦丰第二中心小学新建、锦丰初级中学改扩建。据不完全统计，自建厂以来，沙钢在捐资助学、修桥铺路、抗震抗疫、抗洪救灾、扶贫济困等慈善公益事业的资金捐助超 10 亿元。沙钢连年被评为"中华慈善奖"和"中华慈善突出贡献单位"，以及省、市慈善捐赠先进单位。在 2021 年，张家港市"爱满港城"慈善晚会上，沙钢集团现场捐赠 1 000 万元。

在沙钢集团的带领下，信义等一批企业，积极履行社会责任，捐资捐物近 2 亿元，助力锦丰慈善公益事业。2021 年，锦丰镇慈善会募集善款多达 32 933.33 万元，用于扶贫救弱、资学助教、慈善敬老、改善镇区环境等城乡公益事业。①

同时，锦丰镇通过财政投入，加大惠农补贴力度。多年来，镇政府采用直接扶持的方式，补贴农业农民，鼓励农业发展。2021 年，全镇水稻生态补偿面积 2 420.97 公顷，补贴金额 1 525.21 万元；耕地地力补贴金额 642.24 万元；规模稻谷生产者补贴金额 322.66 万元。稻谷和小麦价外补贴 367.25 万元，各项补贴合计 3 061.99 万元。②

4. 坚持引进优质工业要素，推动城乡融合高质量发展

锦丰镇努力扩大主导产业的对外开放程度，引进外部优质发展要素，增强镇域经济实力。在江南工业强镇，单纯依靠城乡要素双向流动，已经无法满足经济持续发展的需要，只有积极引导外部优质要素流入，尤其是国际现代产业和先进技术要素进入，才能促进镇域城乡融合的高质量发展。

2016~2021 年，锦丰镇引进优质产业项目 48 个，实际利用外资 6.4 亿美元。法国液化空气集团是一家跨国集团，2021 年冶金园区与法国液化空气集团达成 10 万标方空分项目，法国液化空气集团增加投资 1.2 亿美元，增加注册资本 1 亿美元，新建 10 万登记空分装置及衍生产品装置 1 套。项目建成投产后，新增年销售收入 6 亿元、税金 3 000 万元。③

引入中国香港敏华家居智能核心部件制造基地项目。这一境外入驻项目将利

---

① 资料来源：沙钢集团 2021 年社会责任报告。
② 资料来源：锦丰镇 2021 年政府工作报告。
③ 资料来源：锦丰镇 2016~2021 年政府工作报告。

用园镇码头资源，携手沙钢原材料采购配送的一体化优势，引进全球先进自动化设备和工业机器人，建设高端家具智能核心部件生产线。中国香港敏华集团在锦丰镇总投资超 10 亿美元，达产后年销售收入 48 亿元，年缴纳税收 4 亿元。[①]

促成爱舍伦医疗创新基地落户锦丰镇。这一项目总投资 1 亿美元，注册资本 3 000 万美元，占地面积 3.33 公顷，建设厂房 6.8 万平方米。[②] 爱舍伦医疗专注于运动康复类用品及微创介入类医疗耗材的研发和生产，引进国外先进智能加工技术系统，形成以工业机器人、智能机床、3D 打印为驱动的自动化生产线。项目建成投产后，年产值超 8 亿元，税收超过 5 000 万元。

稻兴科技智能制造基地项目入驻工业园区，创建涵盖超高清视频研究院、超高清全产业链以及超高清生产示范基地的"一院一链两基地"（项目占地面积 10 公顷，总投入 8 亿美元），建成投产可实现年产值 30 亿元，纳税 3 亿元。[③]

锦丰镇不断引进的外部优质要素，不仅为城乡融合发展注入新的活力，还能形成与沙钢的配套生产，优化镇域产业结构。同时，还能助推城乡要素与境外先进要素的良性大循环。

5. 坚持推动镇域经济多元化，不断开创城乡融合发展的新增长点

坚持镇域经济多元化发展，并通过多元化，寻找新的增长点，这是锦丰镇城乡融合发展的特色经验。从单纯的农业经济到第一、第二产业并重，再到努力实现经济多元化，成为锦丰镇城乡融合发展的主要历程。

改革开放初期，在以农业为主导产业的乡村地区，锦丰镇大力发展工业，扶持钢铁企业扩大经营规模，凭借长江三角洲的优势区位，建立起以市场为导向的冶金产业。近 10 年来，锦丰镇重视传统工业转型升级，推动镇域经济多元化。引进新兴产业，开发医疗器械和新材料、机械制造等工业领域。

截至 2021 年末，锦丰镇共有医疗实体企业 59 家（其中，医疗器械生产企业 38 家、新入驻医疗企业 21 家），全年实现销售收入 11.6 亿元，入库税收 1.4 亿元；拥有医疗贸易企业 136 家，实现销售收入 8.7 亿元，入库税收 4 356 万元。同时，推进饮（塑）机械制造业发展。锦丰镇的机械设备制造包括饮料机械、塑料机械等产业品群，关联企业达到 300 余家。锦丰镇已经是全国饮塑机生产基地之一，其中，张家港长城松井机械有限公司是工业园区最大的塑料机械制造生

---

① 资料来源：锦丰镇政府工作报告。
② 资料来源：锦丰镇 2021 年政府工作报告。
③ 资料来源：锦丰镇 2021 年政府工作报告。

产企业，销售收入 2.2 亿元。①

　　未来一个时期内，在经济多元化基础上，锦丰镇将进一步推进产业结构优化升级，加快推动冶金、医疗器械、建材、高端装备产业逐步向冶金新材料、高端医疗器械、新型建材、智能装备产业等高层次、新领域迈进，不断探索城乡融合发展的新增长点。

　　6. 坚持提升城乡土地利用效率，确保城乡融合的土地使用质效

　　土地要素是城乡融合发展的物质资源，也是城乡要素流动的最为珍贵的经济元素。在一定程度上，城乡融合的发展质量，取决于城乡土地要素的使用质量。锦丰镇一直高度重视工业、城市和乡村的土地要素流动与使用的质量问题，采取诸多措施，提升土地利用率，确保城乡融合的高效能、高质量。

　　根据用地的质量和效率，提升工业的用地效能。近几年，锦丰镇制定腾退低效产业用地计划，关停"散乱污"企业 235 家，腾退低效产业用地 1 581 亩，拆违总量、销项面积全市第一，违建治理绩效全市领先。加大"三优三保"实行力度，优化土地使用结构。其中，五棵松科创园拆旧复垦土地 728 亩，提升了全镇土地使用的质量效能，被省自然资源厅评为有效节约用地先进典型。②

　　优化现有载体土地使用，充分释放产业用地空间，将最稀缺土地资源配置给最优质项目。2021 年，锦丰镇挂牌工业用地 1 998 亩，确保 22 个三级重大项目在全市率先全面开建，东宝海星汽车轻量化材料生产基地、信义新能源投资总部等 27 个项目主体竣工或建成投运。③

　　锦丰镇不仅高度重视工业用地效能，并且积极提高农业耕地质量。2021 年，全镇水稻、小麦全部实施秸秆还田，机械化秸秆还田 4 263 公顷，还田率达100%，推广使用有机化肥 210 万公斤。获评江苏省 2021 年耕地保护激励单位，获得省级财政奖励资金 200 万元，专项用于其辖区永久基本农田建设与保护、土地整理和质量提升工程。④

　　目前，城乡土地要素流动与使用的效率和质量，已经成为城乡融合高质量发展的关键环节、核心问题。在推进工业化、城镇化进程中，锦丰镇能够不断优化城镇用地结构，激发工业用地效能，确保农业耕地质量，其成功的经验措施，是值得借鉴的。

---

① 资料来源：锦丰镇 2021 年政府工作报告。
② 资料来源：锦丰镇政府工作报告。
③ 资料来源：锦丰镇 2021 年政府工作报告。
④ 资料来源：锦丰镇 2021 年政府工作报告。

7. 推行"园镇合一"管理体制，提升城乡融合一体化治理水平

根据镇域经济社会发展的实际情况，锦丰镇实行"园镇合一"的融合管理体制，将冶金工业园管理和乡镇管理一体化，有效地提高了乡镇的办事效率，为实现城乡融合发展提供了制度便利。

为了充分发挥主导产业的优势，2005 年 8 月，冶金工业园与锦丰镇实施一体化管理。2013 年，经苏州市编委批准，冶金工业园和锦丰镇实行"园镇合一"管理体制，政府机构"两块牌子一套班子"。自此，锦丰镇从乡镇转变为工业园镇，确立冶金工业的主导地位，将城镇化的水平与工业园区的建设紧密结合在一起。

"园镇合一"的管理体制，使工业园区的职能与乡镇的行政区职能有机融合，通过合理配置职能、整合设置机构、明确运行机制等举措，进一步理顺了城乡融合管理体制，提高了办事效率。以功能健全、实力雄厚的工业园区为核心，推动新城区和小城市的建设，发挥工业园区的龙头作用，促进城乡一体化和经济融合发展。

在"园镇合一"模式下，推进城镇管理和乡村管理一体化，工业管理与农业管理一体化。有利于优化城乡之间资源配置，加快城乡之间要素流动，凸显城乡之间的互补效应。对于锦丰镇而言，将工业管理与农业管理相结合，既能够为城镇的工业经济发展提供有力支持，又能够提高对农业发展的帮扶效率；将城市管理与乡村管理相结合，既能够实现城乡产业结构互补，又能够持续扩大城镇居民区规模，不断缩小城乡发展差距。这是进入 21 世纪后，锦丰镇城乡融合发展在制度方面的特有经验。

第二节　浙江省嘉兴市王店镇城乡融合发展分析

王店镇是全国重点镇、国家级生态镇、省级中心镇、省级文明镇、省级小城镇环境综合整治样板镇。改革开放以来，王店镇重视产业结构优化，开创工业发展特色，强化市场利用意识，提升城镇乡村品质，开辟了自己的城乡融合发展之路，同时也为全国城乡融合发展提供了成功经验。

一、城乡融合发展的基础优势

从改革开放之初，王店镇就开始走上城乡融合发展的道路。江南小镇千姿百

态，各有特色，大多拥有各自发展的基础优势。王店镇具有地理区位、特色工业和传统农业、战略布局等四大基础优势，为城乡融合奠定了物质基础，也为融合发展供给了优质要素。能够把基础优势持续转化为城乡融合发展的动能，这是成功的关键因素。

1. 城乡融合的区位发展优势

王店镇地处长江三角洲的中心，交通四通八达，可以依托上海（上海经济圈）、杭州（环杭州湾经济圈）和苏州（环太湖经济圈）三大都市经济圈，充分利用现代城市要素，实现城乡融合发展。同时，王店镇靠近上海西郊边缘，地理位置更像是上海的跨境卫星城镇。

王店镇便利、发达的现代交通，也使城乡融合发展的区位优势更加凸显，城乡要素流动更加畅通。王店镇是新兴的交通枢纽型工贸重镇，交通设施十分发达，沪杭铁路、沪杭甬高速公路和乍嘉苏高速公路在此交汇并拥有出入口，高速公路连接线穿镇而过，北接"320"国道，南连海盐、海宁公路，构成了嘉兴市南的交通枢纽地位①。

王店镇拥有连接江、浙、沪"三纵三横三桥"的高速公路优势；拥有连接京杭运河、海河联运的水上货运优势；拥有沪杭铁路、高铁的客货往来运输优势，确保了城乡要素流动畅通。

2. 城乡融合的工业发展优势

工业发展优势是推动城乡融合发展的主要动能。王店镇是全国重点镇、全国特色小镇，传统特色工业的发展基础牢固。改革开放初期，在市场主导下，王店镇逐渐形成了房屋装饰、服饰纺织、保温材料等特色工业。2006年，工业产值就占全镇三大产业比重的65%。②

在2011年，王店镇实现工业总产值55.5亿元。同时，拥有规模以上工业企业35家，实现工业增加值9.3亿元。2021年，王店镇完成规上工业总产值123亿元，完成规上工业增加值27.1亿元，同比增长20.1%。③ 10年间，王店镇的工业产值呈现大幅度增长，规上工业企业数量不断增加。

王店镇工业经济发展趋势向好，使工业优势持续转化为城乡融合发展的动力，为农业转移人口就业和城乡居民收入增长创造了更多机会，不断推动着农业

---

① 张海生，朱琴燕. 秀洲王店——向共同富裕典范加速奔跑［N］. 中国经济时报，2021 - 11 - 22（004）.

② 资料来源：王店镇2006年政府工作报告。

③ 资料来源：王店镇2011~2021年政府工作报告。

现代化和乡村城市化进程。

3. 城乡融合的农业传统优势

王店镇地处长江三角洲的中心，四季气候温暖，自然环境优美；乡镇河道纵横，水乡特征明显；土地肥沃，物产丰富；享有"江南水乡"和"丝绸之府""鱼米之乡"等美名。

嘉兴市王店镇农耕资源丰富，境内桑园、果园、庭园（三园）杂业众多，传统农业以粮油、蚕桑、畜禽和渔业等种植和养殖为主[①]。王店镇的果桑栽培享有盛誉，是嘉兴市果桑种植基地，采取蚕桑产业多元化发展模式，利用果桑叶果兼用的特性，推动桑植、养蚕、织绣等领域发展多元化。另外，王店镇境内的桑园、果园也具有放养肉鸡的得天独厚条件。王店三园鸡，就是浙江省嘉兴市秀洲区特产，也是中国国家地理标志产品。

江南优越的自然环境和湿润气候，以及多元化经营，使王店镇拥有传统乡村农业发展优势。在农产品生产能力稳步提升的基础上，产生了更多的乡村剩余要素，可以进入城乡要素的流动与转化，为镇域工业产业开创和城乡融合发展，创造难得的要素支撑。

4. 城乡融合的战略布局优势

省、市、区、镇 4 级政府的超前谋划、科学布局，使王店镇的城乡融合发展具有一定的战略优势。改革开放以后，根据王店镇的产业特色和经济优势，浙江省有关部门和市区两级政府积极规划其发展方向和产业布局，对推进城乡融合发展产生积极作用。在各级政府支持下和城乡居民努力下，王店镇享有"中国集成装饰（吊顶）名镇""国家级示范物流园区"等荣誉。

在省市部门指导、支持下，王店镇利用地理区位和交通枢纽优势，建成了为浙江、上海和江苏三省市产业服务的现代物流产业基地。王店镇"嘉兴现代物流园"是省交通重点扶持物流基地和省"三个千亿工程"重点项目、2009 年服务业重大项目、浙江省国际服务外包示范园区[②]。2016 年，被列入首批省级示范物流园区。截至 2022 年已连续 9 年获评全国优秀物流园区。

在 2017 年，王店镇又挂牌"浙江秀洲经济开发区"，创建了全国特色小镇、省级智慧物流小镇、市级集成装饰小镇的盛名。政府谋划实施的发展战略布局，由于其科学性、客观性和准确性，转化为王店镇经济社会发展的品牌优势，最终

---

① 高梅生，严金昌. 利用园地优势发展生态养鸡 [J]. 上海畜牧兽医通讯，2005（6）：51.
② 王凯，赖镕榕. 从增加社会财富角度浅谈嘉兴秀洲区服务业发展 [J]. 统计科学与实践，2015（3）：47－50.

成为推进城乡融合发展的重要要素。

二、城乡融合发展的变化特点

改革开放以来，由于王店镇重视产业多元化、工业发展和市场利用，促进了地方经济发展和人均收入增长，同时也开辟了自己的城乡融合发展之路。经过全镇几十年的努力，综合经济实力规模不断扩大，城乡融合发展的成果显著，变化特点比较突出。

1. 城乡融合发展的综合经济实力成倍增长

经过几十年来的城乡融合发展，王店镇的总体经济实力不断扩大，这主要体现在全镇生产总值的增加变化上。如表 5-6 所示，王店镇地区生产总值，从 2006 年的 13.8 亿元增长到 2021 年的 101.23 亿元，15 年内增加了 87.43 亿元，年均增长 14.2%。2022 年，由于疫情影响，王店镇全年地区生产总值为 94 亿元。

表 5-6 王店镇地区生产总值

项目	2012 年	2015 年	2018 年	2019 年	2020 年	2021 年	2022 年
地区生产总值（亿元）	42	52.3	69.7	84.6	90.8	101.23	94
同比增长（%）	8	7	8.2	7	5	10	-7

资料来源：王店镇历年政府工作报告。

随着王店镇地区生产总值增长，人均生产总值也有大幅度变化。王店镇2014年人均产值是 7.8 万元，2021 年人均产值上升为 16.1 万元，7 年内增加了 8.3 万元，增长了 1 倍有余。同时，2021 年人均产值是同年全国人均产值 8.13 万元的 1.98 倍。[①] 可见，王店镇城乡融合发展一直处于高质量状态。

2. 城乡融合发展的工业经济主导地位日益凸显

改革开放以后，随着推进城乡融合发展，王店镇经济结构发生重大变化，由较为单一的农业经济为主逐渐转化为工业经济占主导地位，而且工业经济在城乡融合发展的主导产业地位日益凸显。

工业经济引领城乡产业融合发展。2011 年，王店镇实现工业总产值 55.5 亿元，工业增加值占全镇地区生产总值的 41.4%；2021 年，完成规上工业总产值 123 亿元（见表 5-7），工业总产值占全镇地区生产总值的 52.5%。[②] 可见，工业产业已经成为助推王店镇城乡融合发展的主导力量。

---

① 资料来源：王店镇 2014 年和 2021 年政府工作报告。
② 资料来源：王店镇 2011 年和 2021 年政府工作报告。

表 5 - 7　　　　　　　　　　　王店镇规上工业总产值

项目	2018 年	2019 年	2020 年	2021 年	2022 年
规上工业总产值（亿元）	83.5	92	94.1	123	133.6
同比增长（%）	12.5	4.9	1.7	27.3	8.6

资料来源：王店镇历年政府工作报告。

　　民营规模企业成为工业经济发展的主力军。王店镇的规上工业总产值从 2012 年 46.1 亿元增长到 2022 年的 133.6 亿元，10 年间增加了 87.5 亿元。[①] 在国有企业不多的情况下，江南乡镇的规上工业总产值快速增长，实际上是民营企业做大做强与实现规模发展的充分体现。可见，民营规模企业已经成为王店镇城乡融合发展的主要力量。

　　3. 城乡融合发展的农民人均收入持续增加

　　城乡融合发展的重要目标就是提高乡村居民收入，缩小城乡收入差距。在城乡融合发展中，各类民营企业创业发展，为农民收入增加创造了难得机遇。王店镇农民通过外出务工和经营家庭工厂，使得乡村居民个人收入大幅度增加。

　　王店镇乡村居民人均收入逐年稳步增长（见表 5 - 8）。2006 年，王店镇乡村居民人均纯收入为 8208 元，2021 年达到 4 万元，王店镇农民人均收入明显提高，相比 2006 年人均收入增长 4 倍。[②] 通过城乡融合发展，王店镇的经济发展效益，乡村居民生活质量得到大幅提升，同时也向城乡共同富裕的目标迈进了一大步。

表 5 - 8　　　　　　　　　　　王店镇农民人均纯收入

项目	2012 年	2015 年	2018 年	2019 年	2020 年	2021 年
王店镇农民人均纯收入（万元）	1.75	2.5	3.3	3.6	3.8	4
同比增长（%）	14.3	13.6	8.5	9	5.6	8

资料来源：王店镇历年政府工作报告。

　　4. 城乡融合发展的投资规模持续扩大

　　城乡投资规模扩大是推进城乡融合发展的基本方式。进入 21 世纪后，王店镇社会固定资产投资规模总体上保持在上升状态，对调整镇域经济结构和提高社会生产力、优化产业布局，以及推进城乡融合发展，产生了积极作用。

　　王店镇一直重视社会资本的投资，并想方设法吸引各种主体投资，保障了城乡融合发展的动能。2007～2011 年，王店镇全镇累计完成全社会固定资产投资

---

① 资料来源：王店镇 2012～2022 年政府工作报告。
② 资料来源：王店镇 2006 年和 2021 年政府工作报告。

60 亿元，平均每年完成全社会固定资产投资 12 亿元，投资数值已经十分可观。到 2022 年，一年的投资规模更是达到 34.5 亿元（见表 5 - 9）。①

表 5 - 9 　　　　　　　　王店镇全社会固定资产投资 　　　　　　　　单位：亿元

项目	2015 年	2018 年	2019 年	2020 年	2021 年	2022 年
全社会固定资产投资	21.3	22.1	27.7	33	26.1	34.5
工业投资	10.1	8.4	11.4	11.9	12.9	18.8
服务业投资	10.6	12.5	16.3	21.1	13.2	15.7

资料来源：王店镇历年政府工作报告。

王店镇全社会固定资产投资明显增长的同时，社会投资结构也在持续优化，工业投资和服务业投资均呈现出逐年增长态势，尤其是服务业投资规模在近几年已经超过工业投资。比如，2015 年，王店镇服务业投资 10.6 亿元，增长 28.1%。2020 年服务业投资 21.1 亿元，增长 29.44%。

2015 ~ 2020 年的 5 年内，王店镇服务业投资规模扩大了近 1 倍，预示着城乡融合的经济结构正处于转型优化过程之中，并取得明显效果。

5. 城乡融合发展的外资利用能力逐步提高

外资要素一直是推进江南乡镇城乡融合发展的重要因素。长期以来，王店镇坚持通过引进外资项目，利用境外要素资源，更好地促进城乡融合发展，并取得较好的经济社会效益。在 2007 ~ 2011 年，王店镇累计实际利用外资 1.1 亿美元，平均每年完成利用外资 2 750 万美元。2018 年，更是实现合同利用外资 1.3 亿美元（见表 5 - 10）。②

表 5 - 10 　　　　　　　　王店镇合同利用外资和实到外资 　　　　　　　　单位：万美元

项目	2015 年	2018 年	2019 年	2020 年	2021 年	2022 年
合同利用外资	6 542	13 000	8 404	3 491	6 451	9 731
实到利用外资	1 219	4 263	4 187	2 828	3 167	2 248

资料来源：王店镇历年政府工作报告。

近几年，王店镇充分发挥嘉兴现代物流园、智能装饰产业园、保温产业园等平台优势，抓好新材料、智能装饰、现代物流等领域的引资工作，在利用外资要素领域取得了重大突破。2020 年，王店镇引进百秀健康产业园、嘉华再生材料等优质内外资项目，其中引进投资超 5 000 万美元项目 1 个，亿元以上备案内资

---

① 资料来源：王店镇历年政府工作报告。
② 资料来源：王店镇历年政府工作报告。

项目 4 个。2021 年，引进超亿美元重大项目 1 个。2022 年，实现合同利用外资
9 731 万美元，实际利用外资 2 248 万美元。

6. 城乡融合发展的城镇就业岗位连续增加

城乡融合发展的一大任务，就是通过工商业投资，实现乡镇产业多元化，创
造更多更好的非农就业岗位，实现农业人口转移就业。如果城乡融合发展能够带
来很多新的就业岗位，乡村居民拥有更多就业或兼职的机会，农民收入持续增长
就有基本保障。

近几年，通过不断的城乡融合项目投资，王店镇就业岗位逐年增加，如表
5 - 11 所示，2016 年新增就业岗位只有 962 个，2022 年新增城镇就业岗位增至
2 068 个。在 2018 ~ 2022 年的 5 年内，创造新增城镇就业岗位总计达到 8 524 个，
这对只有 6 万多人口的江南小镇，提供的就业兼职机会已经相当多了。

表 5 - 11　　　　　　　　　　王店镇新增就业岗位　　　　　　　　　　单位：个

项目	2016 年	2018 年	2019 年	2020 年	2021 年	2022 年
新增就业岗	962	1 354	2 028	1 506	1 568	2 068

资料来源：王店镇历年政府工作报告。

城镇企业就业岗位持续增加，创造了更多新的就业机会，提高了城乡居民的
收入和消费能力，从而又推动了城乡融合健康发展。

7. 城乡融合发展的乡村人口城镇化逐年提升

乡村人口城镇化是推进城乡融合发展的大方向。人口城镇化意味着就业、收
入、生活、社会福利等各个领域，实现城镇化标准及待遇提升。

城乡融合发展一直助推王店镇的人口城镇化。近 10 年来，王店镇的城镇区
域的人口不断增加，如表 5 - 12 所示，从 2013 年城镇人口只有 10 843 人，城镇
化率仅为 17.33%；2021 年城镇人口首次突破 2 万人，增加到 20 113 人，城镇化
率也达到 31.99%。人口城镇化率不断提高，反映了王店镇城乡融合的发展成果。

表 5 - 12　　　　　　　　王店镇总人数、城镇人口及城镇化率

项目	2013 年	2014 年	2016 年	2017 年	2018 年	2019 年	2020 年	2021 年
总人口（人）	62 571	62 695	62 618	62 847	63 064	63 081	62 875	62 873
城镇人口（人）	10 843	10 708	18 694	18 720	18 779	18 800	19 884	20 113
城镇化率（%）	17.33	17.08	29.85	29.79	29.78	29.80	31.62	31.99

资料来源：2014 ~ 2022 年秀洲区统计年鉴。

相比其他江南小镇，王店镇人口城镇化率并不突出。这与王店镇各个乡村的
产业多元化，家庭工厂、家庭餐饮、个体商业在乡村遍地开花，个体农户就地实

现了产业经营和职业转型，使人口城镇化率上升压力较小有关。

三、城乡融合发展的成功经验

王店镇作为江南小镇，城乡融合发展成效显著。工业经济已经成为主导产业，镇域经济结构日趋优化，地区人均产值已经突破 16 万元，乡村农民人均年收入达到 4 万元，人口城镇化率也在逐年上升。① 几十年来，通过城乡融合发展，王店镇从江南"鱼米之乡"转型发展为浙北地区工商业并进的"现代小镇"，走在全国乡镇发展的前沿领域。因此，要科学、客观、准确总结其成功经验，以此探索具有中国特色城乡融合发展的规律和道路。

1. 着力推进现代工商业发展，提升城乡融合的产业层次

通过推动城乡要素融合，发展现代工商产业，使王店镇产业构成不断优化。在 2006～2021 年，全镇三次产业比重从 18∶65∶17 转化为 4∶52∶44，产业结构更加优化。② 从中可以发现，王店镇城乡要素融合的重点，也由推进乡镇要素与现代工业要素融合转化为推进乡镇要素与现代服务业要素融合，逐年加大现代服务业尤其是现代物流领域的项目投资，使第三产业在产业构成的比重逐渐加大。

重视第三产业发展投资，促进了现代服务业不断提质增效。2022 年，王店镇实现规上服务业营业收入 64 亿元，年度新增规上服务业企业 13 家，税收超100 万元企业（不含平台内项目）达到 21 家，其中超 500 万元 7 家。③

同时，地处王店镇的嘉兴现代物流园的经营运作成效显著，依托嘉兴生产服务型国家物流枢纽的新的经济发展契机，成功入选第二批浙江省现代服务业创新发展区，高分通过省级物流创新发展试点考核验收。加快推进智慧物流产业蝶变跃升，启盈跨境电商智慧供应链总部开工建设。

由此可见，王店镇的城乡融合发展已进入一个新的转型发展阶段，由以工业发展为中心转化为以现代工业与现代服务业发展并重，推动城乡融合的产业层次迈向经济高端领域。

2. 着力发展特色工业领域，培育城乡融合的产业竞争优势

特色产业企业一直是城乡融合发展的主力军。改革开放以来，王店镇充分利用城乡要素，培植特色工业企业，发展特色工业领域。同时，抢抓长三角一体化

---

① 资料来源：秀洲区统计年鉴。
② 资料来源：王店镇 2006～2021 年政府工作报告。
③ 资料来源：王店镇 2022 年政府工作报告。

战略机遇，推动特色产业和新兴产业发展壮大，形成镇域城乡融合的产业竞争优势。

在 20 世纪 80～90 年代，王店镇依据传统乡镇要素资源，开创了自己的工业特色优势领域：装饰、纺织、材料三大工业产业。进入 21 世纪后，王店镇又充分利用现代资本、现代技术和国际市场等城市要素，推进现代要素与传统要素融合，提升传统特色工业产业竞争力，全力打造集成装饰、高端纺织和保温新材三大特色工业产业，使它们成为镇域工业经济发展的支柱产业，产值占到规上工业产值近九成。

2020～2022 年，王店镇的特色优势工业经济稳中有进，体现出顽强的产业竞争力。2020 年，王店镇纺织行业实现行业产值 34.4 亿元，保温行业实现产值 17 亿元，集成装饰行业实现产值 33 亿元。2021 年，王店镇时尚纺织行业实现行业产值 50 亿元，保温新材料行业完成行业产值 16 亿元，智能装饰行业实现行业产值 42 亿元。2022 年，时尚纺织行业实现行业产值 49.6 亿元，保温新材料行业实现行业产值 18.4 亿元，智能装饰行业实现行业产值 39.8 亿元，并顺利承办第八届中国嘉兴集成吊顶展。[①]

王店镇一直推进工业产业多元化、特色化，借助嘉兴国家高新区王店产业园这一平台，围绕新材智造、集成装饰、高端纺织、空港物流等支柱产业，构建了现代服务业和先进制造业双轮驱动的城乡融合发展平台。

3. 着力推进乡村产业多元化，实现乡村经济现代化

城乡融合发展的核心内容之一是城乡要素在乡村就地融合，推进乡村经济多元化、现代化。长期以来，王店镇始终把实现乡村产业多元化、现代化放在城乡融合发展的首位，大力支持农民经营转型发展，提倡乡村居民宜农经农、宜工经工、宜商经商，促成家庭工厂、家庭餐饮、个体商业遍地开花。个体农户就地转型实现工业化、商业化，乡村产业构成不断优化。

王店镇的家庭工厂是一种传统的家庭作坊型制造业。乡村家庭工厂以个体农户为单位，就地进行城乡要素融合，一般由家庭成员经营管理，产品大多是机械和手工融合制造的零部件、工艺品、服装、生活用品等。比如，王店镇乡村拥有众多的染料家庭工厂、木质玩具家庭工厂、制鞋家庭工厂和毛衣家庭工厂。

王店镇乡村的个体商业活动，有农产品、茶叶加工和家庭餐饮业。在当地，有许多农户家庭自产自销的土特产，如松花蛋、豆腐干、剁辣椒等各种食品。乡

---

① 资料来源：王店镇 2020～2022 年政府工作报告。

村的许多家庭开设自己的小餐馆，以当地特产为主要原料，提供特产、农家菜、茶餐等各种美食。王老六农家菜和满福楼饭店就是当地的家庭餐厅，专门提供精致的农家菜肴。

由于城乡要素流动的畅通无阻，使王店镇各个乡村的家庭工厂、家庭餐饮、个体商业能够保持稳定、繁荣发展，优质农家个体户不断实现"个转企"，推动了乡村经济的多元化和现代化进程。

4. 着力抓好产业融合项目，增强城乡融合发展的可持续性

只有不断增加城乡融合项目数量，加大融合项目投资规模，才能推进城乡融合的深层次高质量发展。在乡镇辖区，任何投资项目都可以转化为直接或间接的城乡融合项目。因此，项目引进和项目投资一直是城乡融合发展的重要一环。

为了增强城乡融合的可持续性和高质量发展，王店镇高度重视各类城乡融合项目的引进与投资，力争把融合项目投资转化为城乡融合发展效益。现代物流项目是畅通城乡要素流动、吸纳农业人口转移就业、环境污染较低的优质融合项目。长期以来，王店镇大力建设现代物流产业园，吸引物流企业入驻，鼓励物流行业扩大项目投资，推动城乡要素流动，努力实现城乡融合的高质量发展。

2020 年，顺丰产业园列入省市县长工程项目。同时，引进灏库（启盈）华东跨境电商运营总部项目，计划投资 1.2 亿美元，建成运营的进出口额高达 40亿元，将成为全省跨境电商物流的重要基地。2022 年，投资 10 亿元的顺丰产业园项目竣工，王店镇顺丰全自动分拣设备投入运营，形成创新产业服务、陆运枢纽、冷链物流、智能分拣 4 大中心，打造成"快递＋"和"互联网＋"双核驱动的生态产业链园区。①

5. 着力提高土地要素利用能力，优化城乡土地使用效率

城乡建设土地的使用效率一直是衡量城乡融合发展质量的主要标准之一。推进城乡融合发展，土地资源是最宝贵的核心要素，既要不断提高城区土地利用率，也要不断优化乡村土地使用效率。城乡融合发展遇到的各种难题，大多数与土地使用和使用效益有直接或间接关系。因此，乡镇政府要花大力气，解决好城乡土地要素的使用效益问题。

为了提高土地要素使用效率，推进城乡融合进一步发展，王店镇一直坚持全域土地综合整治，进行土地使用的整理和复垦，加大征迁扫尾力度以及整治"低散乱"工业企业（作坊）土地使用效益问题。尤其是近几年，王店镇加大了城

---

① 资料来源：王店镇 2020 年和 2022 年政府工作报告。

乡土地使用整治工作力度，并取得一定实效。

2020 年，王店镇加大征迁扫尾力度，完成"最后一户"攻坚 16 户，拓展空间 43 亩；复垦土地 365 亩，搬迁农户 380 户；整治"低散乱"工业企业（作坊）80 家，腾退低效用地 370 亩。2021 年，完成全域土地综合整治 1 680 亩，新增建设用地项目 7 个，搬迁农户 491 户，复垦面积 525 亩；整治"两高一低"工业企业 116 家，腾退土地面积 377.9 亩。2022 年，加大对"低散乱"工业企业（作坊）整治力度，完成腾出土地 736 亩；完成土地整理 5 349 亩，复垦 515 亩，搬迁农户 557 户；加大重点区域征迁力度，拆迁农户 116 户、征用土地 2 203 亩。①

对"低散乱"工业企业（作坊）的土地使用整治，提高了城乡建设用地利用效率；对全域土地使用进行综合整治，提升了乡村土地资源的利用率；加大征用土地的拆迁力度，推进了城乡融合项目的落地建设。

6. 着力推动家庭农场化发展，推进农业经营主体现代化

城乡融合发展的主要任务之一是推动城市要素下乡，促进农业农村现代化。推进农业经营主体现代化是实现农业现代化的重要内容。近 10 年来，王店镇大胆利用现代产业要素，推动农业经营主体由个体农户向农业企业、家庭农场转化，助推农业经营的规模化和现代化。

耕地流转是农业主体经营规模化和现代化的前提与基础。早在 2012 年，王店镇就完成流转土地 3 089 亩，为农业经营规模化创造了重要条件。同年，引进上海捷玛农业物联网等项目 8 个，新创 2 个省级示范性合作社和 2 个市级农业龙头企业。②

在 2018 ~ 2020 年，王店镇加快农业主体经营的规模化、现代化发展步伐，推动个体农户向农业企业、家庭农场转化。2018 年，建成庄安果蔬冷链配送项目，新增省市级示范性家庭农场 3 家、省级牧场 1 家。2019 年，创建农业基地 4 家，新增农民专业合作社 2 家、家庭农场 160 家，稻渔综合种养达到 2 285 亩。2020 年，王店镇新增家庭农场 450 家，获评省、市级示范性家庭农场各 1 家，创建稻渔综合种养省级示范基地 1 个，完成种养推广 4 520 亩。其中，王店镇建南村的"元五家庭农场"是嘉兴市级"五优联动"试点优质晚粳稻订单种植基地，2020 年获评省级稻渔综合种养示范基地。农场拥有稻田基地 860 亩，开发稻虾综合种养面积 310 亩。2021 年农场收入 115.24 万元，纯收益 42.25 万元。③"元五

---

① 资料来源：王店镇 2020 ~ 2022 年政府工作报告。
② 资料来源：王店镇 2012 年政府工作报告。
③ 资料来源：王店镇 2018 ~ 2021 年政府工作报告。

家庭农场"的规模化转型经营经验，探索了农业主体转型现代化经营的成功之路。

7. 着力推进城乡公共基础设施建设，提升城乡公共环境与服务水平

统筹推进城乡两大地域的现代化建设，提高城乡居民生活环境质量，提升城乡服务一体化水平，这是城乡融合发展的重要目标。王店镇一直高度重视、大力投入城乡公共设施现代化建设，努力把江南传统"鱼米之乡"建设成环境优美的江南"现代城镇"和"美丽乡村"，提升城乡服务一体化水平，优化城乡居民生活质量。

一是推动美丽城镇设施建设。王店镇作为美丽城镇的省级样板镇，不断加大城镇公共基础设施建设，努力完善现代交通网络，提升城镇生活环境质量。2019年，新建环镇绿道5.5公里，新增公共自行车服务网点29个，完成环镇公交站点布位22个。同时，推进G524国道、嘉海公路拓宽等重点工程建设。2020年，努力完善镇域城区的路网框架，建成梅西路、常乐路等市政道路4条。同时，新建梅中公园，新增环镇绿道3公里。2021年，又建成瑞银西路、东西二路、吉蚂西路、众心路4条城镇道路。同时，完成升级改造1 583个交安设施路口。2022年，G524重点工程建成通车，建设吉蚂西路等道路6条、改造桥梁6座，完成道路亮化30公里。[①]

二是实施美丽乡村建设工程。由于坚持深化美丽乡村建设，王店镇成功创建为"省级美丽乡村示范镇"。2019年，完成优美村庄创建10个，荣获省级"最美庭院"1家和"绿色家庭"1家。2020年，建林村荣获"国家森林乡村"美誉，新增市级"优美庭院"示范村3个、示范点2个。同时，建成G524文旅生态走廊，并建成5个市级乡村振兴示范村和5个新时代美丽乡村。2021年，建成省级新时代美丽乡村精品村1个、达标村5个，获评市级乡村振兴示范村3个、美丽乡村精品村1个。[②]

三是积极推进景区乡村建设。2019年，王店镇打造景区村庄6个，其中AAA级达到3个，占全区50%。2020年，成功创建浙江省AAA级景区镇，获评AA级景区村庄1个、A级5个;[③] 2022年，成功创建省AAAA级景区镇，"品重梅溪"美丽乡村共富线获评省级休闲农业与乡村旅游精品线，镇中村、建林村上榜浙江省"一村万树"示范村。

---

① 资料来源：王店镇2019~2022年政府工作报告。
② 资料来源：王店镇2019~2021年政府工作报告。
③ 资料来源：王店镇2019年和2020年政府工作报告。

四是持续优化生态环境。王店镇积极实施水生态环境综合提升工程，市控断面水质一直保持在Ⅲ类水标准。积极开展"碧水绕镇、碧水绕村"行动，2022年，建成"碧水河道"7条，完成污水管网及终端改造工程9个、清淤92公里，并新建6个美丽河湖，获评全省"五水共治"工作考核优秀乡镇①。

第三节 浙江省温州市柳市镇城乡融合发展分析

2022年，柳市镇实现规上工业总产值554.83亿元，财政总收入41.51亿元；市镇在全国综合实力千强镇排名第11名②，继续位居浙江首位。柳市镇经济实力的快速发展与城乡融合进程的成功推进有关。改革开放以后，柳市镇充分利用城乡要素，着力发展镇域经济，取得了一系列成就，形成了一些特点，为全国推进城乡融合发展提供了宝贵的经验，值得我们探讨与研究。

一、城乡融合发展的基础优势

柳市镇城乡融合发展是建立在区位、工业、农业三大优势基础上的。沿海沿江的区位优势，使柳市镇城乡融合发展直接面向全国市场和国际市场。早期形成的工业优势，使柳市镇更容易确立城乡融合发展的主导产业。自然条件良好的农业优势，使柳市镇城乡融合发展拥有了良好的经济基础。

1. 城乡融合的区位优势

柳市镇地处浙江东南沿海，北距杭州340公里，南距福州350公里，距温州市区仅20余公里，具有充分利用城市现代要素、实现城乡一体化发展的完备交通设施。中心城区六通四达，各区域之间建立了快捷的交通联系，也使城乡融合发展的区位优势更加凸显，城乡要素流动更加畅通。

目前，柳市镇已经建成甬台温高速柳市北互通、228国道、325省道、温州市域铁路S2线、瓯江口大桥、温乐高速公路、环东路，以及其他省级重点交通项目，"八纵八横"的路网结构已经基本完成，基本形成了一个"环环成网，外快内快"的立体交通网。此外，柳市镇境内有多条河流以及乐琯运河，且位于瓯江入海口北岸，具有沿海、沿江河口的优势，水运较为发达。

---

① 资料来源：王店镇2022年政府工作报告。
② 许经勇. 农村工业化、城镇化——温州农民收入持续增长的重要载体［J］. 中共浙江省委党校学报，2006（4）：73－76.

2. 城乡融合的工业优势

工业优势是推进城乡融合发展的重要动力。柳市镇具备一定的工业经济发展基础，早在 20 世纪 70 年代初，柳市镇以市场为导向，从事低压电器生产和销售。经过将近 50 年的调整发展，柳市镇每天有超过千万价值的产品发往全国各地，在低压电器的国内市场占有率早已超过 50%。

柳市镇在城乡融合中的工业优势主要体现在以下几点：一是拥有工业矿产资源。柳市镇已发现有铁、锰、铜、铅、锌、黄铁矿、石英等多种矿产资源，为当地工业强势发展奠定了基础。二是拥有完善的工业产业链。作为中国电器之都，柳市镇已经形成了以高中低压电器、电子、机械、仪表等为主导的工业产业体系与物流、经销服务链。三是企业品牌已经具有一定的声誉。柳市镇以低压电器为核心产业，孕育了一批知名的企业品牌，并逐步发展为全国最大的中低压电器生产基地。柳市镇的工业发展优势，为消化与吸纳农业转移人口就业和乡村城市化发展奠定了经济基础。

3. 城乡融合的农业优势

自然环境和优质农业是城乡融合发展的基础。柳市镇位于滨江沿海冲积平原地带，受海洋性气候影响明显，属亚热带季风气候，四季分明，雨量充沛，冬无严寒，夏无酷暑，无霜期长，热量丰富，适合各类农作物生长[1]。同时，柳市镇区域地势平缓，阡陌相连，河道纵横，拥有农业发展的良好自然条件。

柳市镇耕地资源丰富。2010 年共有耕地面积2.6 万亩，可以充分满足农业生产要求，保障居民生活的农产品需求。2014 年，柳市镇对现有土地进行再次规划，划定永久基本农田保护红线和生态保护底线，并对耕地面积进行重新划定。2020 年，柳市镇耕地面积占全镇土地总面积的32%。[2]

良好的自然生态环境，确保了农业生产丰收和农产品供给。同时，随之产生的农业转移人口和相对过剩的土地资源，就可以进入城乡要素流动渠道，满足城乡融合发展的需要。

二、城乡融合发展的变化特点

城乡融合发展就是要通过城乡要素流动、产业融合，实现城乡共同发展。这就要求我们要积极利用城乡要素，尤其是创造性使用现代要素，促进乡村现代化

---

① 林文忠. 乐清市柳市镇"青山白化"治理现状及对策建议［J］. 安徽农学通报（下半月刊），2011，17（6）：15－16.

② 资料来源：柳市镇 2010 年、2014 年和2020 年政府工作报告。

发展。城乡融合发展的最终目标是增加居民收入，缩小城乡差距。自改革开放以来，柳市镇就进入城乡融合发展轨道，即不断调整发展思路，积极利用城市要素、工业要素以及其他现代要素，推动镇域内经济向多元化、现代化方向发展。进入21世纪后，柳市镇城乡融合发展主要呈现出以下变化特点：

1. 城乡融合发展的产业结构更加合理

城乡融合发展的重要表现是镇域产业结构不断优化。作为全国最大的低压电器生产基地，电器产业一直是柳市镇的工业经济主导产业。改革开放以后，劳动力、资金和技术等城乡要素迅速向电器产业集聚，现代工业体系快速建立，工业所占比重越来越高。目前，柳市镇已形成以高低压电器、电子、机械、仪表等产品为主导的工业产业体系[①]。

在2012～2018年，柳市镇第二产业所占比重由70%降低到57%，第三产业占比由29%增加至42%（见表5–13）。在城乡融合发展过程中，柳市镇的第二产业占比由升变降，第三产业占比逐渐提高，可见全镇产业结构进一步优化，城镇现代化特征日益凸显。这不仅符合现代经济发展的趋势，也预示城乡融合处于转型发展进程。

表 5 – 13　　　　　　柳市镇 2012 ~ 2018 年三大产业占比　　　　　　单位：%

项目	2012 年	2016 年	2017 年	2018 年
第一产业占比	1	1	1	1
第二产业占比	70	62	60	57
第三产业占比	29	37	39	42

资料来源：2013 ~ 2019 年柳市镇政府工作报告。

2. 城乡融合发展的工业主体更加优化

在形成了具有地方特色的工业产业集群后，为了强化电器产业竞争力，柳市镇不断提升企业层次，通过创新引领产业升级，推进传统制造业高质量发展，以此确保城乡融合发展的持续动能。

2014～2020年，柳市镇高新技术企业数量呈上升趋势。在2018～2020年，每年增加省科技型企业数量均在150家左右。可见，柳市镇企业注重自身转型升级，不断强化生产技术优势。同时，柳市镇每年都有大量的工商个体户和小企业实现"个转企""小升规"，使工业企业经营规模和经营水平逐年进步（见

---

① 李王鸣，朱珊，王纯彬. 民营企业迁移扩张现象调查——以浙江省乐清市为例 [J]. 经济问题，2004（9）：30 – 32.

表 5 – 14）。

表 5 – 14　　　　2014 ~ 2021 年柳市镇新增各类企业数量　　　　单位：家

项目	2014 年	2015 年	2017 年	2018 年	2019 年	2020 年	2021 年
高新技术企业	7	4	10	33	40	63	56
省科技型企业	—	—	—	158	149	150	—
"个转企"企业	714	319	202	179	190	219	204
股份制改造企业	—	—	8	9	7	5	2
市场挂牌企业	—	3	0	1	4	3	—
产值超亿元企业	—	—	10	1	—	7	—
"小升规"企业	80	54	38	65	97	88	84

资料来源：2015 ~ 2022 年柳市镇政府工作报告。

柳市镇坚持创新引领，持续加快产业升级，截至 2022 年，全镇以电气产业为主的工业企业有 15 580 家，并积极打造千亿级电气产业集群。

3. 城乡融合发展的外来劳动力规模不断扩大

城乡融合发展推动了工业经济规模扩大，创造了大量就业机会，吸引了大量外地人来柳市镇务工就业，促进了劳动力要素的流动，使得柳市镇外来人口数量也呈现逐年上升的趋势。

2014 年，柳市镇户籍人口为 22 万人，外来人口为 17 万人，外来务工人口占常住总人口比重为 43.59%；2021 年，柳市镇外来人口占常住人口比重是 48.89%，总体上涨了 5.3%（见表 5 – 15）。柳市镇的城乡融合发展，促进了劳动力要素流动，外来劳动力规模不断扩大，常住总人口结构发生重大变化。

表 5 – 15　　　　2014 ~ 2021 年柳市镇户籍人口数量以及外来人口数量及占比

项目	2014 年	2015 年	2016 年	2017 年	2018 年	2019 年	2020 年	2021 年
常住人口（万人）	39	40.43	41.72	41.09	41.12	44.83	44.75	45
户籍人口数量（万人）	22	22.33	22.72	22.79	22.82	22.83	22.75	23
外来人口数量（万人）	17	18.1	19	18.3	18.3	22	22	22
外来人口占比（%）	43.59	44.77	45.54	44.54	44.50	49.07	49.16	48.89

资料来源：2015 ~ 2022 年乐清年鉴。

4. 城乡融合发展的人口城镇化快速推进

在柳市镇城乡融合进程中，城镇人口数量逐年提高，人口城市化率不断提升，城乡人口融合效果显著。如表 5 – 16 所示，2015 ~ 2021 年，柳市镇户籍人口数量稳定在 22 万人到 23 万人。同时，柳市镇户籍人口年龄结构比较稳定，18 岁以下的人口占比稳定在 21% 上下；60 岁及以上人口占比在 15%～18%；18～59 岁人口属于经济建设和城乡融合进程的中坚力量，占比相对来说比较稳定，在 60% 左右。可见，柳市镇的城乡融合发展，劳动力充足，供养能力强。

2020 年，柳市镇城镇化率达 86.32%，而同年浙江省为 72.17%；全国城镇化率为 63.9%。柳市镇的城镇化率不仅超过了其所在的省市县的城镇化率水平，也超越了全国人口城镇化率的平均水平。①

表 5–16　　　　　2015～2021 年柳市镇户籍人口数量及其结构

项目	2015 年	2016 年	2017 年	2018 年	2019 年	2020 年	2021 年
户籍总人口（人）	223 306	227 201	227 929	228 248	228 335	227 509	226 208
城镇人口占比（%）	52.47	51.49	—	60.22	60.24	86.32	—
乡村人口占比（%）	47.53	48.51	—	39.78	39.76	13.68	—
18 岁以下人口占比（%）	20.74	21.79	21.82	21.76	21.68	21.37	20.86
18～59 岁人口占比（%）	63.78	62.28	61.46	60.85	60.56	60.60	60.84
60 岁以上人口占比（%）	15.49	15.93	16.72	17.38	17.75	18.03	18.30

资料来源：2016～2022 年乐清年鉴。

5. 城乡融合发展的城区面积持续扩大

城区建成面积扩大是城乡融合发展的重要成果。在县域下辖的乡镇，城区面积扩大，意味着城市发展空间的拓展，意味着城乡公共服务领域的增加，意味着居民生活水平得到提高。

2010 年柳市镇镇域总面积为 49.88 平方公里，规划建城区面积仅 12 平方公里，占总镇域面积比重为 24.06%；2011 年 6 月市乡镇区划调整，将 4 个镇合并为柳市镇。合并后柳市镇区域面积达 92 平方公里，建城区面积增加到 23 平方公里，占比上升到 25%（见表 5–17）。

表 5–17　　　　2010 年、2011 年和 2020 年柳市镇镇域总面积以及
建城区总面积　　　　　　　　单位：平方公里

项目	2010 年	2011 年	2020 年
镇域总面积	49.88	92	92
建成区总面积	12	23	32

资料来源：2011～2021 年柳市镇政府工作报告。

随着工业化和城市化的深入发展，对城市空间的要求越来越高。2020 年，

① 资料来源：2020 年乐清年鉴。

柳市镇建成城区面积扩大到 32 平方公里，占比达到了 34.78%，超过镇域总面积的 1/3，这在全国乡镇中是罕见的。可见，随着城乡融合发展，城市区域逐渐扩大，劳动力以及其他生产要素从乡村向城市流动，意味着城市可以接纳更多的乡村人口，柳市镇城乡居民在生活空间、就业岗位、居住环境以及公共服务等方面差距逐渐减小、生活品质不断提高，政府提供公共品能力也逐渐增强。

6. 城乡融合发展的城乡居民人均收入差距缩小

城乡融合发展的根本目的在于提高农民的收入，缩小城乡之间的收入差距，使城乡居民达到共同富裕。柳市镇在城乡一体化的过程中，农村人均纯收入得到了较大的提高，城乡之间的收入差距也在不断缩小，这与城乡一体化的发展趋势相一致。

2014~2020 年，柳市镇乡村居民人均可支配收入的同比增长均大于城镇居民人均可支配收入。如表 5-18 所示，2020 年柳市镇乡村居民人均可支配收入43 443 元，增长 7.4%，城镇居民人均可支配收入 83 014 元，增长 4.2%，乡村人均收入增速比城镇高 3.2 个百分点。城乡居民人均收入比为 1.91:1，比上年有所缩小。

表 5-18　　　　　　　2014~2020 年柳市镇城乡居民可支配收入

项目	2014 年	2015 年	2016 年	2017 年	2018 年	2019 年	2020 年
城镇居民人均收入（元）	51 085	56 142	61 508	67 565	73 081	79 668	83 014
同比增长（%）	8.00	9.90	9.55	9.84	8.16	9.01	4.20
农村居民人均收入（元）	23 657	26 294	28 808	32 445	36 189	40 450	43 443
同比增长（%）	8.10	11.14	9.56	12.62	11.53	11.77	7.40
城乡居民收入比（%）	2.159	2.135	2.135	2.082	2.019	1.970	1.911

资料来源：2015~2021 年柳市镇政府工作报告。

三、城乡融合发展的主要经验

柳市镇以市场为主导的工业化发展，带动了城乡要素流动，促进了现代要素下乡，镇域经济构成不断优化，地区生产总值规模持续增长，人口城镇化和乡村人均收入上升至新的高度，这体现了城乡融合开始进入高质量发展阶段。因此，有必要总结柳市镇的成功经验，为各地乡镇推进城乡融合发展，提供可参考的借鉴方式。

1. 坚持市场主导意识，努力畅通城乡要素流动

地处沿海地区的柳市镇，可以利用的自然资源有限。但是，柳市镇的创业者、企业家胸怀国内市场，瞄准全球市场，根据国内外市场需要，积极促进城乡

要素流动，合理利用国内外要素资源，发展镇域内各类产业，尤其是大力开发制造业，推进城乡融合发展。

强烈的"市场意识"是柳市镇的优良传统。据传说，古时当地老百姓以柳树下为贸易之所，日久成市，故而得名"柳市"。根据市场需求，确立企业的产业经营方向，然后组织城乡要素流动，大胆利用现代产业要素，在镇内建立起一条完整的产业链，开发出能满足国内外市场需要的工业产品。

柳市镇的人民电器集团有限公司就是"在市场意识主导下，利用城乡要素"，成长壮大起来的民营企业。1986 年，人民电器集团有限公司创始人，借着改革开放之机，与 12 名员工利用 3 万元资产创办了乐清低压电器厂。经过 10 多年的努力，经过重组、合并和强强联合，将温州 66 家家电生产企业进行了整合，成立了浙江人民电器集团。经过资本、劳动力和技术等城乡要素的畅通流动、创新组合，人民电器集团坚持强化市场意识，抓住市场机遇，提高市场竞争力，现已成为国内电器生产行业的领军企业。在 2020 年中国民营企业 500 强中，人民电器集团有限公司居第 183 位。

2. 坚持发展工业经济，做强城乡融合发展的主导产业

改革开放以来，柳市镇逐渐形成工业经济的主导地位，为城乡融合发展奠定了产业基础①。柳市镇一直将创新发展放在镇域工业经济的突出位置，推进工业企业改造提升，不断提高产业能级。2017 年，柳市镇新增亿元及以上企业 10 家，2020 年，新增亿元及以上企业 7 家，这说明柳市镇中大型企业数量在逐渐增加，工业规模化发展态势良好。

2015 ~ 2021 年，中国企业 500 强榜单以及中国民营企业 500 强榜单中，柳市镇企业上榜数量较为稳定，大部分年份的上榜数量均为 3 家。能够进入这两个榜单排名，恰好说明柳市镇企业的规模与质量一直处于一个比较稳定发展的状态。柳市镇能连续 7 年保持企业上榜数量稳定并不是一件容易的事，这不仅得益于各个企业不断提高自身的经济实力以及核心竞争力，还与政府重视工业经济高质量发展，不断对企业进行扶持与帮助有关。

3. 坚持发展镇域特色经济，形成城市融合发展的竞争优势

柳市镇走出了一条以"前店后厂"为基础的城乡融合发展之路。自 1978 年起，以门市部与家庭作坊相结合的"前店后厂"模式在柳市镇逐渐普及开来②。

---

① 李玲. 城乡融合发展的浙江实践［J］. 中共乐山市委党校学报，2020，22（2）：89 - 96.
② 赖红波，吴泗宗，王建玲. 产业集群的自我否定与跨网络学习——以浙江温州低压电器产业集群为例［J］. 华东经济管理，2011，25（2）：13 - 17.

1989 年，柳市镇全镇共有 1 267 家低压电器门市部，1 544 个家庭工业户，虽然"打假行动"使得低压电器门市部关闭以及部分家庭工业户歇业，但符合要求的零售企业也迅速成长壮大①。在柳市镇工业发展历程中，作坊式工厂是发展的基础，目前虽未对作坊式工厂进行统计，但经过实地走访发现，这种模式依然存在，并持续为大企业提供零部件。

几十年来，柳市镇从作坊式工厂逐渐发展成为"中国电器之都"②。以 2020 年为例，柳市镇依托电器产业基础和区位优势，以智能电器小镇建设为平台，积极谋划产业转型升级。全年共有两个产业园项目开工，一个供应链物流园项目即将挂牌出让，3 个产业园相继建成投用。另外，柳市镇因依靠智能电器创新发展中心，引进多家企业单位，增加了上百亿元的营业收入。

4. 坚持创新引领产业升级，确保城乡融合发展的持续动能

在市场经济体制下，作为一个工业镇，必须坚持创新引领产业升级，才能够持续保持城乡融合发展的活力与竞争力。

近几年，柳市镇提出"科技创新、数字赋能、要素优化"发展理念，以电气产业集群列入全国先进制造业集群十强榜单为新契机，坚持产业创新、业态创新、企业创新、产品创新和技术创新。为增强城乡融合发展动力，柳市镇加快培育科技型企业，增大高新技术企业占比，扩大省科技型企业数量，提升高新技术产业的增加值。

同时，还全面强化高能级平台迭代效应，加强国家泰尔实验室、京东智联云数字经济浙江区域总部、物联网传感器产业服务综合体建设，加强智能电气与产业创新研究院等科研院所的研究合作，以"互联网＋""供应链＋"创新业务模式，加速推动低压电器行业向世界价值链中高端迈进。

5. 坚持合理高效利用土地资源，提高城乡土地要素使用效率

在城乡融合发展中，土地资源是最宝贵的发展要素，持续提升城区土地使用率，也要不断优化乡村土地利用效率，包括农业耕地的高效利用。为使土地资源得到充分利用，更好推动城乡融合发展，柳市镇始终坚持对闲置的土地再次加以规划，逐步完善区域土地利用构成。对闲置土地进行综合评价，提升盘活地块的效益。制定盘活地块的实施方案，建立适应本地区实情的地块利用管理机制。

2014 年是柳市镇整合土地利用幅度最大的一年（见表 5 - 19），土地重新利用

---

① 任晓. 原生式内生型产业集群的形成及其变迁——以温州柳市低压电器企业集群为例［J］. 社会科学研究，2008（5）：52 - 58.

② 潘云夫. 新常态下中国电器之都的发展新思考［J］. 东方企业文化，2015（21）：211.

总面积达到 1 983 亩，其中，启动城镇低效用地再开发 147 亩，消化转而未供土地 827 亩，清理供而未用土地 374 亩，完成工业用地供地 635 亩，确保了企业用地和城建用地的需要。2015 年土地重新利用总面积 1 518 亩，2016 年 1 020 亩，2017 年 1 666.7 亩，2018 年 1 730 亩，2019 年 824.9 亩，2020 年也有 440.8。柳市镇对城镇低效用地进行再开发，清理消化转而未供土地、清理供而未用土地以及用而未尽土地，并以合理的价格对闲置土地进行拍卖或出售，增加财政收入。

表 5 - 19　　　　　2014 ~ 2020 年柳市镇土地资源重新利用类型及面积　　　单位：亩

项目	2014 年	2015 年	2016 年	2017 年	2018 年	2019 年	2020 年
土地重新利用总面积	1 983	1 518	1 020	1 666.7	1 730	824.9	440.8
低效用地再开发面积	147	203	100	0	500	0	0
工业用地供地面积	635	92	0	752	0	0	0
"三未"土地整治	1 201	0	0	817.7	936	651	401
土地清理面积	0	12 23	600	0	0	0	0
土地出让面积	0	0	120	98	0	0	39.8
其他方式利用面积	0	0	200	0	294	173.9	0

资料来源：2015 ~ 2021 年柳市镇政府工作报告。

6. 坚持反哺农业农民，缩小城乡居民生活差距

城乡融合发展的重要方法是坚持反哺农业、农村、农民，缩小城乡发展差距。柳市镇政府为缩小城乡居民生活差距，坚持实施精准扶贫以及农业补贴等政策。2017 年，柳市镇共完成低收入农户排查 1 301 户，扶贫结对带动低收入农户增收 156 户；2018 年柳市镇加强农用土地开发建设，推进农村集体产权制度改革，全镇村级集体经济总收入达到 4.4 亿元。为了减少农民种植负担，改善农民经营环境，柳市镇政府积极落实农业乡村补贴政策，建设投资 5 亿元、占地 48 亩的新民综合农贸市场。

柳市镇为推动城乡公共服务均等化，提出"坚定民心是最大的政治，开拓服务为本"的口号，在资金、医疗、社保等方面，加大对乡村贫困户、镇区困难户的帮扶力度，不断加强民生保障。2020 年，建成柳市镇大救助中心，实现对贫困群体就业、子女教育等全方位、精准的救助。此外，柳市镇还将定期开展"三问一听""百姓大走访"等活动，利用"智慧柳市镇"这个平台，为老百姓解决住房、医疗卫生等民生问题，提高居民生活质量。

7. 坚持优化城乡公共生态环境，提高城乡融合发展质量

柳市镇在基础设施建设、生态环境等领域加大投入，不仅使城市功能更加完

善，而且推动设施服务功能向乡村延伸。随着城乡公共设施一体化，城乡居民将享受更加美丽的人居环境。

坚持推动美好城乡建设。柳市镇不断推进城市面貌的"大整治"行动，实施"八纵八横"整体框架，以浙江省中心镇第一的佳绩当选为浙江省小城镇环境综合整治样板乡镇，并荣登全国最美特色小城镇前五十强第 1 位。柳市镇还对路网绿化框架进行完善，2020 年共完成入城口及车站路等主要环岛改造，推进多段人行道改建，完成一批绿化提升工程，实现 46 个年度项目全面完工。

坚持推进城乡污水管网建设。作为工业城镇，柳市镇一直重视污水排放问题。2013 年新建二、三级污水管网 78 公里，2014 年，全镇开工建设农村生活污水净化工程 6 个；2015 年强化源头治理，启动城镇污水管网建设工程 23 个、农村生活污水净化工程 7 个，完成污水管网建设 120 公里；2020 年污水管网新增 17.5 公里。[①] 对污水进行合理处理与排放，关乎着全镇城乡居民生活环境以及福利的大小，也反映了柳市镇城乡融合发展的质量高低。

第四节　甘肃省陇南市碧口镇城乡融合发展分析

碧口镇是甘肃省四大名镇之首。2020 年，陇南市碧口镇城镇化率达 63.08%，城乡人均年收入不断提高。碧口镇一直坚持"规划先行、设施完善、生活便利、环境优美、宜居宜游"的小城镇发展思路。碧口镇通过优化空间布局，强化现代产业发展，加大城镇设施建设，建成了第一、第二、第三产业融合发展的魅力古镇。

一、城乡融合发展的资源优势

碧口镇的气候宜人，被称为"陇上江南"。2006 年被评为"甘肃历史文化名镇"；2013 年被确定为全省小城镇建设示范镇和城镇化综合改革试点镇；2015 年被评为"甘肃八大最有魅力乡镇"和国家 AAA 级景区；2019 年荣获甘肃省特色气候小镇、甘肃省森林小镇。

1. 明显的区位优势

碧口镇位于甘肃、四川、陕西三省交接地带，212 国道、"兰海"高速公路

---

① 资料来源：柳市镇 2013~2020 年政府工作报告。

和"兰渝"铁路为碧口镇提供了交通便利。邻近川陕两省乡镇与碧口古镇一直拥有密切交往的历史传统，三省客商在碧口古镇商贸往来频繁，极易促成镇域经济的小气候、小环境，构成三省文化生活融合的特殊氛围，使碧口镇能够充分发挥中心城镇辐射带动作用。

2. 丰富的自然资源

碧口镇区域拥有良好的生态环境，森林覆盖面积达 45 599 亩。境内水资源丰富，年降雨量 500～1 000 毫米。白龙江穿境而过，还有让水河、石龙沟、碧峰沟、韩家沟的河流和山溪汇聚境内。矿产资源有黄金、铜、硅石、水晶石、大理石等，具有开发前景。

碧口镇境内还有各种生物资源，大熊猫、羚羊、金丝猴等珍贵动物繁衍生息，生长着各类珍惜树木物种——珙桐、水杉、香樟等国家保护树种，山涧林地有香菇、黑木耳、蕨菜、薇菜等野生名优特产。

3. 均衡的城乡人力资源

碧口镇人口结构合理，城镇化率达 63.08%。2020 年，全镇下辖 12 个行政村，82 个村民小组；3 个社区，16 个居民小组。全镇总人口 2.7 万，其中，12 个村共有农业人口 3 406 户 9 970 人，3 个社区有城镇人口 2 907 户 8 507 人，在碧口经商、务工、求学等各类流动人口 8 523 人。

在全镇人数中，男性 14 104 人，女性 13 330 人；60 岁及以上 3 811 人，18 岁以下 5 091 人，青壮年劳动力 16 825 人。①

二、碧口镇城乡融合发展的经济基础

经过几十年产业磨合、产业培育，碧口镇实现了城乡产业融合发展不断深化，形成了合理的镇域产业体系。茶叶种植加工转化为农业特色优势产业；水力发电成为强势基础产业；冶金材料成为现代工业主体产业；乡村旅游和网络电商逐渐成为新兴现代服务业，基本上实现第一、第二、第三产业融合推进。

1. 农业发展的专业化、多元化

根据自然条件、气候、地势、降雨等特点，碧口镇实现农业发展专业化、多元化，农业经济效益逐年提高。经过几十年来的不懈努力，茶叶的种植、加工已经成为碧口镇农业领域的优势主导产业。

2020 年，茶叶种植面积达 3 万亩，投产面积达 2.4 万亩，水蒿坪、马家山、

---

① 资料来源：碧口镇 2020 年政府工作报告。

李子坝等6个村是名声远扬的茶叶专业村①。林果产业以核桃种植为主，种植面积4 850亩，主要分布于江北片区的井地、石土地、何家湾、响浪等村；枇杷种植面积150亩，种植板栗1 000亩，樱桃320亩。

碧口镇中药材种植种类较多，2020年，中药材种植面积1 430亩，其中，乌药种植面积500亩，金银花200亩，重楼180亩，天冬200亩，白附子100亩，白及50亩，天南星200亩。蔬菜产业以满足地方人口需求为主，2020年全镇蔬菜种植面积800亩，主要分布于江北片区的井地、石土地、曲水、响浪和江南片区的碧峰等村。粮食作物以玉米为主，2020年全镇共有粮食作物面积3 432亩，其中，玉米种植3 270亩，小麦种植162亩，主要分布在江北片区的井地、石土地、何家湾、响浪等村。

碧口镇现有养殖场14个，猪存栏3 500余头，鸡存栏1.5万只，养殖中蜂3 100箱。②

2. 工业经济发展的基础扎实

碧口镇利用较为丰富的河水资源和矿产资源，发展电力、冶炼等工业经济，已经成为文县地方财政收入的主要支柱。2020年，碧口镇有各类企业130家，其中，工业企业14家，规模以上工业企业2家。

碧口水电厂是碧口镇区域的核心企业。碧口水电厂是位于甘肃、陕西、四川三省交界处的白龙江梯级开发的一座大型水电站，也是联结西南、西北两大电网的枢纽，安装有3台10万千瓦机组，年发电量达到14亿千瓦时，年产值达3亿多元。2011年碧口水电厂拥有职工568人，其中，管理岗位146人，专业技能生产岗位422人。作为碧口镇区域的核心企业，碧口水电厂科学利用水能，实现流域电站梯级补偿功能。截至2020年，累计发电量达到520亿千瓦时，其中，碧口水电厂在2012年达到15亿千瓦时的最高发电纪录，实现了发电效益最大化。45年来，累计上交利税超过18亿元，为区域国民经济发展作出了的重大贡献。③

水力发电是碧口镇工业经济的基础产业，为高耗能冶炼企业生产运行提供电能动力。近年来，碧口镇先后建成硅铁冶炼企业7家，铜加工企业1家，每年上缴税收2 000万元左右，是文县全县财税收入的主要来源。

碧口镇的美迪林材料开发有限责任公司，是一家集纳米材料研究、开发、生产、销售为一体的民营高新技术企业，属于高端冶炼产业，其氧化钛产品进入市

---

① 刘东亮. 文县碧口镇——大做"茶文章"经济和社会效益双提升 [N]. 每日甘肃网, 2017 – 11 – 20.
② 资料来源：碧口镇2020年政府工作报告。
③ 资料来源：碧口镇2011年和2012年政府工作报告。

场，推动碧口工业发展迈向高科技高附加值产业领域。碧口玉源铜业有限责任公司是以玉源铜矿、明达硅铁厂和麒麟寺水电站为主体的产业集团，拥有几亿元的资产实力，也是碧口镇的支柱企业①。

3. 商业服务业发展的基础牢固

在碧口镇内，2019 年，有个体户 1 152 户，有商铺 437 家。其中，餐饮店 148 家、食品和杂货店 155 家、酒店 4 家、民宿宾馆 16 家、酒吧 22 家、其他店铺 92 家。在镇区商业服务领域，从业人员近 1 万人，全年社会商品销售总额过亿元②。

三、城乡人均收入差距缩小

近几年，随着农业专业化发展和商业服务业活动扩大，以及镇域内劳务输转务工人员增多，碧口镇城乡人均收入差距逐渐缩小。根据有关部门提供的数据，碧口镇居民收入主要有三大来源。

一是务工收入。全镇青壮年劳动力大多外出务工，从事建筑、制造等行业，人均务工收入每年达 4 万～6 万元。2020 年，全镇农业人口共有劳动力人数 5 511 人，其中，经排摸需要务工人数共 2 914 人（其中建档立卡人口 1 156 人），通过劳务输转，有外出务工 2 291 人（其中建档立卡人口 1 278 人）。如果按人均务工收入一年约 5 万元计算，全镇劳务收入 11 455 万元。③

二是农业经营收入。石龙沟流域、碧峰沟流域以及李子坝村，主要为茶叶产业收入，茶叶村人均纯收入达 1 万元以上，茶叶收入占茶农收入的 75% 以上，占贫困户收入的 60% 以上。江北片响浪、何家湾、石土地、井地等村，主要产业收入为核桃、枇杷、樱桃等林果产业以及中药材产业收入。

三是非农经营性收入。在镇城区，从事餐饮、住宿、杂货、修理、批发等各类经商人员近万人，参与商业服务业经营性活动人员，年收入每人高达 6 万～8 万元。

如果按碧口镇 12 个村共有农业人口 9 970 人估算，外出务工劳务收入和农业经营收入相加，农业人口年人均收入在 1.5 万～1.9 万元。镇城区从事商业服务业经营活动人口的年人均收入在 2.5 万～3 万元。④

---

① 碧口镇政府. 陇上江南碧口镇政府［EB/OL］. 每日甘肃网，2008 - 02 - 27.
② 资料来源：碧口镇 2019 年政府工作报告。
③ 资料来源：碧口镇 2020 年政府工作报告。
④ 资料来源：碧口镇政府工作报告。

四、推进城乡建设管理一体化

近年来，碧口镇抢抓小城镇综合改革试点、碧中范一体化建设、省市向南开放的政策机遇，立足区位优势，系统谋划项目，全力加快小城镇建设步伐，取得了明显成效。

1. 创新思路，强化城镇管理

2019 年以来，针对镇区"垃圾乱扔倒、门店经营乱占道、电线乱拉挂、广告乱贴、车辆乱停、彩钢棚乱搭建"等现象，完善管理制度、加强执法管理、强化环境治理，逐步提升了城镇管理水平，改变了镇区"六乱"现象，优化了镇区居住环境。

一是完善管理制度。结合碧口实际，出台《小城镇规划建设管理办法》和《环境卫生管理办法》两个规范性文件，使城镇执法管理规范合法。

二是加强建设管理。根据合理布局、有序开发的原则，镇政府严格建设程序，从批地到设计、建筑，实行一体化管理，高起点、高标准建设小城镇①。

三是加强环境治理。先后投资 200 余万元，配置流动垃圾回收车 4 辆，流动垃圾压缩车 1 辆，垃圾箱拖车 1 辆，洒水车 1 辆，设置 20 个生活垃圾投放箱，招录环卫综合人员 34 人，为建设卫生整洁、优美和谐的镇区环境，提供坚实的基础保障。

四是加强便民服务。调整便民服务大厅 8 个办事窗口，完善办事流程和规章制度，充实办事人员，提升便民服务的工作水平。

2. 突出重点，完善城镇功能

多渠道争取建设资金。碧口镇先后对"两区"（早阳坝新区和旧城区）、"两街"（中街和后街）的基础设施和公共服务设施进行提升改造，完成了镇区供排水、垃圾填埋场、停车场等基础设施建设，实施了中街仿古风貌、白龙江沿岸民居、步行街、镇区小景点以及以滨江风情线为主的绿化亮化美化工程，建成了滨江公园、茶韵广场、碧口古镇大门、石龙沟景区大门、早阳坝大桥、碧峰北路扩宽、碧峰沟口廊桥及复兴阁阁楼、白龙江右岸人行步道等配套服务设施。

同时，在早阳坝新区，建成了碧口第二幼儿园、文县二中教师职工周转房、老年活动中心、易地搬迁集中安置点等重点项目。通过一系列重点项目的建设，完善城镇基础设施，提升城镇的治理水平、服务功能和整体形象。

---

① 吴显文. 农业标准化建设调研报告［J］. 现代农业，2013（8）：75.

3. 系统谋划，有序推进碧中范一体化建设

在国家和省市县支持下，与相关部门单位积极沟通衔接，碧口镇积极筹划碧口、中庙、范坝一体化建设方案，全力推进项目实施进度。

2019～2020 年，先后完成滨河路民居屋顶风貌改造、滨江公园灾后重建、镇政府的搬迁入住、白龙江河道碧口段清淤疏浚工程、滨河南路水毁河堤工程建设、金矿棚户区改造项目、滨河路沿线环境提升、白龙江吊桥修复、何家湾大桥重建、弱电强电管线入地改造项目、碧口镇历史文化博物馆等 14 项目工程，美化了城镇人文环境，优化了城镇服务功能。

4. 加大投入，提升城乡人居环境

按照改善人居环境、提升村容村貌的城乡建设思路，结合拆危治乱专项行动，2019 年以来，拆除危旧房 386 户 1 456 间，拆除残垣断壁 66 处 1 056 间，清理垃圾 96.5 吨，复垦土地 54.5 亩。[①]

同时，充分调动公益性岗位、环卫人员的工作积极性，每天定时对镇区环境卫生进行集中清理，确保街道、公园、广场环境卫生整洁。定期对白龙江河道、碧峰沟流域、石龙沟流域，以及镇区下水道进行清淤治理，保证行洪流畅、群众生命财产安全，提升了农村人居环境及镇区镇容镇貌。

五、构建城乡产业融合体系

在推进农业、工业和服务业协调发展的同时，碧口镇积极构建城乡产业融合体系，使城乡产业充分发挥各自特色优势，实现相互融合，共同发展。

1. 大力培育茶叶产业，形成专业化、产业化发展特色

碧口镇的乡村区域，气候宜人，雨量充沛，云雾缭绕，漫射光多，适合生长优质茶叶，盛产"高山云雾茶"。全镇茶叶种植面积达 3 万亩，拥有 6 个茶叶专业村。镇党委政府坚持以茶叶产业为基础，以人才培养为支撑，以助农增收为目标，扎实开展"产业富民"村创建活动，不断推进全镇茶叶产业高质量发展[②]。

一是茶叶品质日益优化。2019 年，改造低产茶园 800 亩，引进推广龙井 43 号、黄金芽等新品种 7 个，使茶叶品质优化。制定出台《文县绿茶地方质量标准》，完成《文县绿茶》地理标志、有机茶和绿色认证。有机茶认证 1 247 亩，

---

① 资料来源：碧口镇 2019 年政府工作报告。
② 魏湘 . 文县——种下小茶苗踏上致富路［EB/OL］. 中国甘肃网，2020 - 03 - 02.

绿色茶认证 7 500 亩，培育了"御泽春""陇上春""碧龙春"等品牌。通过多种措施，延伸茶叶产业链条，开发茶文化，带动乡村旅游，拓宽增收渠道。

二是茶叶种植科技化。针对茶叶产业品种不多、产量不足、结构不优、链条不长、种植加工水平偏低等问题，先后邀请中茶所研究员、副所长江用文，中茶院院长张士康，副院长杨秀芳，全国茶叶标准化委员会秘书长翁昆，浙江省农业厅茶叶领域首席专家、中国茶叶学会副理事长毛祖法等全国知名专家先后调研指导茶叶产业发展，开展人才培训和咨询服务，建立了院地合作关系，在种植、加工、管理上加大科技投入，推动了碧口镇茶叶产业的健康、持续发展。

三是培育茶叶专业人才。通过省委市委组织部人才项目资金，开展"一馆、二中心、三社、四基地"建设，即依托甘肃茶博馆，建成茶文化展示、茶艺表演、茶产品展销基地 1 处，开展茶艺表演培训和茶文化研究交流；依托水蒿坪村、马家山村村民服务中心，建成培训基地 2 处，开展茶叶专业知识培训；依托 2 个专业合作社和 1 个加工企业，建成实习基地 3 处，开展茶叶加工技能培训；依托茶叶种植示范区，建成茶园综合管理、病虫害防治、新品种试验、低产茶园改造 4 类实习基地 15 处，开展田间管护培训。通过茶叶产业农村实用人才培养实训基地建设，培养专业实用人才 660 人，有 12 人取得专业资格证；举办 26 期技能培训班，培训 2 600 多人次；选派技术骨干、合作社负责人等 40 余人先后到杭州考察学习，开阔视野，增长见识。

2. 全力开发旅游项目，实现城乡旅游业融合发展

旅游业一直是碧口镇城乡融合发展的支柱产业。近年来，碧口镇以打造古镇 AAA 级景区为主导，以生态休闲旅游开发为重点，不断加强全镇旅游基础设施投入建设，高标准高质量设计景区、景点，形成以古镇风情游、石龙沟和碧峰沟茶园生态游、美丽乡村游和白龙江水上游为主的碧口旅游产业体系。

一是确立城乡旅游业融合发展战略。在完善古镇旅游设施的同时，大力开发乡村生态旅游业，实现了城乡旅游业融合发展。碧口镇以发展碧口生态休闲游为重点，以创建碧口古镇 AAAA 级国家景区和石龙沟 AAA 级国家景区为抓手，把"两沟一江"（石龙沟、碧峰沟和白龙江）旅游开发作为突破口，形成一个完整的生态旅游网。

二是全力打造农旅综合产业。为拓展脱贫攻坚成果与乡村振兴有效衔接，碧口镇从 2021 年开始，围绕石龙沟及马家山茶园，着力打造农旅综合产业。按照"一心两带五组团"的结构布局，石龙沟流域农旅产业综合开发工程规划建设游客中心、度假木屋、研学中心、民宿景点、民居风貌改造等 24 个重点项目及配

套基础设施，计划总投资 1.65 亿元。工程以石龙沟旅游综合服务为中心，将建成熊猫公园主题游赏带、生态茶山主题体验带，以及豆家坝码头印象、磨河坝茶味百香、马家山康养民宿、剪子沟龙潭景观、唐家山龙眼主题景观。由此，带动碧口茶叶产业和旅游产业进入高质量发展阶段，综合旅游收入持续增加，间接推动第一、第二、第三产业大融合。

三是加强旅游景区环境建设。对镇区及石龙沟流域环境卫生进行集中整治，清理垃圾和乱堆乱放杂物。对石龙沟口道路、沿线花园、花台、龙池停车场、龙池人行步道等破损进行维修。修建石龙沟流域旅游交通公路绿化带，美化沿线景点环境，树立了古镇和石龙沟景区的良好形象。

四是提升旅游接待能力和综合效益。实施李子坝村美丽乡村建设项目，修建旅游卫生配套设施 8 处。统一标识，集中管理，提升 212 国道沿线农家饭店服务水平。组建甘肃省海洋国际旅行社陇南营业部，建成集游客接待、电商示范、农特产品销售为一体的事丰农业公司示范点。

3. 通过电子商务，推动特色产品与城市市场的深度融合

网络电子商务作为商业服务领域的新业态，是推进城乡融合发展的新纽带，是实现乡村产品与城市消费有效对接的新途径。近年来，碧口镇高度重视电商发展，探索建立电商抱团发展和农产品、旅游、电商融合发展的新模式，实现了特色产品与城市市场融合对接。

一是创建电商孵化产业园区，形成以文县事丰农业有限公司为核心的电商产业体系，新网店不断涌现，2019 年全镇网上店铺增至 305 家，线上销售额 3 745 万元。2020 年上半年线上销售额为 1 020 万元。

二是通过电商人员培训，推广普及电子商务活动。2019 年全镇累计培训电商人员 393 人次，其中，农村电子商务普及培训 201 人次，电商专业技能培训 122 人次，乡村旅游专业培训 35 人次，电商产业链精准扶贫技能培训 35 人次。

三是建立健全电商物流体系，确保网络电商系统高效运转。引进顺丰快递公司，促成快递物流企业在碧口建成了服务点达 11 处，降低了物流成本、减省了物流时间。[①]

四是镇电商协会协调邮政物流部门，完善村社物流体系建设，实现农产品便捷流动。举办"双十一"电商产品展销会暨线下体验活动，带动线上线下销售产品。

---

① 资料来源：碧口镇 2019 年和 2020 年政府工作报告。

五是通过"政府支持＋电商龙头企业帮扶→贫困户受益"的模式，碧口镇电商企业与贫困户签订无偿代售农户产品协议，销售贫困户土特产品①。

六是鼓励镇上传统企业改变传统营销思路，积极应用电子商务新业态，参与市场竞争，满足市场需求，提升全镇特色产业可持续发展能力。

六、推动城乡公共服务均等化

实现城乡公共服务均等化，是城乡融合发展的重要目标。近年来，碧口镇在资金、医疗、社保等方面，加大对乡村贫困户、镇区困难户的帮扶力度，推动城乡公共服务均等化。

1. 落实帮扶措施，巩固脱贫成效

落实精准扶贫专项贷款。2020年，精准扶贫专项贷款排摸需求146户，向信用社提供贷款资料88户，发放贷款14户70万元，除不符合贷款条件（有贷款未还、征信不良等）农户外，符合条件的剩余农户有序办理了精准扶贫专项贷款手续。

争取响浪村财政专项扶贫资金346万元、李子坝村环境卫生集中整治项目资金80万元，按照扶贫项目资金的使用要求，实施扶贫项目建设，开展验收及兑付资金。通过短板弱项的弥补，进一步改善困难群众居住和生活条件、提升人居环境质量，巩固脱贫攻坚的整体成效。

2. 实行高效便捷服务，确保公共服务均等化

城乡公共服务均等化是城乡融合的主要内容之一。碧口镇加大对弱势群体扶持力度，积极推进城乡教育、医疗、社会保障等公共服务均等化。

一是通过加大宣传力度，扩大农村居民医疗保障和养老保险覆盖面，2020年②，全镇城乡基本医疗参保率达到98.1%，新型农村社会养老保险参保率达到95.2%。

二是通过发放临时救助，及时解决群众面临的困难。对全镇患病、求学、受灾、生活困难农户给予救助，2019年累计发放救助资金184.25万元，涉及1 372户3 515人。2020年上半年累计发放救助资金45万余元，涉及93户229人。

三是足额精准发放惠农补贴，及时服务农民生产生活。2019年，通过农户

① 徐宁. 日本城镇化对城乡收入差距影响的实证研究以及对中国的启示［D］. 兰州：兰州财经大学，2022.

② 徐宁. 日本城镇化对城乡收入差距影响的实证研究以及对中国的启示［D］. 兰州：兰州财经大学，2022.

"一折统"，发放惠农财政补贴 30 余种，累计发放涉农资金 1 600 万余元。2020 年上半年发放惠农财政补贴 28 种，累计发放资金 627.2 万余元。①

七、碧口镇城乡融合发展的潜能

1. 碧口镇城乡融合发展的动能

近几年来，在镇党委、镇政府领导下、城乡居民共同努力下，碧口镇城乡融合发展成效显著：

第一，碧口镇产业结构迈向高层次，茶叶种植加工转化为农业特色优势产业；水力发电成为推动全镇发展的强势基础产业；高端冶金材料成为现代工业主体产业；乡村旅游和网络电商逐渐成为新兴现代服务业，基本上实现第一、第二、第三产业融合推进。

第二，碧口镇拥有一定的城市要素积累，境内有 60 多个企事业单位，省属企业有碧口水电厂、白龙江金矿，县属单位有移民局、文县二中、文县第二人民医院等，还有众多县级财贸、工交、文教、卫生等单位的下属单位，奠定城乡融合的社会基础。

第三，碧口镇是传统的城市小镇，拥有良好工商业发展基奠，容易接受商业新业态，实现了传统商业与新型电商的有机融合。同时，镇区内的城镇户籍人口和企事业收入人群占有较大比重，拥有一定的市场消费能力，也推动了小镇商贸产业的持续繁荣发展。

第四，碧口镇旅游资源丰富，在古镇古迹旅游景区的基础上，利用乡村优美的生态环境与自然风光，大力开发田野生态旅游项目，推动了城乡旅游业融合发展，使旅游业成为助推小城镇经济健康发展的新动能。

第五，碧口镇城镇建设历史悠久，城镇功能齐全，生活、生产设施完备，城镇服务管理已经达到一定水准，具有吸纳、聚集城乡转移人口的能力，城乡融合发展仍有较大的提升空间。

第六，人口聚集，城镇繁荣。2011～2020 年，碧口镇人口数量由 16 849 人增至 2.7 万人，其中，城镇户籍人口由 6 699 人增至 8 507 人；镇区流动人口 4 960 人增至 8 523 人。在 9 年内，人口增长万余人，彰显了宜商、宜居、宜游的小镇生机和古镇魅力。②

———————————

① 资料来源：碧口镇 2019 年和 2020 年政府工作报告。
② 资料来源：碧口镇 2011～2020 年政府工作报告。

2. 碧口镇城乡融合发展的主要方向

一是开拓城镇发展空间。全面落实碧口、中庙、范坝一体化建设方案，全力扩大城镇区域的产业、人口的容纳空间。向镇域东部的高速公路和铁路沿线扩展，寻求国家交通设施对城镇经济发展的支撑。

二是大力培育互联网新业态。积极培育新兴商业业态、生态加工产业和旅游配套服务业，构建第一、第二、第三产业融合体系，推进城乡产业融合发展。

三是打造三省中心城镇枢纽。要发挥位于三省交接地带的地域优势，努力加强与四川、陕西两省城镇的经济合作、产业融合，争取成为三省交接地域融合发展的引领者。

四是推动农业规模化经营。21 世纪农业现代化的一个重要标志，就是实现农业规模化、产业化经营。通过市场化，明晰产权，加快经营权流动，利用资本要素，提升茶农规模化经营程度，实现农业现代化经营。

五是提高人口城镇化水平。人口城镇化是城乡融合发展的核心内容，要大力鼓励农业转移人口在非农产业领域就业创业，推进乡村人口城镇化，提高镇域内居民市民化待遇。

第五节　甘肃省定西市首阳镇城乡融合发展分析

首阳镇位于陇西县城西南，距县城 21 公里，辖区面积 131 平方公里，可耕地面积 9.8 万亩。2022 年，全镇拥有居民 11 626 户，其中农业人口 4.605 万人，非农业人口 2 094 人，流动人口 7 123 人。首阳镇是西部最大的中药材集散地之一，被评为"中国黄芪之乡"，享有西北药都的美誉，是全国党参价格的"晴雨表"①。2022 年，首阳镇人均可支配收入 15 929 元，其中，中医药产业收入达 10 561 元（包括：贩运、初加工收入 5 907 元，种植 3 533 元，劳务收入 1 121 元），占总收入的 66.3%。

一、通过中药材产业化发展，推进城镇化建设进程

近年来，首阳镇围绕建设"国家级中药材特色小镇"的目标定位，以打造中药材加工城和县域经济副中心为主攻方向，借助农村各项改革，加大小城镇建

---

① 孙建军. 踏雪走基层之《首阳行》［EB/OL］. 中国发布网，2020 – 01 – 14.

设管理。通过产业聚集效应和城镇设施建设，带动了城乡融合发展。

1. 科学规划小城镇建设

突出中药材产业特色，科学规划小城镇建设。首阳镇 2016 年 7 月被甘肃省政府确定为全省重点特色小镇，2017 年 7 月又被住建部评为中药材特色小镇。按照先规划后建设的原则，以宜商、宜居、宜游为总要求，2017 年委托中国市政工程华北设计研究总院有限公司完成《中国中医药第一镇——陇西·首阳特色小镇城市设计》和《中国中医药第一镇——陇西·首阳特色小镇控制性详细规划（2016—2030）》。

首阳特色小镇主要规划布局是"两园、两区、一村"建设，"两园"即中药材饮片加工园和百味中草药种植观赏园，"两区"即健康养生体验区和公共综合服务区，"一村"即中医药民俗文化村。项目规划建设总投资 72.2 亿元。[①]

2. 全力推进小城镇基础功能建设

推进城镇功能的基础设施建设，是建设小城镇的首要环节。按照小镇总体规划要求，在公共基础设施方面，重点规划建设道路管网、生产生活污水处理、集中供热和"六馆一中心"（展览馆、康养馆、科技馆、博览馆、图书馆、文化馆、研发中心）等配套基础设施和公共服务项目（规划总投资 12.3 亿元）。

目前，首阳镇多渠道投入建设资金 12 000 万元，实施了永宁路、长春路、永吉路等镇区道路硬化、亮化、绿化 7 公里，完成管网改造 29 公里。2020 年投资 5 850 万元，建设首阳镇污水处理厂。[②]

3. 分类筹资建设中药材特色小镇

首阳镇按照城镇基础设施功能，进行项目分类，市场化运作，加快小城镇建设进程。对于非营利性的道路、"五馆一中心"、城镇风貌改造等基础设施项目，通过积极争取省、市特色小镇专项建设资金，或国家开发银行、国家建设银行等政策性金融机构的支持小城镇建设专项基金，采用基金放大比例，撬动民间资本和金融资本的直接撬动方式，放大了基金倍数效应，提高城镇基础设施建设资金使用效益。

对特色商业街、集中供热、居住区、休闲养生公寓等营利性配套服务设施建设项目，通过对接有实力的开发企业，实行整片区开发，盘活土地资源，提高土地收益，弥补基础设施建设资金缺口[③]。

---

①　资料来源：首阳镇政府工作报告。

②　资料来源：首阳镇 2020 年政府工作报告。

③　覃遵国，周志斌. 围绕"四县"建设加快特色农业强县步伐 [J]. 党政干部论坛，2012（9）：8 - 9.

4. 积极推动小镇公共服务项目建设

根据镇区综合服务区规划，首阳镇积极推动便民服务和教育、医疗等公共服务项目建设。投资 8 000 万元，建成陇西县第三人民医院；投资 700 万元，建成首阳中心敬老院。① 同时，完善便民服务中心和高初中、幼儿教育等公益事业设施项目建设，使特色小镇的城镇服务功能更加齐全，为首阳镇的城镇化发展，镇区的行政村转变城镇社区、农民转变为城镇居民奠定了基础。

在乡村向小城镇转换过程中，公共卫生城镇化治理是一项重大任务。2023 年，全镇计划建设卫生厕所 1 250 座，目前完成建设 722 座。为了推动全域无垃圾工作，把全镇划分 1 256 个整治区域，设立网格长 235 人，网格员 1 256 名，投放便捷式垃圾回收箱 774 个，埋设地埋式垃圾箱 347 个，配套环卫车辆 9 辆，严格落实"村收集、镇运转、县处理"垃圾处理模式，累计清理生活垃圾 4 600 余吨、建筑垃圾 1 800 余吨。②

为了推动小镇的城区市容变化，抓好镇区环境卫生治理，在县聘 20 名环卫工人的基础上，自行临聘工人 25 人，配套购置手推式清扫车 20 台、流动式垃圾回收车 4 辆，投放大型垃圾回收箱 18 个，建立了划时段、分人员、全天候的清扫保洁机制，做到了生活垃圾"日产日清"。

二、优化中药材产业，实现城乡产业融合发展

2020 年，首阳镇有工业企业 35 个，规模以上企业 3 个，有营业面积超过 50 平方米以上的综合商店或超市 10 个。首阳镇把中药材产业发展作为激发城镇活力、助推特色小镇建设的重要载体，初步形成了地产药材交易、中药饮片及精深加工、综合服务三大功能区。

1. 构建小城镇中药材产业聚集效应

首阳镇通过打造产业链体系，培育中药材优势产业，扶持中药材强势企业，形成中药材产业项目聚集，带动小城镇各个经济领域发展。

在地方中药材交易区，由甘肃江能医药集团投资 2.6 亿元，建成首阳镇地产药材交易市场。投资 2.4 亿元，对甘肃中药材交易市场进行改造，提升市场交易能力。在中药饮片及精深加工区，建设扬子江饮片加工基地、江能——中药材市场、江能现代仓储物流智能云仓、圣大饮片产业园等 9 个饮片加工项目。其中，

---

① 资料来源：首阳镇政府工作报告。
② 资料来源：首阳镇 2023 年政府工作报告。

投资 16.9 亿元的扬子江药业首阳饮片加工项目，包括研发中心、库房和 32 栋标准化车间已完工。投资 6.9 亿元，建设交易中心现代仓储物流智能云仓项目，质检办公楼、自动化智能立体库已投入使用。另外，准备投资 6.2 亿元，筹建稷丰种业等四家中药企业，已经完成项目前期手续办理。投资 18.8 亿元，建设甘肃陇药标准化生态产业园。①

2. 建成陇西县首阳中药材交易市场

成功打造陇西县首阳中药材交易市场，形成首阳镇中药材产业体系良性循环的产业基础。

2012 年 8 月建成的首阳中药材交易市场，占地面积 150 亩，建筑面积 10 万平方米，现有中药材交易商铺 10 栋 5.96 万平方米、原药材交易大厅 1 座 7 200 平方米、切片交易展厅 2 座 6 400 平方米，以及公共服务中心、检测中心、培训中心等。②

目前，首阳中药材交易市场日交易原药材 350 吨、饮片 60 吨。年交易量达到 20 万吨，交易额达 60 亿元，已成为西北最大的全国中药材原产地交易市场之一。③

3. 打造甘肃中药材交易中心

为了改变传统交易模式存在的各种不足问题，推动中药材交易方式的电子商务化和构建中药材现代物流体系，2017 年 2 月，经甘肃省人民政府批准，江能集团投资建设甘肃中药材交易中心，强化在中药材产业链各环节的服务功能，形成交易、交收、仓储、物流、检测、融资、质量溯源服务一体化，运用"互联网 + N"的服务模式，推动中药材产业发展模式升级和转型，有效解决产业上下游客户信息不对称、药材交易难、交易成本高、融资难、质量不保证等问题④。

交易中心主要建设内容包括现货电子交易大厅、中药文化展厅、O2O 体验展示中心、质量追溯中心、检测中心仓储物流中心及中药材供应链金融中心等相关子项目。2018 年，甘肃中药材交易中心线上运营，年内中药材交收量上百万吨，成为全国中药材市场价格的"晴雨表"⑤。

4. 建设甘肃陇药标准化生态产业园

由大参林投资集团、北京兴陇融创实业有限公司、定西市国有投资（控股）

---

① 资料来源：首阳镇政府工作报告。
② 资料来源：首阳镇 2012 年政府工作报告。
③ 资料来源：首阳镇 2023 年政府工作报告。
④ 俞树红. "中国药都"再出发——走访陇西中药材产区见闻［N］. 甘肃经济日报，2021 - 04 - 15.
⑤ 杨世智. 甘肃中药材交易中心上线运营［N］. 甘肃日报，2018 - 01 - 10.

集团按照 46%、44%、10% 的出资比例合作开发"甘肃陇药标准化生态产业园"。项目位于陇渭高速首阳出口，占地过千亩，建筑面积超过 50 万平方米，利用 3 年时间分三期建成。

甘肃陇药标准化生态产业园建设，坚持"政府主导、企业参与、市场运作"和"统一规划、分序启动、分步实施"的原则，发挥政府规划、政策激励和组织协调作用，把分散的加工户集中到统一的产业园区，采取"统一标准、统一加工、统一包装、统一商标、统一平台销售"运营模式，实现上中下游信息共享及质量溯源，形成规模化、规范化、标准化的陇药加工销售产业集群。

项目内容包括中药材初加工标准化、精深饮片开发生产、科研创新与产品技术孵化、检测检验及综合服务、医药综合研发五个功能区。项目一期规划的功能服务区主要包括中药材初加工生产功能区、园区核心景观功能区、沿路商业服务功能区。

项目建成后，依托已建成的中药材 O2O 交易平台、立体智能云仓，形成中药材交易、加工、仓储配送全产业链条，年加工中药材 45 万吨，产值 10 亿元以上，交易额 50 亿元，实现供应链金融 20 亿元以上，提供 2 000 多个就业岗位，上缴税金 1 亿元以上，将助推首阳镇中药材产业转型升级。

2023 年，首阳镇为了推进甘肃陇药标准化生态产业园的基础配套设施项目，利用地方政府专项债券，投资 1.8521 亿元。① 项目的一标段已完成竣工验收和审计；二标段已完成引洮工程园区段、园区专电工程、园区排水工程，占工程总量的 89%；三标段工程已完成永吉路工程和园区室外消防管道建设，蒸汽及冷凝水管道工程的 85%。

5. 推动中药材成为城乡融合产业

通过首阳镇中药材的交易、加工、仓储、输转等综合服务，实现乡村中药材种植业和全国中药市场有机对接，形成城乡有机融合的中药材产业体系。

目前，首阳镇中药材产业体系的运转，涉及全省千村万户的中药材种植收益的市场转化问题。2019 年，在首阳镇约 8 万亩耕地中，中药材种植达到 4.6 万亩，年产量 3.5 万吨；在陇西县 165.22 万亩耕地中，中药材种植达 35 万亩，年产量 10.5 万吨；在定西市 787.2 万亩耕地中，中药材种植面积 121.47 万亩，年产量 33.3 万吨；甘肃省中药材种植面积 406.5 万亩，年产量 113.2 万吨。甘肃全省各市乡村中药材种植业，大多数是通过首阳镇中药材交易系统，实现经济收

---

① 资料来源：首阳镇 2023 年政府工作报告。

益的。首阳镇中药材产业体系已经成为全省，甚至整个西北地区的城乡融合产业。

首阳镇的城乡要素流动主要围绕着中药种植、交易和加工产业链运转。2022年和2023年的近两年内，累计投入1 982.9万元，支持中药材种植业及基础设施改造提升，其中，572万元用于万亩的中药材基地，34万元投入1 000亩的中药材示范种植基地，7万元开发100亩的中药材种子种苗繁育基地。459万元用于7.65公里产业道路建设，486万元用于乡村建设治理、180万元用于农村生活污水治理改造提升。2023年上半年，首阳镇已排摸上报富民贷924户17 843万元。已发放小额信贷459户2 277.2万元，301户正在考察审批中。①

三、首阳镇城乡融合发展面临的问题

首阳镇在推进城乡建设方面取得了积极进展，但也存在诸多问题，主要表现在三个方面。

1. 融资渠道单一，影响城镇公共设施建设

高质量、高水平的城乡发展建设需要大量资金投入的支撑，首阳镇城镇化建设资金均由县上统筹配套，融资渠道有限。

目前，特色小城镇建设只能依靠产业园的建设来推动。特别是城乡建设规划中的道路及管网工程计划总投资3.335亿元，供热设施、垃圾处理、污水处理等厂站工程计划总投资1.52亿元，集中供热设施工程计划总投资0.8亿元，风貌改造及征地拆迁计划总投资9 861.54万元，都存在较大的资金缺口问题，严重制约着公共基础设施项目进程。②

2. 土地指标紧缺，城镇管理滞后

在首阳镇3.08平方公里的城区建设规划内，4 620亩项目建设用地还是农用地；在镇核心区的1平方公里（1 500亩）内，仅有300亩的建设用地指标。③国有土地存量和可用于小城镇开发建设的用地指标严重不足，远远不能满足小城镇建设用地需求。同时，随着特色小城镇的创建，城镇化进程加快，城镇管理人员不足、基础设施建设不完善、服务管理投入资金少、管理制度不健全等制约城镇发展的因素日益凸显。财力、人力无法满足日常管理需求，城市管理工作难度大，工作任务重，成效不明显。镇区道路、市政设施、绿化带、照明设施维护滞

---

① 资料来源：首阳镇2022年和2023年政府工作报告。
② 资料来源：首阳镇政府工作报告。
③ 资料来源：首阳镇政府工作报告。

后，综合承载能力有待进一步提高。

3. 农业转移人口压力大，人口城镇化率低

首阳镇还处于乡村城镇化发展初级阶段，聚集着大量农业转移人口，城镇居民人数严重偏低。这与首阳镇整个产业还处于由中药材种植业向中药材交易、加工的产业转换过程有关。

2011 年，首阳镇辖区总人口 46 748 人，其中城镇常住人口 1 874 人，城镇化率只有 4%，另有流动人口 1 003 人。2022 年，全镇拥有农业人口 4.605 万人，非农业人口 2 094 人，流动人口 7 123 人，人口城镇化率仍然偏低。[①]

由于首阳镇中药产业链以中药材种植、交易和初加工为主，现代技术要素注入有限，加工人员需求不大，还没有能力就地消化农业转移劳动力。当今，全镇劳务输出规模仍然较大，2023 年劳动力输转人员达到 12 230 人。[②]

小结：

一要建立小城镇中药材特色产业发展的体制机制，通过产业发展，推进城镇化建设。

二要形成小城镇公共基础设施建设体制机制，力求城镇基础设施建设与中药材特色产业发展相一致。

三要建立健全小城镇公共服务管理体制机制，尽快实现由乡村小城镇向产业小城镇的转化。

四要形成推动农业转移人口城镇化体制机制，实现中草药种植规模化与现代化，实现人口聚集，推动首阳镇第一、第二、第三产业融合发展。

---

① 资料来源：首阳镇 2011 年和 2022 年政府工作报告。
② 首阳镇 2023 年政府工作报告。

第六章　城市工商资本下乡融合发展案例分析

城市工商业下乡是城乡融合发展的基本方式。工商业下乡，意味着工商资本、现代技术、机械设备和现代管理等城市现代要素下乡，促进县域乡村的产业结构优化、产品附加值增加、农业生产现代化、乡村要素利用率提升、村民职业身份转换和居民创收机会增多，从而实现城乡融合与共同发展繁荣。工商资本下乡，机遇与风险并存。下乡企业要抓机遇，化风险，多贡献；要大胆创新，积极转化，不断开创城乡融合的发展之路

第一节　浙江嘉善尚品农业科技有限公司下乡发展案例

嘉善尚品农业科技有限公司位于浙江省嘉兴市嘉善县魏塘街道长秀村桥港7号，经营范围包含农产品的种植、收购、销售及相关的技术开发、应用；淡水产品养殖、收购、销售；农业机械及配件的销售；一般仓储服务；道路货物运输；进出口业务；农业技术培训等。

经过10年现代农业开发经营，积累了丰富的发展经验，农村要想发展，必须走城乡产业融合之路。城乡产业融合不是把城市工业简单转移到乡村，必须开发注入绿色科技的现代农业，大力发展三产融合的新型乡村产业。

一是创建农产品品牌。进入农业领域之初，公司种植的100多亩优质芦笋进入市场，没有实现优质优价。于是，创立"善绿汇"生鲜连锁菜市，打通农产品优质生产与优价高端市场的通道。为解决上游生产易出现的生产破碎化、安全难保证、品牌化缺失等问题，又创建了"一里谷"农业孵化园，组织推进农业科技孵化和农业绿色科技成果转化。

二是引进利用先进农业技术。2015年7月，创建浙江"一里谷"农业科技

有限公司，经营范围融合了农业技术开发、转让、推广等服务；食用农产品加工、零售、批发；创业空间服务；餐饮管理；互联网销售；科普宣传服务；科技培训等农业综合经营领域。自创建以后，先后引进日本水凝纳米膜设施装备系统、荷兰智能化植物工厂等国际一流生产装备，实现了农业生产的数字化、互联化。

三是实现农业"平台"产业化运作。"一里谷星创天地"是推动新型农业创新创业一体化开放性综合服务平台，通过专业化服务和资本化运作，聚集创新资源和创业要素，聚集具有创业意愿的众多大学生创客，在这个平台上，应用"互联网＋"技术，实现农业创业和跨界产业融合。

目前，嘉善尚品农业科技有限公司已经发展壮大，旗下有嘉兴善绿汇农产品配送有限公司、嘉兴银加善农产品展销有限公司、浙江"一里谷"农业科技有限公司、嘉兴善源农业发展有限公司等诸多下属企业，经营领域逐渐扩大，基本实现了现代农业创业、跨产业融合发展的战略目标。

第二节　河南省卫辉市和平养殖场下乡发展案例*

卫辉市和平养殖场也是工商资本下乡的城乡融合发展企业。2000年9月投资141.2万元，在卫辉市太公泉镇建立了新乡市源丰建材有限公司，主要经营包括水泥、石碴、石粉、水泥制品，以及编织袋的生产、销售。在工商业领域成功经营7年后，2008年6月又在卫辉市城郊乡薛屯村，创建卫辉市和平养殖场，从事猪、牛的养殖经营业务，可谓实现了城乡融合发展。

一、稳健投资经营，确保企业良性运营

卫辉市和平养殖场，依托出口加工区良好的产业基础和经营氛围，充分发挥区位优势，全力打造以肉猪养殖场为核心的综合性农业企业。

在成立之初，公司注册资本400万元，其中，固定资产投资为298.56万元，占总投资的74.64%；流动资金为101.44万，占投资的25.36%。当时和平养殖场建设占地45亩，建有全封闭猪棚6栋14 000平方米，活动场地10 000平方米，饲草料棚4 780平方米，仓库1 200平方米，集粪场6 500平方米。后期又

* 资料来源：卫辉市2008年政府工作报告。

通过企业自筹、申请政府财政补贴资金、银行贷款等融资方式，先后投入资金508.5 万元，使企业拥有充足的流动资金，从事经营活动，抗御各种风险。

二、抓住市场机遇，扩大经营规模

在猪肉价格上涨的市场行情下，2019 年，和平养殖场把建设用地规模扩大到 89 亩地，活动场地增加到 16 000 平方米，又增加仔猪舍 6 栋 11 000 平方米。扩建土地采用租赁的方式，每亩地一年租赁费 1 000 元人民币，租赁合同签约期为 10 年一个周期，需一次性支付 10 年的土地租赁费用。

在建场初期，投入肉猪数量只有 50 头，母猪 40 头，公猪 10 头；40 头母猪一年产仔猪 400 头左右。2019 年，根据市场需求变化，把仔猪生产经营作为重点，繁殖仔猪数量最多时达到 9 700 多头。养猪的饲料来自饲料厂和自种植玉米，每年饲料投入从 2013 年的 59 万元，增加到 2019 年的 126 万元。[①]

随着企业经营规模扩大，职工队伍不断壮大，2019 年企业职工人数达 78 人。企业拥有高管 4 人，其中执行董事 1 名，总经理 1 名、副总经理 2 名，还设有技术操作部、销售经营部和财务部和外贸营业部 4 个部门，饲养员工岗位达到26 人。近些年，养殖规模发展，肉猪数量增加，肉猪的喂养，产仔的照看，肉猪的出售等经营环节需要更多的职工，每年 10 ~ 11 月就会发布招聘广告。在2014 ~ 2019 年，企业职工人数也不断递增，从 2014 年的 12 人增长到 2019 年的78 人。

三、猪肉价格看好，经营业绩提升

近几年，由于猪肉市场价格上涨并稳定，和平养殖场的肉猪销售数量连年增加。2017 年出售肉猪 4 479 头，2018 年出售肉猪 5 893 头，2019 年出售最多达到7 845 头。病死猪的数量也出现了上涨，从 2017 年的 67 头增至 2019 年的 137头。肉猪仓储数量也从 2017 年的 3 500 头增至 2019 年的 4 024 头。

随着经营规模扩大，2017 ~ 2019 年，经营收入、企业利润连续增长（见表 6 - 1），营业收入从 2017 年的 3 686.06 万元增至 2019 年的 7 437.39 万元，利润总额从 2017 年的 1 734.93 万元增至 2019 年的 4 607.97 万元，净利润从2017 年的 1 259.06 万元增至 2019 年的 3 418.78 万元，资产总额从 2017 年的12 229.40 万元增至 2019 年的 26 512.89 万元。

---

① 资料来源：卫辉市 2019 年政府工作报告。

表 6 - 1	企业营业收入和利润数据		单位：万元
项目	2017 年	2018 年	2019 年
营业收入	3 686.06	5 375.12	7 437.39
利润总额	1 734.93	2 908.26	4 607.97
净利润	1 259.06	2 296.38	3 418.78
资产总额	12 229.40	18 360.94	26 512.89

资料来源：2017～2019 年企业财务报表。

四、流动资产占比较高，拥有经营灵活性

卫辉市和平养殖场，作为下乡发展的民营企业，必须要有应对危机的经营意识，在市场经营中才能实现长期稳定发展。在总资产中，保持较高的流动资产、流动资金的占比，使企业拥有较强的经营灵活性和应对经营危机的能力。2017年，和平养殖场的流动资产 4 213.48 万元，占总资产的 34.45%；2018 年，流动资产 9 132.54 万元，占总资产的 49.74%；2019 年，流动资产 12 562.89 万元，占总资产的 47.38%（见表 6 - 2）。

表 6 - 2	2017～2019 年资产结构情况表					
指标	2017 年		2018 年		2019 年	
	金额（万元）	占比（%）	金额（万元）	占比（%）	金额（万元）	占比（%）
资产总额	12 229.40	100	18 360.94	100	26 512.89	100
流动资产	4 213.48	34.45	9 132.54	49.74	12 562.89	47.38
非流动资产	8 015.92	65.55	9 228.4	50.26	13 950.00	52.62

资料来源：2017～2019 年企业财务报表。

五、企业未来筹划，实现养殖业多元化

在未来几年，企业筹划扩大经营规模，实现养殖业多元化发展。和平养殖场计划投资 1.34 亿元，规划占地 459 亩，开发经营奶牛养殖项目。项目规模为：养殖 1 400 多头奶牛、2 300 头肉猪、1 300 只羊，建设牛舍、羊棚、猪棚占 201 亩，活动场地 34 亩，饲料草棚库 12 亩，仓库 8 亩，集粪场 12 亩，道路硬化 12 亩，产仔室 6 亩，兽药储存室 3 亩，员工住宿 9 亩等。并购买先进的检疫检测系统，保证奶牛的质量，力争每年产奶 10 000 多吨，产子牛 500 头，仔猪 4 000 头，羊仔 1 800 只。

和平养殖场将积极开展对外交流与合作，学习国内国外优秀养殖业企业的成

功经验，吸收高素质人才，打造高效运转的企业经营模式，做好养殖业防控疫情，做好检疫检测工作，保证牛、羊、猪的质量同步发展，力求发展为河南省养殖业重点龙头企业。

第三节　甘肃甘谷红强农林发展有限公司下乡发展案例

甘谷红强农林发展有限公司也是一家城市资金下乡发展的农业企业。公司于2015 年注册成立，注册资本为 1 000 万元人民币，经营地址在甘肃省天水市甘谷县新兴镇蔡家寺村。公司主要经营园林绿化，苗木、花卉、中药材、蔬菜、农副产品的种植及销售，畜禽的养殖及销售等。

一、通过土地流转，进行农地集中经营

依据地方政府政策，甘谷红强农林发展有限公司与当地 90 多户村民签订土地流转合同，流转土地 140 亩。流转土地合同期限是 20 年，流转租金是一亩一年 1 000 斤小麦的价格（2021 年 2 月 4 日国内市场小麦价格均价 1.28 元/斤），大约在 1 300 元，一年一付。

土地流转后，农民不用经营劳作，就获得一年的土地收益，承包地收入稳定，还拥有了自由支配的外出务工时间，可谓旱涝保收。

二、调整经营结构，应对农业市场变化

在签订土地流转合同后，甘谷红强农林发展有限公司开始在新兴镇蔡家寺村的 140 亩承转地上进行规模开发经营。

在 2015 年公司创建之初，先后投资 450 万元，其中个人投资 300 万元，国家配套资金 150 万元，进行园林果树苗开发经营。企业雇用劳动力进行道路整修，园林管道铺设，建设自动化喷灌系统，购买树苗、种子、育苗、嫁接等项目进行大量投入，主要种植有苹果（富士和花牛）、核桃、樱桃、杜梨等树苗品种。在地方政府政策支持下，公司逐渐形成果木树苗的规模经营。

由于果树苗圃市场变化，没有出现公司原先预测的市场需求，造成一定的树苗出售困难。于是，近两年，公司积极调整经营结构，增加花卉、园艺、中药材、蔬菜等农林产品的种植面积。

三、公司面临的经营压力

一是选择经营领域的产值、价值偏低。公司初创时，选择果树苗圃进行规模经营，存在一定偏差。果树苗圃的市场需求是根据果树更新周期决定的。果树一旦长果，更新周期是比较长的，这样市场需求量有限，而且果树苗的品种、品质难以准确把握。同时，苗圃产品生产周期长，产品更新调整也存在一定难度。

二是承接的土地流转租金偏高。流转土地合同期限是 20 年，流转租金是一亩一年 1 000 斤小麦的价格。作为具有限制性的只能从事种植、养殖的农用耕地，一年每亩约 1 300 元的租金，在目前的全国农用耕地流转费用中，属于较高的租金，140 亩一年租金接近 18 万元，而且长达 20 年，一时无法调整。

三是季节性用工费用。在经营效益不高的情况下，每年还有季节性用工 3 万～4 万元雇工费用和其他经营成本，整个企业运转成本压力偏大，就会造成亏损局面难以扭转。

小结：

一是寻找战略合作伙伴，注入新的资金，在政策允许范围内，调整经营结构，探索新的经营方向。最佳的选择是从事养殖业，猪、牛、羊的市场前景看好，出售价格稳定增长。

二是寻找非农产业经营，选择高附加值、高技术产品，进行试探性经营。或者争取与高校合作、争取国家实验项目，扩大苗圃经营的创收渠道。

第七章　城乡融合发展面临的诸多问题

从城乡发展差距、城乡收入差距、城乡现代化差距等角度，发现城乡融合发展面临的诸多问题（尤其是西部地区）。坚决破除妨碍城乡要素自由流动和平等交换的体制壁垒，树立城乡一体化理念，坚持城乡融合发展，推动现代要素下乡，形成城乡要素良性循环，为乡村高质量发展注入新动能。

第一节　城乡发展要素合理配置的体制机制问题

在大部分地区，城乡融合发展的要素自由流动体制机制尚未建立，要素流动不畅，要素价格扭曲，严重影响到融合发展效益。城乡融合的发展要素即推动城乡发展的要素资源，乡村发展要素主要包括劳动力、土地、农业技术等，城镇发展要素主要有资本、现代技术、市场规模、现代金融等。

一、农业转移人口市民化体制机制运转不流畅

随着农业技术进步，乡村生产力水平提高，大批农村劳动力需要转移就业，进入城市工作生活，实现市民化。经过多年的改革，限制人力资源自由流动的障碍正在逐步消除，但相对城乡融合发展的总体要求和农村劳动力剩余压力而言，人力资源自由流动仍存在诸多问题，农业转移人口市民化仍存在诸多困难。

1. 城镇化水平低，转移人口压力大

目前，城镇化水平低，乡村收入增长的人口压力过大，完成农业转移人口的规模仍不理想，市民化体制机制有待完善。2019 年全国常住人口城镇化率仅为 60.60%（见表 7-1），与第一产业增加值仅占国内产值 7.1% 相比，乡村剩余劳动力过多，农业转移人口市民化体制机制仍需进一步完善。2019 年，甘肃省常住人口城镇化率只有 48.49%，人口城镇化任务十分艰巨。

表 7 - 1   2019 年全国与西北的城镇常住人口占比

区域	城镇常住人口（万人）	在总人口占比（%）
全国	84 843.00	60.60
陕西省	2 303.63	59.43
甘肃省	1 283.74	48.49
新疆维吾尔自治区	1 308.79	51.87
青海省	337.48	55.52
宁夏回族自治区	415.81	59.86

资料来源：全国和西北各省区 2019 年统计公报整理。

2. 市民化体制机制滞后，城乡流动人口规模过大

由于农业转移人口市民化体制机制滞后，导致城乡之间流动人口规模过大。2018 年，全国人户分离有 2.86 亿人，其中流动人口 2.41 亿人；2019 年，全国人户分离有 2.80 亿人，其中流动人口 2.36 亿人。中华人民共和国 2021 年国民经济和社会发展统计公报显示，2021 年，全国人户分离的人口 5.04 亿人，其中流动人口 3.85 亿人，这一年的人户分离人口规模和流动人口规模都创下新高，流动人口规模占全国人口的 27.26%。

农民工是当前国内最大的流动人口群体，尤其是外出农民工是典型的人户分离人口，而且是成年劳动力的流动就业者。近几年，外出农民工规模持续增长，如表 7 - 2 所示，由 2017 年 17 185 万人增至 2019 年 17 425 万人。在 2019 年全国就业人员 77 471 万人中，外出农民工占 22.49%。也就是说，由于农业转移人口市民化体制机制不够完善，导致近 1/4 全国就业人员在城乡之间奔忙，无形中加重了他们的生活与工作负担。

表 7 - 2   2017 ~ 2020 年全国农民工的规模与构成   单位：万人

年份	全国农民工总量	外出农民工	本地农民工
2022	29 562	17 190	12 372
2021	29 251	17 172	12 079
2020	28 560	16 959	11 601
2019	29 077	17 425	11 652
2018	28 836	17 266	11 570
2017	28 652	17 185	11 467

资料来源：全国 2017 ~ 2022 年国民经济和社会发展统计公报数据整理。

甘肃省 2019 年全年输转城乡富余劳动力 518.5 万人，其中，省外输转 191.1

万人，省内输转 327.4 万人；输转城乡富余劳动力占甘肃全省 15～64 岁人口
1 878.88 万的 27.29%①。可见，在经济欠发达地区，人户分离的流动人口规模
更大，市民化任务更重。

3. 传统户籍制度因素，影响着农业转移人口市民化

随着户籍制度改革，农村户口和城市户口之间的界线越来越模糊，暂住证制
度正在逐渐取代城乡户籍制度。近几年，不论是城镇常住人口还是城镇户籍人口
都在不断增长，城镇居民在全国人口的占比不断扩大，推动了社会结构现代化。
2017～2022 年，城镇常住人口在全国人口的占比由 58.52% 上升至 65.2%。

但是，促使农民家庭迁入城市的制度环境仍然没有健全，尤其是传统户籍制
度，仍然影响着农业转移人口的市民化。2019 年的城镇常住人口在全国人口占
比 60.60% 和城镇户籍人口在全国人口占比 44.38% 之间存在着 16.22 个百分点
的差距（见表 7-3），意味着有 2.27 亿人口工作生活在城镇，却没有城镇居民
的市民身份。这与由于城乡户籍差别，导致城乡社会福利和权益不统一有直接
关系。

表 7-3　　　　2017～2019 年全国城镇常住人口和城镇户籍人口的占比

年份	城镇常住人口（万人）	占比（%）	城镇户籍人口（万人）	占比（%）
2019	84 843	60.60	62 134.21	44.38
2018	83 137	59.58	60 517.63	43.37
2017	81 347	58.52	58 869.88	42.35

资料来源：全国 2017～2019 年国民经济和社会发展统计公报数据整理。

首先，城市的住房、教育等制度成为农业转移人口在城市定居的限制性因
素，农村居民进入到城市，要取得工作和居住的合法身份，仍需要向相关部门申
办暂住证等证明材料，存在进入门槛。其次，由于城乡居民不同的公共服务供给
制度安排，农村人口进入城市后，农村劳动力人口由于自身资源禀赋较低，他们
往往仅能在城市第二、第三产业等非正规部门中就业，从事脏、苦、累的工作，
其收入相对普遍偏低，难以承担正常的城市生活成本支出。最后，各种不合理的
制度安排的直接结果是提高了农业转移劳动力进入城市的成本，阻碍了市民化
进程②。

① 国家统计局甘肃调查总队.2019 年甘肃省国民经济和社会发展统计公报［EB/OL］.甘肃省统计
局，2020-03-20.
② 刘烨铭.城乡要素双向流动的现实困境与破解［J］.成都行政学院学报，2020（2）：28-33.

二、现行土地制度制约着土地资源要素合理配置

在城乡发展要素中，土地是最重要的要素资源，也是乡村最主要的要素资源。土地制度安排始终是"三农"问题的根本，作为农业的基础性制度必须高度重视。现行土地资源供给制度，制约着城乡资源要素合理配置，难以满足乡村振兴和城乡融合发展的需要。目前，承包地流转体制机制运行效果并不理想，主要存在两大问题。

1. 土地流转规模不够，难以支撑农业现代化规模经营

建立健全承包地流转体制机制，主要是为了防止耕地荒废，解决农业现代化经营需要的土地集中经营问题。改革开放以来，农村实施的家庭承包制，实际上是一种传统农业经营模式，以家庭为单位的小农生产组织方式，本质上是碎片化的小农经济，效率低、规模小、集约化程度不够，难以满足现代农业生产的需要。

构建承包地流转体制机制，就是要加快土地流转，提高农业生产效率。目前，农村土地流转不平衡，大多数农村地区土地流转数量并不多。基本情况是：城郊、地少的乡村，土地流转规模超过 50%，甚至超过 80%。偏远、人少的乡村，适合农业规模经营，土地流转规模达不到 20%。

据调查了解，甘肃省甘谷县距离县城北 2.5 公里的新兴镇，人口 99 781 人（2017），耕地面积 79 851 亩，其中川水地 28 363 亩，山旱地 51 488 亩，人均可经营耕地面积只有 0.84 亩。距离县城不远的一些行政村，土地流转规模已经超过 90%。而定西市安定区凤翔镇的中岔村，由于位于山区，在全村 11 400 亩耕地中，流转土地不足 2 000 亩，土地流转率不到 20%。土地流转规模偏低，必然影响到农业现代化生产、规模化经营。[①]

2. "流出"需求大于"流入"需求

农业现代化、规模化经营能力不足，土地流转的结构失衡，在西部农村普遍存在农户土地流转"流出"需求大于"流入"需求的问题，导致一些乡村出现土地撂荒现象。

土地"流出"需求过大，主要有以下几个因素：一是务农种地收入比较低，大大降低了农民种田意愿；二是一些家庭进城市民化，无法耕种家乡农田；三是子女进城，农户缺少劳动力，也需要流转土地。

土地"流入"需求过小，主要因素有：一是由于农业效益偏低，制约了家

---

① 资料来源：甘谷县政府工作报告 2017 年 https://www.gangu.gov.cn/info/1291/317691.htm。

庭农场、农业企业的规模化发展，也造成土地"流入"需求的不足；二是城市机构、个人有意愿下乡从事农业的，但是下乡投入农业经营，手续程序多，经营风险大，政策支持力度小，影响到城市资本下乡务农的积极性。

从掌握的资料看，每年大约有10%的承包地撂荒。在脱贫攻坚这三年，经过各级政府和驻村工作队的努力协调推进，土地撂荒现象明显缓解。

三、诸多因素制约着金融资金要素合理配置

城乡融合发展，离不开城市工商资本的参与。尤其是有效实施乡村振兴战略，离不开大量资金投入。工商资本对城乡融合发展参与度不高，使产业资金难以流向乡村；金融机构资金运作能力不足，使金融资金难以流向农业生产领域；现代农业生产体制不健全，尤其是规模经营农业没有成型，使金融资金难以形成对农业产业化经营的强有力支持。

1. 涉农资金流动不畅

涉农贷款是指农村贷款和城市企业及各类组织涉农贷款。从涉农贷款的范围看，包含有关乡村振兴的贷款资金和城乡融合发展的贷款资金。

从中国人民银行公布的"金融机构贷款投向统计报告"有关数据看，金融机构的涉农贷款余额已经达到一定规模，如表7-4所示，2018年是32.68万亿元，2019年是35.19万亿元，2020年三季度末已经达到38.71万亿元；这三年，涉农贷款余额分别占当年金融机构贷款余额的23.97%、22.98%和22.85%。对第一产业产值仅占国内生产总值8%左右（2019年第一产业增加值占国内生产总值比重为7.1%）的产值结构，涉农贷款余额占金融机构贷款余额的22%以上，已经不能算低了。因此，目前，金融机构的涉农资金配置问题，不是涉农资金贷款规模不足，而是涉农资金的流动性太差，涉农资金流动不畅。

表7-4　　　　　　　　2018~2020年金融机构涉农贷款统计

项目	2020年三季度末	2019年	2018年
金融机构贷款余额（万亿元）	169.37	153.11	136.3
同比增长（%）	13	12.3	13.5
全年增加（万亿元）	16.26	16.81	16.17
涉农贷款余额（万亿元）	38.71	35.19	32.68
同比增长（%）	11.1	7.7	5.6
全年增加（万亿元）	3.7	2.68	2.23
涉农贷款余额占金融机构贷款余额的比重（%）	22.85	22.98	23.97

资料来源：央行2018~2020年金融机构贷款投向统计报告数据整理。

导致涉农资金流动不畅的原因是多方面的：金融机构涉农贷款体制不完善，贷款项目质量较差；农业本身的弱质性和高风险，导致涉农贷款资金难以回笼收回；与现行土地制度的缺陷也有关，涉农贷款缺少抵押品，无法兑现还款资金。同时，农业项目投资期限长、回报率低，造成涉农贷款余额规模不断增大。在解决涉农资金流动不畅问题上，应该借鉴日本农协组建农村金融体系的做法，加快涉农资金的流动性。

2. 金融机构资金流入农村地区较少

在城乡之间，金融机构贷款资金同比增长不平衡，流入农村的资金明显低于城市。农村贷款（县及县以下）包含农户贷款和乡村企业及各类组织贷款。由于国家在贫困地区实施精准扶贫政策和脱贫攻坚战略，尤其是金融机构响应国家号召，开展金融扶贫活动，农村贷款量持续增加，农村贷款余额也不断上升。农村贷款余额由 2016 年的 23 万亿元增至 2022 年的 41.02 万亿元；农户贷款余额由 2016 年的 7.08 万亿元增至 2022 年的 14.98 万亿元。

相比较，如表 7 - 5 所示，在 2016～2022 年，金融机构贷款余额同比增长分别是 2016 年为 13.5%、2019 年为 12.3%、2020 年为 12.8%、2021 年为 11.6%、2022 年为 11.1%，而农村（县及县以下）贷款余额同比增长分别只有 2016 年为 6.5%、2019 年为 8.3%，二者同比增长差距较大，城乡之间金融机构资金投入规模过于悬殊，同一时期流入农村地区的金融资金增长过低，难以支撑乡村振兴活动和城乡融合发展。只有近两年，农村（县及县以下）贷款余额同比增长率略高于金融机构贷款余额同比增长率。

表 7 - 5　　　　　　　2016～2022 年金融机构流向农村贷款

项目	2022 年	2021 年	2020 年	2019 年	2016 年
金融机构贷款余额（万亿元）	213.99	192.69	172.74	153.11	106.6
同比增长（%）	11.1	11.6	12.8	12.3	13.5
全年增加（万亿元）	21.31	19.95	19.6	16.81	12.65
农村（县及县以下）贷款余额（万亿元）	41.02	36.15	32.27	28.84	23
同比增长（%）	13.5	12.1	11.9	8.3	6.5
全年增加（万亿元）	5.03	4.15	3.55	2.35	1.94
农户贷款余额（万亿元）	14.98	13.47	11.81	10.34	7.08
同比增长（%）	11.2	14	14.2	12.1	15.2
全年增加（万亿元）	1.56	1.68	1.51	1.19	0.949
农户贷款余额占农村贷款余额的比重（%）	36.52	37.26	36.59	35.85	30.78

资料来源：央行 2016～2022 年金融机构贷款投向统计报告数据整理。

同时，在 2019～2022 年的 4 年间，农户贷款余额占农村贷款余额的比重不断上升，2019 年占 35.85%，2021 年最高达到 37.26%。表明金融机构对农村地区贷款结构进行调整，对农户的贷款资金支持力度在不断加大。但是，对农户的贷款资金规模扩大，不一定是农业贷款，很有可能是建房贷款或非农产业领域贷款。

3. 金融机构资金直接流入农业生产的有限

实施乡村振兴战略的主要目标是农业经济振兴，农业振兴的关键在于现代农业振兴。通过城乡融合发展，注入现代金融资金，推动现代农业发展。在 2016～2022 年，金融机构流向农户的资金增长较快，而注入农业的资金规模并不多。从金融机构贷款投向统计报告数据看（见表 7-6），农业贷款余额 2016 年是 3.66 万亿元，2019 年是 3.97 万亿元，2022 年是 5.06 万亿元。2016～2022 年，农业贷款余额占农村贷款余额的比重还呈现出下降趋势，从 2016 年 15.91% 下降为 2022 年的 12.33%。

表 7-6 　　　　　　　　　2016～2022 年金融机构流向农村贷款

项目	2022 年	2019 年	2016 年
农村（县及县以下）贷款余额（万亿元）	41.02	28.84	23
同比增长（%）	13.5	8.3	6.5
全年增加（万亿元）	5.03	2.35	1.94
农户贷款余额（万亿元）	14.98	10.34	7.08
同比增长（%）	11.2	12.1	15.2
全年增加（万亿元）	1.56	1.19	0.949
农业贷款余额（万亿元）	5.06	3.97	3.66
同比增长（%）	10.7	0.7	4.2
全年增加（万亿元）	0.49	0.071	0.179
农业贷款余额占农村贷款余额的比重（%）	12.33	13.76	15.91

资料来源：央行 2016～2022 年金融机构贷款投向统计报告数据整理。

金融资金难以流向农业领域，原因是多方面的：一是金融机构体制机制不健全，专向支持农业的金融资金政策不到位；二是农村土地制度尤其是宅基地房屋财产制度改革滞后，大多数农业种植户缺少财产，无法完成抵押贷款；三是传统小农户缺少融资意识，没有融资胆略；四是有限的土地经营面积，不值得融资经营发展；五是农业领域缺少规模经营农户，难以形成农业产业化发展态势，无法实现与现代金融机构的贷款对接，阻止了金融资金流向农业领域。

第二节　城乡基础设施与公共服务一体化
发展的体制机制问题

城乡融合发展要求推动城乡基础设施接轨和基本公共服务均等化，缩小城乡居民生活生产硬环境和生存发展软环境等方面的差距。近年来，在中央政策指导下，各级政府高度重视乡村建设，各类基础设施和公共服务不断改善。但是，由于乡村基础设施和公共服务问题积压太久，欠债太多，在规模和质量上城乡基础设施和公共服务的差异依然明显，城乡间资源配置不均衡的问题还很突出。

一、农村公共基础设施有待完善

近几年来，通过乡村建设，尤其是精准扶贫脱贫活动，农村地区基础设施得到较大改善后，环境卫生设施就成为城乡基础设施建设差距最大的领域，仍然不能满足乡村居民对美好生活的需求。

2016 年末，有火车站的乡镇占 8.6%，有高速公路出入口的占 21.5%。村通公路的占 99.3%，村内道路有路灯的 61.9%。2016 年末，如表 7 - 7 所示，全国有 99.7% 的村通电，11.9% 的村通天然气，99.5% 的村通电话，82.8% 的村安装有线电视，89.9% 的村通宽带互联网，25.1% 的村有电子商务配送站点。由于天然气资源丰富，2016 年末，西部地区通天然气的村占 18.3%，明显高于全国乡村水平，但是，西部地区村社的电、电话、有线电视、宽带互联网、电子商务配送站点的通达率还是低于东部、中部、东北 3 个地区。西部民族地区，地广人稀，乡村定居点过于分散，影响到乡村电力、能源、通信设施建设与使用。

表 7 - 7　　　　　　　　　2016 年村能源、通信设施普及率　　　　　　　单位：%

村情况	全国	东部地区	中部地区	西部地区	东北地区
通电的村	99.7	100.0	99.9	99.2	100.0
通天然气的村	11.9	10.3	8.4	18.3	4.7
通电话的村	99.5	100.0	99.7	98.7	100.0
安装了有线电视的村	82.8	94.7	82.9	65.5	95.7
通宽带互联网的村	89.9	97.1	92.7	77.3	96.5
有电子商务配送站点的村	25.1	29.4	22.9	21.9	24.1

资料来源：2017 年 12 月国家统计局发布的"第三次全国农业普查主要数据公报"。

2018 年底，全国实现集中供水的行政村比例达到 75.24%，供水普及率达 77.69%；燃气普及率提高到 28.59%。

乡村环境卫生设施属于薄弱环节。在各级政府的努力下，乡村公共环境卫生设施从无到有，迅速发展，村民生活环境条件不断改善。如表 7 - 8 所示，2016 年末，有 91.3% 的乡镇，可以集中或部分集中供水；有 90.8% 的乡镇，生活垃圾可以集中处理或部分集中处理。同时，有 73.9% 的村能够集中处理或部分集中处理生活垃圾，只有 17.4% 的村能够集中处理或部分集中处理生活污水；有 53.5% 的村完成或部分完成改厕。由于西部地区是民族贫困州县和深度贫困地区比较集中的区域，在精准扶贫、脱贫攻坚活动中，政府对乡村公共环境卫生设施建设投入力度较大，缩小了西部乡村村民生活环境条件与全国乡村的差距。2016 年，西部地区对生活垃圾集中处理的乡镇占 89.0%，村社占 60.3%。

表 7 - 8		2016 年乡镇、村卫生处理设施			单位：%
村情况	全国	东部地区	中部地区	西部地区	东北地区
集中或部分集中供水的乡镇	91.3	96.1	93.1	87.1	93.6
有生活垃圾集中处理的乡镇	90.8	94.6	92.8	89.0	82.3
有生活垃圾集中处理的村	73.9	90.9	69.7	60.3	53.1
有生活污水集中处理的村	17.4	27.1	12.5	11.6	7.8
完成或部分完成改厕的村	53.5	64.5	49.1	49.1	23.7

资料来源：2017 年 12 月国家统计局发布的"第三次全国农业普查主要数据公报"。

全国城乡居住地公共设施水平的差异十分明显，各项公共设施基本上都呈现"城市—县城—建制镇—乡驻地—村庄"梯度递减的显著特征。城乡之间在污水处理率、生活垃圾无害化处理率、园林绿化、燃气普及率、供水普及率等公共设施水平的差距均较大[1]。

党的二十大报告提出，"建设宜居宜业和美乡村"。近两年来，全国乡村生活污水治理率有较大提升，2022 年全国农村生活污水治理率在 31% 左右，2020 年只有 25.5%，提高了约 5.5 个百分点。目前，全国农村卫生厕所普及率超过 73%，乡村生活污水乱排现象有所好转。[2]

二、地方城乡基础设施与公共服务的供给能力不平衡

在各省城乡之间，基础设施和公共服务存在着较大差距，具体县市的两极差

---

① 盛广耀. 中国城乡基础设施与公共服务的差异和提升 [J]. 区域经济评论，2020 (4)：52 - 59.
② 资料来源：江苏省生态环境厅官网 http：//sthjt. jiangsu. gov. cn/art/20231619/art_84026_10918870. html。

距更为突出。对欠发达地区，实现城乡公共设施与公共服务的相对均衡配置和基本均等化的难度则更大。

在甘肃省，河西地区城镇基础设施水平普遍高于陇南、甘南、临夏，全省城镇基础设施水平呈现出由西向东、向南不平衡发展的特点。兰州市基础设施建设质量和数量领先于省内其他城市。嘉峪关、酒泉、金昌、张掖、武威等河西地区城市和县城以及乡村的用水普及率、燃气普及率、人均城市道路面积、污水处理率、人均公园绿地面积等指标值高于全省平均水平。陇南、临夏、甘南等城市和县城、乡村用水普及率、燃气普及率、人均城市道路面积、污水处理率、人均公园绿地面积等指标值大多低于全省平均水平①。甘肃省河西地区城镇基础设施水平普遍较高，与现代工商业和现代农业发展水平相对较好，基础设施与公共服务的供给能力相对较强有直接关系。

三、城乡基础设施接轨与公共服务均等化的体制机制障碍

城乡基础设施与公共服务一体化是城乡融合发展的主要目标，要经过很长一个时期的努力奋斗，才能逐步缩小城乡基础设施和公共服务的差距。目前，推进城乡基础设施接轨和基本公共服务均等化，面临的体制机制问题主要表现有以下3点。

1. 地方财政体制约束障碍

不论是城乡基础设施接轨，还是城乡公共服务均等化，都需要较大规模的财政资金投入。各级政府具有一定规模的持续财力投入是实现城乡基础设施与公共服务一体化的物质基础。目前，城乡基础设施和公共服务的投入，主要依靠各级地方财政资金的供给。除了沿海发达地区省市，中西部地区省区的财力不足问题仍然突出，尤其是西北一些省区满足现有的城乡基础设施建设和公共服务供给资金都困难。如甘肃省只有30%的财政自给率，2019年地方财政一般预算只有850.23亿元，全国各省市区排名倒数第五，只能靠中央政府的转移支付补助维持一年的公共财政运转，财政支出结构难以进一步优化，城乡基础设施和公共服务的投入严重不足。

在城乡基础设施与公共服务一体化上，西部省区难以实现城市对农村的支持和带动，对接、均衡能力十分有限。在省区财政依赖中央财政转移支付情况下，市、县、乡镇更加难以对乡村基础设施和公共服务进行投入建设。由县、乡发起筹建的公共项目，建设资金筹措压力很大，配套资金难以保障，面临资金不足，

---

① 张永刚. 甘肃城镇基础设施投资与建设分析［J］. 发展，2018（12）.

难以按期建设完工等问题。

2. 城乡差异化管理体制障碍

目前，城乡分治规划与管理的体制，制约着城乡基础设施一体化与公共服务均等化。长期形成的重城市轻乡村、城乡分治的体制、机制和政策，还难以改变。各级政府管理工作将城市和农村区分，造成城乡规划建设和公共服务难以衔接，资源配置不平衡。公共设施和公共服务的供给方式、管理体系，与城乡融合的发展要求不相适应。

在大多数省市，并没有实现城乡规划一体化。市县域城乡建设规划水平有待提升，先建设后规划现象普遍存在，建设的不合理制约着规划的科学性。乡镇规划缺少详规，村庄规划覆盖率有待提高。

要理顺城乡公共设施建设体制，完善乡村公共服务管理机制，要解决资源分散、多头监管、沟通不畅等问题。在城乡基础设施规划、建设和管理过程中，普遍存在多部门参与、各管一块、各负其责，分割管理，最终导致无人管理。比如，在城镇，污水处理设施属于建设部门管理，在乡村，污水处理设施建设由环保部门管理；乡村的厕所"旱改水"，有些省市由国家卫生健康委员会负责，有些省市则由旅游部门组织实施，使城乡之间难以对接、统一标准①。

3. 城乡公共设施与公共服务的实施标准体系障碍

推进城乡的基础设施一体化与公共服务均等化，需要健全统一的标准体系。目前，全国公共服务标准体系仍在构建中，有些领域的公共服务标准化还有待进一步完善。有关乡村建设和服务领域的标准少，在乡村的设施建设和维护、公共服务领域还有诸多标准缺失，无法依规实施。

目前，通过农村综合改革标准化试点工作，形成了一些省市的地方标准、中央的国家标准，也有诸多可复制、可推广的试点经验。但是，全国多数省区有关乡村设施建设和维护、公共服务领域的地方标准研制、发布滞后，现有标准无法满足推进城乡融合的发展需求。必须加快研制、公布乡村建设、城乡公共服务的标准，以支撑城乡融合的基础设施和公共服务向规范化、高质量发展。

第三节　农民收入持续增长的体制机制问题

改革开放以来，随着市场因素影响力的扩大，农民收入结构呈现多元化趋

---

① 盛广耀. 中国城乡基础设施与公共服务的差异和提升［J］. 区域经济评论, 2020 (4): 52-59.

向，农业经营性收入、财产性收入、打工工资性收入和转移性收入构成了乡村居民一年收入的 4 大来源。从多方面观察，体制机制因素或多或少影响着农民收入持续增长。

一、传统小农经营体制，影响农民经营收入增长

土地资源是农业经济的物质基础，也是农民从事农业生产经营活动的物质资源。由于农村人口较多、人均耕地数量不足，农民经营耕地面积十分有限，只能采取传统小农经营模式。在传统小农经济体制下，小农户一家经营几亩地或十一二亩地，很难实现农民经营收入的持续增长①。

1982 年农村居民家庭人均经营耕地面积 2.30 亩，1992 年降为人均 2.06 亩，2002 年降到人均 2 亩。随着人口城市化、农村人口减少，2012 年农村居民人均耕地面积上升至 2.34 亩，还有人均 0.1 亩的家庭园地（见表 7 - 9）。国家统计局发布"第三次全国农业普查主要数据公报"显示，2016 年末，全国拥有耕地面积 20.23 亿亩②。按 2016 年农村人口 58 973 万人计算，农村居民家庭人均经营耕地面积也只有约 3.4 亩。如果按 2019 年农村户籍 7.78 亿人口计算，人均拥有耕地不足 2.6 亩。

表 7 - 9　　　　　　全国农村居民家庭经营耕地面积　　　　　　单位：亩/人

指标	2016 年	2012 年	2002 年	1992 年	1982 年
农村居民家庭经营耕地面积	3.4	2.34	2.00	2.06	2.30
农村居民家庭经营山地面积	—	0.48	0.28	0.33	0.13
农村居民家庭园地面积	—	0.10	0.07		
农村居民家庭养殖水面面积	—	0.04	0.03	0.02	—

注：2016 年农村居民人均经营耕地面积，根据第三次全国农业普查主要数据公报有关数据折算。
资料来源：国家统计局年度统计数据。

在人口密集的农村地区，人均可耕地面积更是明显低于全国水准。从《2019 年临夏州国民经济和社会发展统计公报》来看，甘肃省临夏回族自治州有农村人口 130.41 万，可耕地面积 222.61 万亩，农村居民人均经营耕地面积只有 1.7 亩，而且大多数耕地是山地旱地。位于城郊的乡村人均经营耕地面积更少。据调查了解，甘肃省甘谷县全县耕地面积 125.88 万亩，人均占有量 1.97 亩，而位于甘谷县城北 2.5 公里的新兴镇，人口 99 781 人（2017），耕地面积 79 851 亩，其

---

① 雷兴长，王韫玉. 乡村振兴战略背景下城乡融合问题及路径 [J]. 经济师，2021（11）：32 - 33.
② 国家统计局. 第三次全国农业普查主要数据公报 [EB/OL]. 国家统计局，2017 - 12 - 15.

中川水地 28 363 亩，山旱地 51 488 亩，人均可经营耕地面积只有 0.84 亩。

从耕地经营创造的产值或收入看，在有限的土地资源基础上，传统小农户经营体制很难实现农业收入不断增长，满足乡村现代生活开支的需求。只有推进农业体制改革，实现农业经营主体由小农户为主逐步转变为适度规模经营户为主，农民经营收入才有可能实现可持续增长。对农民来说，要么成为规模经营户，从事现代设施农业经营，要么退出农业经营，进入城市，走城乡融合发展之路。

二、现行农村土地制度，影响农民财产收入增长

在现代社会，土地价值有两种属性，即农业生产资料和农村财产。土地一直是农村农民的主要财富资源。农村土地的所有权归集体所有，相对扩大了土地的农业生产资料价值属性，压缩了土地的农民财富资源价值属性。在现行农村土地制度下，如何通过土地使用体制改革，激发土地的财产价值属性，使农民通过土地资源获得一定的合理的财产收入，一直是一大难题。

第二轮土地承包期在 70 年时间的基础再延长 30 年，进一步扩展了土地经营权流转的时空，更加有利于建立承包地开放体制。延长土地承包期至 100 年的意义在于，既有利于维护农民的承包地主人地位，又扩展了土地经营权流转的时空，为工商资本下乡和土地资源聚集经营，发展规模农业，创造了宽松环境。

同时，通过延长土地承包期，激发承包地的财富价值，有利于促进农民财产收入增长。一是第二轮土地承包期延长至 100 年，这相当于四、五代人的生活时间跨度，使农民在承包期内可以向子孙后代传承承包地权益，这或多或少具有承包地财富传承的事实；二是土地承包期延长，使土地经营权流转期也同时延长，也有意无意中增加了承包地潜在的财产价值。

遗憾的是，当前农民的承包地流转权益价值不高，对农民的财产收入增长作用不大。据实地调查，近几年，甘肃省农村的每亩耕地流转费一年有 100 元（山地）的、300 元（城郊地）的，也有一亩地一年按 1 000 斤小麦计算耕地流转费的（平川水浇地），不论多少，都要确保退出农业经营的小农户及时拿到土地流转费。

同样，农村宅基地房屋财产，也是促进农民财产收入增长的重要来源。但是，农民只有宅基地使用权，宅基地房屋财产流动的限制性管理政策，在一定程度上也影响到农民财产收入的增长空间。

三、城乡二元工资制度，影响农民打工收入增长

目前，在乡村居民人均收入构成中，工资性收入超过经营收入，成为农民收

入的主要来源。2019 年全国农村居民人均收入 16 021 元,其中,工资性收入 6 583.0 元,占 40.09%;经营性收入 5 762.0 元,占 35.96%。① 2019 年,甘肃省农村居民人均收入 9 628.9 元,其中,工资性收入 2 769.2 元,约占 28.76%;经营性收入 4322.0 元,约占 44.88%。② 欠发达地区的工业化和城市化发展滞后,也影响到农村居民人均可支配收入构成的变化进程。

现在城乡人员不公平的二元工资制度,压抑着农民工工资收入的增长。在城镇的大多数企业单位,城乡务工人员难以实行同工同酬,农民工从事的往往是最苦最累的工作,工作时间也往往是最长的,可是工资收入并不多。目前,全国农民工的每月工资在 3 000~5 000 元,2018 年农民工月均工资 3 700 元,2019 年农民工月均工资 3900 元,属于低收入群体。大多数农民工的每月工资比最低工资保障线高不了多少。

农民工工资难以持续增长,与二元化体制下的城乡人员二元化工资制度有直接关系。城市企业、单位给员工制定工资标准时,先把员工分为在编人员、合同工人员、临时工人员。因为户籍关系,大多数农民工就变成了临时工,一个月的工资是三类人员中最低的,而且也没有临时工工资增长计划,使农民工工资难以增长。尤其是国有企业和政府下属单位,城乡二元化工资制度问题最为突出。

第四节　城镇要素下乡发展的体制机制问题

在城乡融合发展过程中,解决城乡要素合理配置的问题,关键是要推动农村体制改革,健全发展要素的开放与自由流动体制,鼓励或吸引城市工商资本、金融资金、技术人才、产业组织下乡发展,通过城乡要素有机融合,推动农业农村现代化,实现乡村振兴的战略目标。

一、农村经济体制改革不到位,制约城市要素下乡发展

目前,制约城市要素下乡发展的主要问题是:农村土地制度改革还不到位,城乡二元土地制度,造成城乡发展要素难以有机融合,限制了城市要素下乡发展的积极性、主动性、创造性。城乡二元土地制度,制约城市要素下乡发展,主要

① 资料来源:国家统计局,https://www.stats.gov.cn/sj/zxfb/202302/t20230203_1900640.html。
② 资料来源:中国甘肃网,https://www.gscn.com.cn/gsnews/system/2020/01/21/012307610.shtml。

表现在三个方面。

一是农村集体经营性建设用地还没有完全取得平等的入市交易资格，经营性建设用地的土地要素作用还没有得到充分发挥，影响到城市工商资本与乡村土地资源的有效融合进程。

二是尽管已经确定第二轮土地承包到期后再延长 30 年的政策，但是进一步放活承包地经营权的法规还没有出台，如何平等保护城市资本承接农村承包地经营权的长期权益并不明确，也影响城市资本推进农业产业化进程。

三是农村宅基地制度改革比较慎重，把农村宅基地房屋转化为可交易的农民财产还有一个漫长过程，影响了城市资本进入乡村市场、激活农村经济市场的进程。

农村土地制度的积极、有效改革，是推进城乡融合发展的根本，这有一个较长的实践过程。目前，集体经营性建设用地入市仅是试点探索，产权模糊，缺乏法规。农村土地资源使用、交易，还是薄弱环节，难以实现农民和村集体的收益。

二、城乡融合发展的政策供给不足，影响城市要素下乡发展

通过工商资本入乡发展，实现工业反哺农业、城市支持乡村，这是城乡融合发展的核心内容。工商资本下乡就是现代发展要素下乡，推动现代产业、市场理念、高新技术与传统农业、广阔乡村有机融合，实现城乡乘数效益①。

在城乡融合发展方式确立之后，引导工商资本入乡发展的国家政策已经非常明确，但是，缺乏行之有效的系统配套的支持政策。工商资本的活动方向在于经济利益、市场利润的诱惑，尤其是在缺少产业、地域优势的农业农村领域，如果没有足够的明确的优惠政策和较大利益诱惑作为动力，工商资本入乡发展的行程是难以成行的。

要优化乡村营商市场环境，强化政策支持，要积极引导、做好服务、尽力保护工商资本下乡创业的积极性，不能总是担心、害怕工商企业入乡发展获得好处，获得盈利。在工商资本下乡成功之后，也要设有防火墙，守住农民权益的底线。但是，如果防火墙设得时间过早，就有可能把工商资本拦阻在乡村大门外，难以实现城乡融合的发展大局。

① 发展改革委. 建立健全城乡融合发展机制体制和政策意见发布会［EB/OL］. 发展改革委网站，2019 - 05 - 06.

三、城乡金融市场体系衔接度不够，影响城市要素下乡发展

建立完善的乡村金融服务体系是城乡融合发展的关键步骤之一。由于城乡二元体制没有根除，小农经济的产业化要素不全，乡村传统生产经营方式难以与现代金融系统对接，导致城乡金融资源配置失衡，资金大多流向城市，乡村发展缺乏有效的现代金融支撑。

城市金融属于现代服务产业，更容易与城市各类现代产业实现对接，提供金融服务，这也是金融资金流向城市的主要因素。中国农村，还在盛行传统的小农经济模式，小农户不属于现代产业组织，现代金融机构难以与个体小农户经营者实现有效的金融资金服务对接。国家统计局发布的《第三次全国农业普查主要数据公报》显示，2016 年末国内有 20 743 万农牧业经营户和 204 万个农业经营单位。国内拥有超过 2 亿小农户进行农业经营，小农户特点是没有明确的资产、缺少稳定的存款、搞不清楚的经营方向和经营市场，也就无法健全信用体系，金融机构也就无法提供贷款资金支持。因此，要建立城乡金融市场衔接体系，推动城市要素下乡发展。

乡村要积极改变传统的小农经济经营模式，加快走农业经营产业化发展道路，通过小农户加入专业化、产业化的农业农村合作社，努力实现与现代金融产业对接，争取更多的金融资金支持。同时，金融机构也要创新发展，健全农业农村专业金融机构，尤其是建立针对小农户的金融服务机构，优化乡村金融资源配置①。

---

① 张沛. 专家：城乡融合发展要健全要素流动体制机制［N］. 金融时报，2019－05－07.

第八章　借鉴东部地区与发达国家的城乡融合经验

根据城乡融合发展的实际情况，借鉴国内东部发达地区和国外发达国家的成功经验。高质量发展的重要标志是城乡收入差距较小。在国内，浙江省的城乡融合发展比较成功。在世界各国，美国农业农村现代化水平较高，日本城乡收入水平差距较小。

第一节　浙江省城乡融合的发展经验

实施乡村振兴战略，构建新型城乡关系，推动城乡融合发展，浙江走在了全国前列。2020 年，浙江全省常住人口居住在城镇的人口为 4 659.84 万人，占 72.17%，城镇化率不断上升；第一、第二、第三产业增加值结构为 3.3∶40.9∶55.8，产业结构不断优化。2020 年，浙江省城镇和农村居民人均可支配收入分别为 62 699 元和 31 930 元，城乡收入差距比值为 1∶0.51；城乡居民人均生活消费支出分别为 36 197 元和 21 555 元，城乡消费支出相差比值为 1∶0.595。浙江省城乡收入、消费支出的差距缩小①。在城乡融合发展进程上，浙江省处于全国领先水平，主要有以下几个方面的成功经验值得关注。

一、形成乡村经济市场化的发展机制

在乡村市场化、工业化、城镇化过程中，浙江实现了从城乡关系的自发合作到城乡融合发展的转变。始终坚持城乡经济市场化原则，根据不同的市场需求，形成城乡融合发展的不同路径。

---

① 浙江省统计局，国家统计局浙江调查总队 . 2020 年浙江省国民经济和社会发展统计公报 ［N］. 浙江日报，2021 - 02 - 28.

1. 乡村非农产业市场化的"温州模式"

温州模式是浙江省东南部的温州地区广大乡村,在改革开放初期,通过农民家庭工业生产和专业化商品市场的运作方式,发展非农产业,形成小商品、大市场的城乡经济融合发展格局。

改革开放前,温州国有资本累计投入仅 5.95 亿元,约占投入总额的 3.24%,人均每年仅有 2.83 元。[①] 改革开放后,温州政府加大力度发展民营经济,加速推进农村规模化经营,重点培育龙头企业等新型经营主体,鼓励高质量乡镇企业上市,率先融入市场经济浪潮中。

1982 年前后,永嘉桥头纽扣市场,乐清柳市五金电器市场与虹桥综合农贸市场、苍南的宜山再生纺织品市场、钱库综合商品批发市场、平阳水头兔毛市场与萧江塑编市场、瑞安仙绛塑革市场等十大商品产销基地和专业市场相继形成,并获得产业化、规模化发展。进入 21 世纪后,温州及时调整结构,乡村城镇化快速推进,进入城乡融合发展阶段模式。

2. 农村基层内生动力驱使的义乌模式

在城乡之间建立与形成小商品市场是义乌模式的主要内容,如龙港镇、轻纺城和义乌小商品城。为了消除城乡二元结构体制障碍,浙江省大力推进农村经济体制改革,建立乡镇新产业、新业态培育机制,促进乡村经济结构多元化,使乡村由单一产业、传统生产方式向多元产业、市场化经营方式转变,实现了由农业经济转化为三次产业共同发展。

改革开放期间,龙港镇、义乌小商品城和轻纺城快速发展,开启了乡村经济市场化、工业化和城镇化进程,激发了各个乡村和广大农民的自我发展意识、内生发展动能。随着龙港和鳌江两镇的城市集群构建,实现了乡村工商业和国内外市场的有效衔接,形成了强大的市场规模效应,义乌成为"世界超市"。

目前,义乌小商品市场拥有 6.2 万多个交易摊位,汇聚 34 个行业近百万种商品,商贸流动人口超过 20 万人,每日商品出口超过 1 000 个标准集装箱。外销商品辐射全球近 200 个国家地区,常驻外商人员接近万人,常设外商服务机构 500 多家。2017 年全国有 2 100 多个淘宝村,其中,义乌淘宝村 110 多个。

3. 政府主导下城乡融合发展模式

在地方政府城乡统筹发展政策指导下,产生了城乡融合发展"安吉乡村模

---

① 资料来源:温州市统计局 https://wztjj.wenzhou.gov.cn/art/2024/10/10/art_1229429195_4259591.html。

式"、小微金融的"台州模式"和"嘉善范本"等。

凭借自身优势和政府推动，安吉乡村率先成为改革创新试验区，构建乡村第一、第二、第三产业融合发展体系，推动农业生产经营方式转变，培育休闲农业、农家民宿、农耕体验、生态养老等乡村旅游产业体系，形成现代乡村新产业、新业态培育机制，打造以经济效益为主的乡村特色，探索"农业＋"新模式，取得农业农村现代化发展和农民收入持续增长的双丰收。

2019 年，安吉先后入选首批国家全域旅游示范区、全国投资潜力百强县市、全国乡村治理体系建设试点单位。2020 年，被工业和信息化部评定为国家新型工业化产业示范基地，中国夏季休闲百佳县市。

二、推动县域、乡镇经济的专业化发展

在推进城乡协调发展过程中，浙江省一直重视县域经济发展，积极培育乡镇特色经济，实现县域和乡镇经济的专业化。通过加快乡村"工业化、城镇化"，实现城乡经济协调发展，为城乡融合发展奠定了良好的经济基础。

1. 突出乡镇产业特色

在县域经济专业化分区协调发展的基础上，突出乡镇产业特色。县域经济、乡镇产业是城乡融合发展的根基。浙江省各县区根据本地经济的实际条件，逐渐形成专业化的区域经济，具有特色的乡镇产业，构建起了全省的小商品现代经济体系。各县区专业化经济的分工合作，各乡镇特色产业的密切协作，引导了乡村非农经济的良性发展，从而推动了城乡产业高度融合发展。

在浙江省，每个县区、每个乡镇、每个村，甚至每家农户都有自己的特色产业。特色产业不断实现良性发展，就会形成产业聚集和市场规模，就会形成竞争优势，就会推进城乡融合发展。

2. 释放县域经济发展活力

通过深化县镇经济体制改革，不断释放县域经济发展活力。县镇行政区一直是统筹城乡发展的主阵地，不断完善县、乡镇体制，释放县域经济发展活力，是建立健全城乡融合发展体制机制的关键环节。

浙江省一直重视释放县域经济发展活力，现已成为全国先行探索和实行"省管县"改革的省份，多次授予县级政府结合地方经济的改革创新自主权。从1992 年开始，先后进行多轮"强县扩权"的管理体制改革，尤其是 2009 年将县域扩权改革扩展至每一个县区，使得浙江省县域经济的发展活力进一步释放，城乡产业更加融合，也使浙江省成为全国县域经济最发达的省份之一，为城乡融合

发展奠定了经济基础①。

3. 做好乡镇经济转型

乡镇是城市和乡村在地域空间上的衔接点、融合区，是城乡融合发展的中枢要地。城乡融合发展效益取决于乡镇经济的融合能力。浙江省重视乡镇经济转型，支持乡镇第二、第三产业发展，实现乡村三次产业融合发展。乡镇民营经济发达，吸引大量的乡村居民进入第二、第三产业就业，确保了村民收入稳定增长。

通过构建乡镇产业体系，浙江省各县区发挥中心城区—集镇—村庄的层次分明的产业专业化纽带作用，形成产业定位明确、空间体系合理的城乡发展新格局，推进了村镇化和城镇化发展态势，激发每个乡镇、每个行政村的内生发展动力。

4. 建立村镇分层次发展机制

依据市场经济运行机制，激发乡村内生发展动力，建立村镇分层次发展机制，形成乡村与城市的良性互动。根据乡村发展差异性，以小农户经济为单元，推动家庭工业与个体商业发展，分层次、分步骤逐渐推进，实现乡村经济结构转型与发展。

对于第二、第三产业发展水平高、综合实力强的乡村，鼓励其创新性转化，强化与城市的良性互动，推进城乡融合模式，加快融入新型城镇化体系。对于农业经济仍占主导地位，第二、第三产业仍处于起步阶段的乡村，强化产业化、专业化发展支持力度，鼓励根据自身资源、产业优势，探索城乡融合的新途径。对相对欠发达地区的乡村，强化注入城市发展要素，实施城市机构对村落的精准扶持策略，通过强化城乡融合发展方式，激发落后乡村内生发展动力。

三、充分保护乡村主体利益

在城乡融合发展过程中，充分保护农民的主体利益。通过"城乡融合发展"，实现乡村经济结构转型，推动乡村社会环境变化和居民生活条件改善。浙江省重视乡村、农民的转型发展，确保农民在城乡融合发展的主体利益与地位。

1. 推动农民的职业转化

将农民的职业转化作为城乡融合发展的主攻方向。浙江省是探索农民的职业转化较早的省份，从改革开放初期，浙江就提倡乡村居民的职业转化，提出"离

---

① 柳博隽. 统筹城乡的"浙江经验"[J]. 浙江经济, 2012 (2): 23 – 26.

土不离乡"和"进厂又进城"的口号，不断推进着农民职业的身份转变。

进入21世纪之后，浙江农业转移劳动力快速向城市、第二、第三产业领域转移，在2000~2010年，浙江城市人口占比由48.7%上升至61.6%。2020年，浙江全省城镇常住人口更是占比达到72.17%，城镇化率不断提升。尤其是通过乡村直接城镇化，大量农村人口直接转换成城镇居民，使得过剩的农业劳动力转化为第二、第三产业发展的人力资本。

2. 积极推进户籍制度改革

通过户籍制度改革，促进城乡人口融合发展。2015年，浙江省人民政府公布"关于进一步推进户籍制度改革的实施意见"，提出统筹户籍制度改革，积极引导农业人口有序向城镇转移就业，大力推进农业转移人口市民化。

具体内容包括：全面放开县（市）城镇户口落户，逐渐取消大中城市落户限制，实行省内城乡户口自由迁移；实行城乡统一的户口登记制度，取消农业户口和城镇户口的差异，统一为居民户口；实行居住证制度，执行流动人口居住登记政策，准确掌握流动人口基本情况。户籍政策的松动，加快了浙江城乡人口流动，推动了人力资源的合理配置，城市人口成为户籍人口的主体。

3. 确保农民的主体利益与地位

在城乡融合发展过程中，浙江省做到了农业转移人口在乡村的权益不受损害，在城镇的权益日益扩大。随着大量农民进城务工，从20世纪90年代开始，浙江省率先推动土地承包制改革，对承包地经营进行登记全覆盖，准许农民土地流转和入股。

2018年，浙江省委、省政府关于印发《全面实施乡村振兴战略高水平推进农业农村现代化行动计划（2018—2022年）》的通知，推进宅基地登记颁证工作，赋予农户宅基地占有、经营和收益的权利，释放了农民财产权和乡村经济的活力。不动产确权、登记、颁证，依法充分保障农民的土地承包经营权、宅基地使用权，基本建立起"三权到户、权跟人走"的农村产权制度体系，保护农业转移人口的财产权和收益分配权。

4. 建立农户产权流转交易市场

浙江省提出建立农村产权流转交易市场体系，公正、规范、有效地推动乡村、农民的产权流转交易。在尊重农民意愿前提下，探索开展进城落户农民依法、自愿、有偿转让"三权"试点工作。积极推行农户宅基地房屋产权抵押贷款，大胆构建土地承包经营权流转市场。

同时，从维护农民长远利益的角度，提出确保进城落户农民的土地承包经权、宅基地使用权、集体收益分配权，鼓励农业转移人口市民化，为建立农户产权流转交易市场提供政策保障。

5. 建立城乡统一的养老医疗保险制度

通过社会保险全省城乡统一，提升城乡融合发展的质量。在全国各省区市中，浙江省较早提出了要建立城乡统一的养老保险和医疗保险体系。同时，积极全面落实基本养老保险、基本医疗保险关系在统筹地区之间的跨区域转移接续，以及医疗保险省内异地就医联网结算，并且建立了城乡统一的失业保险制度①。在城乡社会保险上，使乡村居民尽早充分享受城市市民待遇。

2020 年，为了充分保护弱势群体的权益，浙江省城乡居民基本养老保险代缴政策对象范围进一步扩大，覆盖到残疾人、低保户；对低收入农户，也实行医疗保险全覆盖；对农村困难群众，全部纳入救助范围。这一系列社会保险救助政策，极大地缩小城乡社会弱势群体的福利待遇。

四、积极推进城乡基础设施一体化建设

通过美丽城镇建设，推进城乡基础设施一体化。近几年，浙江省积极筹划城乡融合高质量发展，加快建设美丽浙江的步伐，使城乡基础设施水平差距进一步缩小。在小城镇环境整治取得良好成效基础上，实施乡村区域"百镇样板、千镇美丽"工程，高质量、高标准推进美丽城镇建设，力求到 2035 年，全面建成具有时代品质、浙江特色的美丽城镇。

1. 构建美丽城镇建设评价指标体系

通过实施美丽城镇建设评价活动，推进与提升乡镇城乡融合水平。2019 年 5 月，浙江省推出全国首个小城镇发展质量评价体系——浙江省美丽城镇建设评价办法。以城乡融合发展为导向，推动美丽城镇建设，力争在全国范围内率先打造具有特色化、品质化、标准化的城镇建设样板。围绕着功能便民、共享乐民、兴业富民、魅力亲民、善治为民的小城镇建设评价理念，以及城乡融合要求，设置共性指标、个性指标、满意度指标，形成乡镇建设评价指标体系。

浙江省建立小城镇动态监督评价机制，定期发布全省美丽城镇发展指数，强化小城镇建设质量监督，不断优化城乡空间布局，加快形成全省城乡融合、全域现代生态的发展新格局②。

---

① 解读浙江户籍制度改革新政全面放开县（市）落户限制［N］. 温州日报，2016 – 01 – 15.

② 徐光. 浙江省发布全国首个美丽城镇建设评价办法［EB/OL］. 浙江在线，2020 – 05 – 22.

2. 大力推进乡村建设"千万工程"

浙江省大力推进"千万工程",深化乡村"三大革命",加大乡村公共设施投资建设,极大地改善了乡镇生活发展环境。从 2020 年浙江省国民经济和社会发展统计公报显示的数据看,2020 年,浙江省农村生活垃圾分类处理行政村覆盖率、回收利用率、资源化利用率、无害化处理率分别达到85%、45%、90%、100%,拥有农村生活污水处理设施的行政村达到 92.5%。[①]

在 2020 年,浙江省推进城乡基础设施一体化,统筹建设乡镇的路、水、电、网、气等基础设施,城乡互联互通、共建共享,实现"村村通"客运班车;农饮水提标率达到95%以上、水质达标率达到90%以上、城乡规模化供水率达到85%以上。同时,实现城乡公共服务同标同质,全省乡镇公办中心幼儿园实现全覆盖,乡村标准化学校达标率达到98.61%;村卫生室规范化率达到74.5%[②]。

第二节　美国城乡融合的发展经验

美国是一个现代市场经济发达成熟的国家,国内生产总值居世界首位。2019年,美国国内生产总值(GDP) 21.4 万亿美元,人均国内生产总值超过 65 000美元,人均可支配收入达 45 500 美元。2017 年美国城镇化率达到82%,2018 年美国第一、第二、第三产业比为0.8:18.6:80.6。2016 年三次产业对国内生产总值增长的贡献率为9.3:1.7:89。[③] 相比之下,美国城乡融合发展比较成熟,乡村城镇化水平比较高,城乡收入水平差距不断缩小。

一、美国城乡融合发展的措施

20 世纪的前期,美国从事农业生产经营活动的农民收入一直低于全社会平均水平,20 世纪 50 年代,美国农民平均收入约为社会人均值的55%,农村收入和农民生活水平普遍低于城市。为了缩小城乡收入水平差距,美国政府先后采取了一系列有效的措施,加快乡村居民收入增长。1970 年,农业人口平均收入达

---

①　资料来源:2020 年浙江省国民经济和社会发展统计公报 http://zjzd.stats.gov.cn/zwgk/xxgkml/tjxx/tjgb/202103/t20210303_99130.html.

②　浙江省统计局,国家统计局浙江调查总队.2020 年浙江省国民经济和社会发展统计公报 [N].浙江日报,2021 - 02 - 28.

③　鄢毅平.美国缩小城乡收入差距对我国的启示 [J].中国集体经济,2011 (13):195 - 196.

到城市居民平均收入的75%。在21世纪，美国城乡收入水平基本实现平衡①。

1. 坚持农工互促，城乡互补的城镇化发展

实现农业与工业的协调发展是美国城乡融合发展的重要特征。由于良好的自然条件，美国农业经济比较发达，一直承担着"世界粮仓"的角色。美国建国以来，坚持奉行各个领域的开放政策，实行在全球范围内配置劳动力资源的移民政策，吸引移民进入美国，由此带来了可观的劳力、技术、资金，拥有满足全球粮食市场需求的生产能力，使美国农业现代化水平处于世界前沿。

农业不断进步是美国工业化、城镇化不断发展的原创动力。发达的农业经济奠定了美国工业化、城镇化的产业基础。美国农业对工业化、城镇化发展的主要贡献有以下几点。第一，为美国城镇化解决了粮食问题；第二，为美国工业化提供了原料；第三，为美国工业生产规模化提供了市场需求；第四，为美国工业化、城镇化积累了大量资金。

美国一直拥有农业和工业相互促进的发展传统。美国工业化的起步是从棉纺织业开始的，19世纪60年代前后，棉毛、纺织、面粉、肉食罐头等行业为主的农产品加工业，一直占据着美国工业发展的主体地位。美国还以纺织工业为根基，开创了重化工业、新兴工业领域，形成了更加广泛的农工互动产业体系，促进了农业规模化发展②。

同时，美国政府一直重视乡村工业发展，鼓励私人工商资本进入农村地区，开发第二产业，实现城乡跨产业融合发展，也为从事农业活动的人员，提供了更多的兼职机会。美国鼓励适合在乡村创办的工商企业下乡发展，推动了食品加工、农业机械、化肥和农药生产，以及适合乡村消费者所需的小商品生产向乡村转移。美国政府还制定了诸多优惠税收政策，鼓励城市工厂迁往郊区，也为乡村产业多元化发展创造了条件③。农业与工业、乡村与城镇的良性互动，使农业现代化、乡村城镇化，推动了美国城乡融合发展进程。

2. 推动城乡基础设施与公共服务均等化

美国重视基础设施建设，尤其重视乡镇的交通、水电、市场、教育、卫生等基础设施的规划建设，使大多数乡村基础设施和公共服务水平与城市几乎相差无几。通过基础设施的现代化，推动村镇现代化，使美国城乡发展差距缩小。

―――――――――――

① 鄢毅平. 美国缩小城乡收入差距对我国的启示 [J]. 中国集体经济, 2011 (13): 195-196.
② 薛晴, 任左菲. 美国城乡一体化发展经验及借鉴 [J]. 世界农业, 2014 (1): 13-16.
③ 刘勇刚. 缩小我国城乡收入差距的对策探析 [J]. 重庆行政 (公共论坛), 2013, 14 (5): 55-56.

重视村镇建设，与美国选举制度有直接关系。村镇一直是美国总统和国会议员选举的重要"票仓"，"民主"和"共和"两党都不能忽视村镇选民的意愿，重视村镇基础设施建设就成了两党的共同政策。从 20 世纪 80 年代开始，美国建成了许多生态优美、环境优雅、设施齐全的"都市化村镇"，吸引了大量城市居民移居村镇，实现了"回归乡村"意义上的城乡融合。

城乡交通基础设施一体化是美国城乡融合发展的一个重要环节。美国乡村城镇化，离不开现代交通设施建设的支撑。在城镇化初始阶段，通过引进欧洲的技术和设备，使美国交通运输能力快速提升，促进了西部乡村开发和采矿业发展，工业制造业进入发展轨道，美国城镇人口占比也由 1830 年的 8.8% 升至 1870 年的 25.7%。在城镇化加速阶段（1880～1920 年），城郊有轨电车和铁路交通快速发展，连接美国各个城镇的铁路网形成，城镇人口规模超过乡村，城镇化率达到 51.2%；在城镇郊区化阶段（1920～1950 年），随着美国大力推行公路建设政策，公路网尤其是高速公路网在美国迅速发展，汽车产量提升，小汽车普及，城镇化由城镇聚集转向乡村辐射，推动城市向郊区扩展，人口城镇化达到 64%；在城乡融合阶段（1950 年至今），随着现代交通、通信技术的广泛应用普及，城镇化发展转向乡镇，导致城市和乡村全面融合发展①。

3. 促进乡镇的非农产业发展与就业

为了增加乡村就业，增加乡村收入，美国采取了一系列措施，鼓励工商企业下乡投资，创造非农产业就业机会，增加乡镇居民兼职工作，使城乡收入差距逐渐缩小，乡村生活水平快步提升。

鼓励工商企业下乡进镇，开辟农村区域发展空间，创造了大量乡村就业机会，这一措施效果非常明显。在 20 世纪 60 年代，美国乡村非农产业就业增加 1 450 万个就业岗位（相当于美国当时乡村劳动力的 50%）②，推动大量农业劳动力就地转移就业。加上城市其他产业领域提供的非农产业就业机会，20 世纪 70 年代末，美国大多数农业劳动力实现了非农产业就业，这进一步为农业规模化经营腾出了发展空间。

鼓励乡村从事农业的劳动者，通过第二、第三产业兼职，提高工资收入。进入 20 世纪 60 年代后，迫于增加收入的需要，美国农民从事第二职业已然成为乡村风尚。大小农场主普遍兼业。依据农业的季节性特点，以及农业现代化和服务

① 薛晴，任左菲. 美国城乡一体化发展经验及借鉴 [J]. 世界农业，2014（1）：13－16.
② 鄢毅平. 美国缩小城乡收入差距对我国的启示 [J]. 中国集体经济，2011（13）：195－196.

业发展需求，兼业农民越来越多，兼业收入成为农民的重要收入。

同时，城乡之间现代交通提供的便利条件，吸引城市人口下乡，加快了城乡融合步伐。在 20 世纪 80 年代以后，由于城市的一些居民，退休后大量回到乡村居住，由城市迁入的退休人员占到村镇人口的 15%。退休人员回到乡村消费，成为振兴乡村服务业的主要动力。

4. 重视农业乡村的立法保护与政策扶持

美国是一个注重法治的国家，经常以立法形式，推进不同领域对农业农村的扶持政策，以达到促进城乡融合发展，缩小城乡发展差距的目标。

不断加强对农业农村现代化的扶持政策。除了加大对农业农村的基础设施投资规模，以及对乡镇文化教育、公共卫生等领域进行财政补贴，美国还在农民收入增长、农村环境改善、乡村社保完善、农业金融持续、农业保险范围、农户税率等方面，实行一系列倾斜政策，不断巩固农业农村的基础地位和发展优势。

不断实施农业农村发展的立法保障。在推进农业发展和乡村建设上，美国健全了一套完整的立法保护体系。第二次世界大战以后，美国先后制定实施《农产品信贷公司特许法》《农业法》《联邦农业完善和改革法》《农业安全与农村投资法案》《乡村发展法》《平权法》等诸多有关农业农村的法案法律，稳定农产品价格，促进农业市场竞争，提高农产品质量，保护农民合法利益。

不断完善农村教育与就业、培训的法律保障体系。美国一直重视农村教育发展、村镇居民素质提升，有关立法源远流长、有序衔接。在 1860 年至今的一个多世纪，美国先后制定了《莫里尔法案》《哈奇法》《史密斯—利弗法案》《史密斯—休斯法》《乔治·里德法》《人力训练与发展法》《就业机会法》《就业培训合作法》《初等和中等教育法》《教育目标：美国教育法》《学校工作多途径法案》等一系列涉农教育和职业培训法案①。

一系列扶持农业、农村、农民现代化的立法活动，促进了美国农业规模化发展和乡村产业结构完善，增加农民转移就业兼职机会，防止城乡发展差距扩大，有力地推进了美国城乡融合健康发展。

二、美国城乡融合发展的启示

第一，农业现代化与工业化、城镇化的协调互动是城乡融合发展的立足点。

---

① 赵云峰. 基于城乡一体化我国新型农村社区问题发展研究［J］. 特区经济，2014（4）：150 - 151.

农业现代化是推进经济工业化和人口城镇化的战略基础，经济工业化是实现农业现代化和乡村城镇化的现代动能，人口城镇化是实现农业现代化和经济工业化的市场引力。三者相互渗透、相辅相成，产生"核聚效应"，有力地推动美国城乡融合发展的进程。

第二，不断更新完善乡村基础设施是城乡融合发展的推动力量。乡村基础设施建设是城市要素下乡发展、城市带动乡村发展的具体体现。美国通过对村镇基础设施现代化建设的大量投入，发展"都市化村镇"。美国通过大力发展城乡之间交通设施现代体系，不断促进城乡发展要素流动融合。基础设施的完善程度与城乡融合的发展水平有直接关系，乡村基础设施缺乏，往往是约束城乡融合的瓶颈。

第三，城镇体系结构不断完善优化是城乡融合发展的主要途径。美国重视"都市化村镇"建设，发展各式各样的城市郊区小城镇，形成层次分明的城镇体系等级结构，强化了城乡要素的双向流动、纵向支撑，协调了城镇与乡村的空间布局，由此推动了美国城乡融合深度发展。

第四，推动乡村现代化的法律体系建设是城乡融合发展的必要保障。从城乡分割到城乡融合，是人类社会发展方式的必然变革，这往往推动城乡的行政体制、规划理念、税收结构、转移就业、财政投入、市场衔接、金融流向、产业下沉、社保统一、公共服务、生态环保、基层管理、产权流动、经营组织等一系列改革创新，必须健全融合体制机制，加强相关立法工作。

第三节　日本城乡融合的发展经验

作为亚洲的发达国家，日本 2018 年城镇化率已经达到 94.3%，2017 年日本三次产业结构比为 1.2∶29.3∶68.8，2016 年三次产业对国内生产总值的贡献率为 -19∶82.3∶36.7。2019 年日本人均国民总收入为 41 690 美元。工业化和城市化并不能直接有效解决乡村问题，还需要建立健全政府主导的城乡融合发展体制机制，助推农业农村现代化。[①] 日本从城乡二元体制走向城乡融合，城乡收入差距不断缩小，最终实现城乡均等化，都离不开日本政府政策的积极引导。在不

---

① 徐宁. 日本城镇化对城乡收入差距影响的实证研究以及对中国的启示 [D]. 兰州：兰州财经大学，2022.

同的城乡发展阶段，重点围绕土地体制、农民收入、乡村产业、基层管理、乡镇建设等领域，日本政府适时调整干预手段，引导城乡融合发展。

一、推动农地制度改革，激发农业经济活力

第二次世界大战以后，根据现代农业发展的需要，在日本政府主导下，对农业土地经营体制大胆改革，逐步实现由小农户土地分散经营转变为土地适当集中规模经营，释放了农业经济活力，为日本城乡融合发展奠定了基础。

1. 创设自耕农制度

在工业化、城市化起步阶段，农业经济是国民经济发展的基础产业，为工业提供原材料，为城市提供生活保障。为了调动农民生产积极性，日本政府创设自耕农制度，把农地由地主集中掌控逐步改变为家庭式分散经营，农民由租种土地的佃农转变为自耕农。尤其是在第二次世界大战后的一个较长时期，日本政府采取一系列积极政策，尽快恢复农业生产，满足工业化和城市化的发展需求。

1945年，日本政府发布了"紧急开垦实施要领"，扩大耕地面积。1946年，日本政府实施"农地改革法"，国家从地主手中收买土地，低价卖给佃农，使农民都有自己的土地，建立起农业家庭经营制度。

为了推进农业发展，1948年日本政府推动通过了"农业改良助长方案"。1951年日本政府又制定"农业开发十年计划"。为了确保土地改革后小规模土地家庭经营的合法性，1952年日本政府促使国会通过了"农地法"。

2. 提倡土地经营权流转

在工业化、城市化发展阶段，为了协调工农业发展，缩小城乡居民收入差距，日本政府大力提倡转变个体农户生产方式，通过建立"自立经营农户"，鼓励土地的转让，实现相对集中经营，日本乡村农地由小规模分散经营开始转向适度规模经营。

1961年，日本制定《农业基本法》和《农业现代化资金助成法》，推动农业生产朝着现代农业规模化方向发展，引导农地向规模经营户集中，提高了农地规模利用效率。

1970年，日本政府确立了"推进综合农政"的基本方针，鼓励农田的租赁和作业委托，提高农业的协作生产和产业化程度，促成了农业生产经营的合理调整和重新布局。

3. 鼓励城乡融合发展

在工业化、城市化成熟阶段，日本农业转移人口大量涌现，农村劳动力大幅

减少，出现农业从业人员高龄化问题。同时，城乡要素流动频繁，工商资本下乡发展，为农民提供了众多兼职机会。

进入 20 世纪 90 年代，为了履行关贸《农业协定》承诺，日本政府不得不减少农业补贴，对外开放农产品市场。于是，在 1999 年，日本通过了《粮食·农业·农村基本法》，日本农业政策的重心由价格支持转向帮助农民增加收入。2010 年，日本政府设立粮食与农林渔业再生推进本部，加大农业农村创新发展的政策和战略的供给力度。

二、聚集现代要素，推动农业现代化

在城乡融合发展的过程中，日本政府适时利用现代发展要素，引导农业现代化发展。如培育现代农业经营主体，推进农业生产科学化、机械化、专业化，高度关注农产品安全，推动现代农业创新发展。

1. 推动农业经营主体转变

规模化经营是现代农业发展的基本形式。在农业规模化经营上，日本经历了小农经营主体—适度规模农业经营主体—规模经营农户的农业现代化进程。

日本耕地面积有限、农地零散，不可能像美国、法国那样，发展大规模农业。于是，日本提出了土地小规模所有、规模化经营方式，发展适度规模农业经营主体，提高农业经营效率，扩大农民经营收入，使农业进入产业化发展轨道。

1961 年，日本《农业基本法》提出，通过耕地经营权流转，租用土地方式，把土地经营 1 公顷以下的小农经营主体，改造为适度规模农业经营主体，扩大农户耕地经营规模。进入 21 世纪后，随着农业从业人数减少，耕地集中经营成了大趋势，经营 1 公顷以下的农户逐渐减少，5 公顷以上的规模经营农户增多。

目前，日本农户大多耕种土地 50~70 亩，个别农户经营土地达到 100 多亩，并且实行农业企业化运营管理。通过发展适度规模农业经营，提高了农户经营收益，缩小了城乡收入差距。

2. 推动农业生产机械化

在适度规模农业经营的基础上，提升农业生产的机械化程度。尤其是种植业领域，只有在农地经营面积达到一定规模之后，才能有效地实施机械化农业生产。

和气先生是日本栃木县盐屋町的种粮大户，通过租用耕地和自有土地，经营 80 多亩水稻田，拥有插秧机、收割机、喷药机、拖拉机等十几台农机。高度机械化是维持日本农业规模经营的重要方式。

由于日本是土地私有制，耕地成片整合有一定难度，零散地块较多。加上耕地资源复杂，有平地、山地和水田、旱地的差异。这导致日本农业机械化产生了不同的、多样化的需求，促使日本农业机械向小型化、轻型化、系列化、高效化方向发展；同时，要求日本农业机械的种类要齐全，能够在水田、旱田、果树、畜牧等不同领域进行农业机械化作业。

3. 引导农业生产专业化发展

通过农业生产专业分工、农户专业化生产，提高农业生产效率和农产品市场化。日本农业专业化分工明确，每一个地区都有特色农业，每一农户都有特色农产品。

在北海道，小麦、牛肉、牛奶、马铃薯产量居日本前列，还有欧斯托番茄农场、富田花卉农场。在日本本州，山梨县号称果树王国，盛产葡萄、桃子和李子，还有胜沼町葡萄乡、一宫町桃乡；青森县的苹果产量占日本 1/2，其中享有盛名的有片山苹果园、富士苹果种植园、葛西幸男苹果园、齐藤三郎果园、田馆舍村艺术稻田；栃木县被誉为"草莓王国"；爱知县是奶牛乐园，宫城县是日本大米之乡，静冈县是日本茶园。

日本最先提出"一村一品"农业生产专业化的概念。通过每个县、每个村、每个农户的专业化生产，形成优势互补、相互依存，构建起了日本农业经济的整体框架。日本农户盛行专业化生产，每家农民都是专业户，有种大米、种草莓、种番茄、种鲜花的各类不同的专业户。日本农户一般只生产 1~2 个品种，农产品生产全部是满足城市市场需要的。

4. 崇尚农产品的优良品质

有限的耕地面积，促使日本现代农业走重视品质的路径。通过科学技术，优化农产品质量，提升农户生产效益。

首先，把农地改良放在第一。通过农地改良，优化土地属性、提高土壤利用价值。1949 年日本公布《土地改良法》，对水田进行改良；20 世纪 60 年代初，开始对旱田改良，满足居民对蔬菜、水果、畜产品的品质需求；从 60 年代中期开始，对草地改良，优化畜产品、奶制品的质量。

其次，推动日本农作物品种改良。在良种化上，把水稻品种改良放在重要地位，生产优质大米。在旱田作物上，从 60 年代开始，优化蔬菜品种，推行设施、有机种植，提升蔬菜品质。在水果的质量和品种上，投入科研力量，使日本水果品质进入世界领先前列。

最后，实行全过程标准化生产销售管理。日本严格管控生产、包装、销售过程，确保农产品的优质健康。日本农户采摘瓜果蔬菜要当天进入直销站，包装上要有产品产地、农户名称及条形码，形成农产品质量安全的可追溯系统。

三、农协组织成为农业产业化的桥梁、城乡产业融合的纽带

日本农协全称为"农业协同组合"，"协同"意为协作、同步、互助，"组合"相当于组织、联合、一体。日本农协组织是一个遍布日本乡村、维护农业农民利益、沟通城乡市场、联结政府与农民的社会化服务组织。第二次世界大战后，日本农协积极推动日本农业、农村、农民现代化，为日本城乡融合发展作出了重大贡献。

1. 致力于农户、农业、农村的协调发展

从诞生之日起，日本农协就把为农户、农业和农村与消费者提供综合性服务作为宗旨。日本农协的渊源可以追溯至明治维新时的"同业组合"，被认为是日本农协的最早雏形。1947 年，日本通过《农业协同组合法》，在全国乡村开始组建农协组织。日本农协倡导"农民出资、农民管理、农民利用、农民享受"，充分保护小农和小工商业者的经济利益，深受城乡微小产业者的欢迎。1950 年，有 99% 的日本农民加入了日本农协组织。

1955 年，日本政府推动"农协综合事业计划运动"，对农协进行保护与支持，使日本乡村农协经营体制走向稳定与成熟。1957 年，日本又开展"农协刷新扩充 3 年计划运动"，提升日本农协在农业农村领域的指导地位和事业范围。1961 年，日本国会通过《农业协同组合合并助成法》，推动日本各地农协组织合并，提升农协组织效率，农协数量也由 1960 年的 28 896 个，减为 1964 年的 23 846 个。[①]

根据农业农村现代化发展的需要，日本农协不断调整着自己的业务活动方向。在 20 世纪 60 年代，日本农协积极配合日本政府农业政策，采取一系列措施，推动日本农业发展，改善农民生产条件。在 20 世纪 70 年代，日本农协走向大型化、企业化、非农化。根据日本农业农村发展要求，日本农协主动转换角色，工作重点从单纯促进农业发展转化为全面促进乡村发展，在强化对农产品的价格补贴、信贷支持、资料供应的同时，加大农地调整组合，推进土地规模经营，支持乡村经济、消费、生活等领域综合发展。在 20 世纪 80 年代，日本农协

---

① 徐宁. 日本城镇化对城乡收入差距影响的实证研究以及对中国的启示［D］. 兰州：兰州财经大学，2022.

提出"面向 21 世纪农协发展战略",增强农协组织事业的灵活性、竞争能力和经营效益。

在日本乡村现代化发展中,日本农协拥有举足轻重的地位。农业、农村、农民发展需要什么业务,日本农协就开展相应的业务与服务。日本农民生产的农产品,主要依靠农协来加工、存储和运销;日本农户需要的生产资料和生活用品,大多数依靠农协提供;日本农户需要的农业生产经营周转资金,也是主要依靠农协金融部门提供。日本农协已经成为推动日本城乡融合发展的协调力量,也是日本乡村现代化发展的引导力量。

2. 积极推动农户的农业生产科学化

指导农业生产、提供农业机械一直是日本农协的重要服务业务内容。日本农协通过营农指导协会,积极协调农业科学技术推广应用,在种植、养殖、田间生产、市场经销等诸多领域,给农民提供全面的指导与服务。

日本农协在乡村都配备专职指导员,专门负责提供农业经营、生产和技术等环节的指导服务。具体服务包括:一是帮助农户制定农地经营规划。根据农户的土地、资金、劳力等资源情况,城市市场需求的变化趋势,帮助农户制定专业性经营计划。二是帮助农户解决农业生产难题。农户在生产经营中遇到各种问题,农协专业部门人员都会提供指导性建议,而且可靠可行。三是帮助农户提高农业技术水平。各级农协掌握着丰富的、最新的农业技术信息资源,可以为农户提供及时、有效的技术指导。四是帮助乡村规划农业发展。农协大多掌握地方农地资源和生产情况,甚至了解日本各地乡村农业发展情况,可以帮助地方乡村合理规划农业发展,发挥资源优势,及时调整专业化生产,更好提高农地经营效益。

3. 强化农产品营销与城市消费的市场衔接

在现代经济社会,农产品生产在乡村,农产品市场在城市,农产品销售工作是城乡融合发展的关键环节、具体体现。

日本农协一直把协调农户的农产品销售作为最重要的工作环节,强化农产品销售服务。农产品是特殊的生物产品。对农户而言,农产品生产不容易,农产品销售更难把控。只有把农产品销售出去,农户一年四季的劳动成果,才能实现经济价值。日本农协始终为农户着想,一直把农产品销售服务作为最重要的日常工作。

为了促使农产品销售,提高农产品附加值,日本农协投资建设众多加工和包装、冷藏、运输等业务中心,并且在县市设立地方批发市场,在大中城市设立中央批发市场。日本农协通过组建农产品批发市场和集配中心,使农产品生产与城市消费市场有机融合，极大提升了农业经营效益。

在日本农协的销售系统中，有四种农产品销售方式：一是协助自销。在市场较稳定时，农户利用基层农协提供的市场信息、包装运输等便利条件，直接销售。二是委托销售。在市场不稳定时，农户可以委托农协，抓住市场时机，利用农协销售系统，成批量出售。三是付费销售。农协从农户交给的农产品交易额中，收取一定比例的费用，帮助农户销售农产品。四是计价销售。根据一定时期同品种、同质量的农产品平均价格，直接收购农户的农产品。

日本农协灵活、独特的农产品销售方式与销售体系，不仅保护了农户的利益，而且促进了农协与城市中间商之间的销售关系，使农业生产更有组织，使市场供应更加稳定，避免了盲目生产，既确保了城乡供求平衡，又确保了农民收入稳定。

4. 强化对农户的供给服务能力

日本农协作为农民自主参加的经济协调组织，始终为农户利益着想，力求实现对农户的全方位服务。在日本乡村，农户使用的各种生产资料，大多数是通过农协采购的，减少了流通环节，降低了购买价格。一些乡村生活用品，由基层农协统一购买，使农民享受出厂价或批发价。

只要农户生产、生活需要，农协就积极想办法，满足农民需求，提高自己的供给能力，提供全方位服务。日本农协通过对农户的全方位供给服务，强化农户与农协的内在联系，使农协在日本城乡融合发展中能够发挥积极主动的作用。

农户个体无法筹建的农用设施，日本农协就直接投资建设，以满足各家农户的生产经营需求。如农机维修厂、肥料综合处理设施、蔬菜育苗设施、加工储藏设施，都由农协直接投资经营。日本农协也接受农户委托的个别供给业务。农协不断强化对农户的各种供给服务，提升了日本农业的集约化、产业化运作效益。

5. 为农户农业农村发展提供金融资金支持

现代农业与传统农业的主要区别，在于农业生产经营活动能够得到现代金融系统的连续资金支持。日本农协成立初始，就把建设完整的乡村金融系统作为重点，时刻满足农户生产运营的资金需求。经过几十年的积极运作，日本农协的金融信用业务机构遍布乡村及城市郊区，已成为日本银行体系不可忽视的金融力量。对农户的金融信用服务，也成为支撑农协良性运转的核心业务。

日本农协设立后，就开始农协金融系统建设，以独立方式从事农户信贷业务，满足农户和农协的资金需求。由于农协金融系统的存款利率稍高于其他银行，营业网点遍及乡村角落，再加上定期上门吸收存款，确保了50%以上的农户存款进入农协金融系统。有关资料显示，2015 年底，日本农协金融系统的储蓄存款总额已超过 95 万亿日元，成为日本乡村发展资金的重要保障。①

日本农协金融系统为农户服务，不追求盈利。发放的贷款主要用于农户借贷、农协经营周转，以及农协对各项事业投资。对农户、农业的贷款占贷款金额比重超过 90%。农协贷款利息大多低于其他银行，大多不要担保。由于农协金融系统一直保持良好的运行状态，农协金融信用事业成为日本农协的支柱业务，也是最大的盈利部门。

四、多维力量推进乡村城镇化，促使城乡一体化融合

由日本政府、日本农协、城市企业、乡村农户构成多维动能，推动乡村城镇化进程，促使农户走城乡融合发展之路。经过第二次世界大战后的不懈努力，日本乡村大多成为都市村庄，农民成为"生活在农村的市民"。

1. 实现乡村经济的多元化

通过向城市郊区或县町村扩展现代产业，推动日本乡村经济多元化。在任何时候，都不能忽视现代工业经济发展的影响力。第二次世界大战以后，在乡村城镇化过程中，日本政府一直发挥着主导作用。

在城镇化起步阶段，日本城乡经济二元结构比较突出，城市发展工业，乡村发展农业。第二次世界大战后，日本城市化进程加速，城乡之间要素流动加快。为了优化乡村经济构成，提高乡村居民收入，日本政府推出一系列乡村产业发展政策，支持乡村经济多元化。如《新全国综合开发计划》《农村地区引进工业促进法》《工业重新配制促进法》等政策法规，引导工商企业由都市向县域乡村转移，鼓励乡村发展现代服务业。

随后，日本乡村地区涌现出许多大企业的卫星工厂或分厂，也产生了许多属于大企业系统的小规模承包厂或微小规模的家庭工厂。农村地区的资本既有通过招商引资手段引入的农外资本，也有农村区域内农协、农户等的资本②。尤其是日本农协持续增加乡村涉农加工包装企业投资建设，同时，加大对乡村服务业发展的支持，诸如商场超市、旅游宾馆、游乐设施的建设投资扶持。

乡村经济结构的多元化，为乡村居民收入多元化奠定了良好基础。在日本乡村，大多数农民职业也多元化，兼业兼职已成常态，季节性跨界兼职已成为收入

---

① 徐宁．日本城镇化对城乡收入差距影响的实证研究以及对中国的启示 [D]．兰州：兰州财经大学，2022.

② 郭建军．日本城乡统筹发展的背景和经验教训 [J]．农业展望，2007（2）：42－45.

的重要来源。除了农忙季节，大多数农民是在当地做兼职，如在温泉旅馆兼职、在旅游设施帮忙，或者在加工厂打工，一年工作几个月不等。通过不同的兼职兼业，增加家庭收入，补贴家用开销。如已经 68 岁的永尾宗男是一家农户的主人，原是当地町政府工作人员，退休后就在家里耕种祖传的农田。除了耕种 45 亩地，还抽出时间去町政府帮忙，他的夫人每月兼职收银员工作，夫妻两人的家庭年收入达 30 万元人民币。当今，日本有兼职工作的农户 82 万，占农户总数的 37%。①

2. 通过聚集人口推进乡村城镇化

人口聚集是乡村城镇化发展的基本方式。为推进乡村人口聚集，日本政府通过不断调整地方行政管理单元，合并地方市町村设置。同时，通过地方市町村合并，提升乡村公共设施投资使用效益，达到提高乡村城镇化建设水平。

1953 年，日本政府制定《町村合并促进法》，以设立初级中学所需的人口规模作为町村合并的人口规模标准。为有效解决乡村人口稀少、公共设施闲置问题，1965 年，日本政府颁布《市町村合并特别法例》，支持府县进行市町村合并，合并活动持续了 40 年之久。

随着日本乡村人口减少，多次推进乡村自治体合并。2004 年，全日本市町村的设置总数减少至 3 000 个以下。2007 年，市町村数量不到 1 800 个。日本现行的市町村设置要求是：市的设立标准为 5 万人；町的设置标准为 5 000 人，并要求工商人口达 60% 以上。为鼓励人口聚集和乡村城镇化，日本将设市标准降到 3 万人，以推动市町村合并。②

日本乡村城镇化的发展路径是：顺应乡村人口流入城市的大趋势，通过市町村连续合并，推进乡村人口聚集，加快市町村公共设施建设，不断提高乡村公益事业水准，实现城乡无差别发展。

3. 不断规范城乡地区建设与发展

为了推进城乡融合发展，日本不断调整相应的制度框架，规范城乡建设内容，重视乡村地区建设规划，使乡村建设的重点由城镇化向生态化、城镇化并重转变。

在工业化兴起阶段，工业经济是日本经济发展的主导力量。在工业经济发展推动下，原来农业小镇转型发展为工业城镇。为了满足工业发展的环境需求，日本颁布了规范城市建设的《城市规划法》，对乡村城镇进行现代化改造。

---

① 徐宁. 日本城镇化对城乡收入差距影响的实证研究以及对中国的启示 [D]. 兰州：兰州财经大学，2022.

② 郭建军. 日本城乡统筹发展的背景和经验教训 [J]. 农业展望，2007 (2)：42 – 45.

进入 20 世纪 30 年代后，日本工业经济已经具有一定规模，城市化向更广泛的乡村地区蔓延。工业对农业剩余的依赖程度减轻，政府通过减轻税收、优化技术等手段，开始释放农业经济活力，乡村地区也得到发展。为了推进乡村地区的城镇化建设，1933 年日本政府修订了《城市规划法》，适用对象拓展到县域下的市町村。

第二次世界大战以后，尤其是从 20 世纪 50 年代开始，日本工业经济发展加速，城市无序扩张现象加剧，已经影响了乡村农业的正常发展。为有效保护农地、促进农业健康生产、推动乡村建设有序开展，1969 年日本颁布《农业振兴地区整治建设法》，调整城乡建设关系，使乡村城镇化与农业现代化协调发展。

进入 20 世纪 80 年代后，日本乡村城镇化和农业现代化都达到一定水平，乡村建设的重点聚焦于推行经济、生态和文化等领域的全面振兴。同时，在许多城市的城郊地域，即城乡连接区域存在大量的荒地。为保证土地资源得到有效利用和规范城乡建设有序开展，于 1987 年日本颁布《聚落地区整治建设法》，补充了城乡之间荒地建设的相关内容，更加完善了城乡土地利用。

20 世纪 90 年代，日本学者今村奈良臣提出了"六次产业"理论，突出农业基础地位的重要性，强调乡村要实现第一、第二、第三产业融合发展。21 世纪，日本政府积极应用"六次产业"融合发展的理论，强化乡村产业融合，开发新的领域，聚集造血功能，助推城乡融合发展。山梨县是日本六次产业化的发展样本。山梨县离东京市区约 120 公里，首饰加工业闻名，又拥有日本旅游胜地——富士山，农业的土地生产率也居日本首位，相对容易推进第一、第二、第三产业融合发展。

4. 日本城乡居民收入差距消失

日本农业人口老龄化严重，平均年龄在 66.4 岁左右，从事农业的 65 岁以上人口占比达到了 64.6%。① 日本农户收入有 4 部分，即农业收入、农业相关收入、退休金、兼业收入等。农户收入的多元化，促使城乡居民收入差距逐渐缩小。目前，日本城乡收入已经平衡。

20 世纪 50 年代，日本城乡收入差距较大，农业从事人员收入只有企业员工收入的 63.6%。1955 年末，时任日本农林大臣的河野一郎提出，要推进新农村建设。1956 ~ 1979 年，日本先后实施两次新农村建设，连续加大农业基础设施、农民生活设施的投资建设力度，提高乡村现代化水平，从而缩小了城乡发展差

---

① 郭建军. 日本城乡统筹发展的背景和经验教训 [J]. 农业展望，2007（2）：42 – 45.

距。1980年，日本城市化率达到76.2%，城乡社会一体化基本形成，城乡居民收入差别也逐渐消失。

日本 *PRESIDENT* 杂志在2014年12月刊公布了2013年"日本各职业年均收入"排名，日本农民年均收入达756万日元（约人民币49万元），超过了公务员等诸多职业。如日本的高中教师年均收入约有741万日元（约人民币46万元），地方公务员约728万日元（约人民币42万元），国家公务员约有628万日元（约人民币37万元），一般上市企业白领约有576万日元（约人民币33万元）。在职业收入上，日本农民收入已经不低于城市的各行各业。

日本国税厅的"民间工资实态统计调查"中，2017年，日本人均年收入为432万日元。其中，在2015年4月~2018年3月的调查结果显示，年收入排在第一位的是"东京都"，年收入为474万日元，第二位是"神奈川县"，年收入是442万日元，之后依次为"大阪府"438万日元、"爱知县"428万日元、"静冈县"413万日元、"京都府"411万日元、"兵库县"407万日元、"长野县"401万日元、"三重县"和"埼玉县"均为392万日元。可见，日本各县域与大城市的收入水平已经难以分出上下。

五、日本城乡融合发展的有效战略与对策

目前，日本农业就业人口不足200万人，乡村人口规模压力较小，使日本更容易采取措施，缩小城乡生活收入差距。归纳日本缩小城乡生活收入差距的经验，主要有几个方面。

1. 从制度层面上消除城乡界限

首先，日本在户籍制度上消除了城乡区别，人口流动完全自由。在社会福利、公益事业上没有城乡差别。第二次世界大战以后，随着经济高速增长，日本及时消化了农业转移劳动力，并使他们迅速地实现了市民化。其次，加大对乡村社会化服务体系建设，不断完善城乡统筹的养老、医疗、教育制度，城市和乡村在居民权利、社会保障、公共服务完全一样，在制度层面上消除了"城市"和"乡下"的差别。最后，实行较为完善的农地和村宅流转体制，并支持城市居民下乡居住、投资。日本的城乡公共服务基本趋同，城乡人口双向流动，城乡界限逐渐淡化。

2. 日本"农协"有效地维护农民权益

在城乡融合发展过程中，日本农协做到了保护农民利益、维护农业发展、助推乡村产业现代化。由农民建立、参与的日本农协，最了解农业发展面临的难

题、最清楚农民的需要、最知道乡村与农民需要什么样的帮助。

日本农协根据《农业协同组合法》，发展乡村产业，维护农业农民地位，推进农业现代化。日本农协积极推动农产品与城市消费市场对接，组织协调农产品的生产、加工和销售，确保农民的市场利益，维护农民的经济权益。日本农协还在乡村生活和金融领域，为农业生产和农民生活提供金融资金支持，并且及时促进政府准确调整农业政策，帮助并替代政府承担乡村众多公共服务的功能。

3. 大力提高乡村经济效益与农民收入水平

日本政府的积极引导、大量投入，对日本的乡村经济、农民收入的不断增长也有重大贡献。为完善乡村经济结构和提高农民收入，日本政府采取多种措施，缩小城乡之间的差距，将工业过度密集的城区确定为"转出地区"，将工业集聚程度较低的地区确定为"诱导地区"，通过政策引导、政府补贴和金融支持，推动制造业向乡村转移，为农业转移劳动力就业提供了空间，也为农民增加收入创造了机会，使乡村农民兼业成为习惯，兼业收入逐渐成为农户重要的收入来源。

同时，日本政府给农业、乡村提供了大量的财政支持。20世纪70年代，日本财政收入中，来自农业的仅占1%左右，对农业投入却占财政支出的10%以上。在20世纪90年代，日本财政对农业的资金援助年增长率稳定在13.4%左右。日本政府对农村的税收返还比例从1955年的12%上升至2000年的25%①。

4. 不断加强乡村的社会化服务体系

第二次世界大战以后，日本不断加大乡村社会化服务体系建设，对乡村地区的公共教育、社会保障、基础设施等领域的建设投入持续增量。尤其是城乡养老、城乡医保制度一体化，有效缩小了城乡生活水平差距。

20世纪60年代，日本全面落实《国民健康保险法》，实现全民医疗。同时，实施日本《国民年金法》，使乡村从事人员全体加入国民养老保险，建成统一的城乡养老保险体系。70年代，日本又设立农业人口养老金制度，规定农民年金计划基金2/3以上由政府补贴，消除了城乡养老保障水平差距。在持续增加城乡公共教育投入的同时，重视乡村职业技术教育。通过政府和私营企业的共同参与，形成多层次培育乡村职业技术教育体系，满足农业转移人口进入企业就业的需要。

5. "均富"思维助推城乡差距缩小

日本既是发达国家又是贫富差距较小国家，可以与北欧国家媲美。这与"均

---

① 徐宁. 日本城镇化对城乡收入差距影响的实证研究以及对中国的启示 [D]. 兰州：兰州财经大学，2022.

富"文化观点在日本社会占主流思维有一定关系。日本最富裕的社会阶层（占人口 10%）收入，仅是最贫困社会阶层（占人口 10%）收入的 5 倍，而美国、英国等一些发达国家却为 10 倍左右。

日本统计年鉴显示，2015 年日本家庭年收入中位数是 450 万日元，高于 1 000 万日元的家庭占不到 11%，而年收入低于 200 万日元家庭也只占 10% 多点；最高 10% 和最低 10% 收入家庭的收入差距只有 5 倍左右，最高 20% 和最低 20% 收入家庭的收入差距只有 3 倍左右。日本的富裕阶层和贫困阶层的人数都不多，大多数家庭属于中产阶层。日本能够形成贫富差距较小的社会构成，与日本佛教文化中的注重众僧平等、信徒平等有关。日本人推崇社会贡献理念，日本企业效益好时，会将一些利润返还社会，投资公共事业，让社会共享财富。这种"均富""同富"观念，推动着日本贫富差距、城乡差距逐渐缩小①。

① 首都社会经济发展研究所和日本经营管理教育协会联合课题组，课题负责人王鸿春，［日］坂本晃.［日］执笔人张晓冰，［日］水野隆张，［日］有元舜治，吴玲玲. 日本缩小城乡差距政策之考察［N］. 北京日报，2011 - 10 - 17.

第九章　推动农业转移人口市民化

人口融合是城乡融合的核心内容。通过农业转移人口市民化，推进城乡人力要素融合。努力把农业转移人口"市民化质量提升"和"高质量发展"主题有机结合起来。深化户籍制度改革，健全城乡人口合理流动体制，实施乡村人口市民化机制，鼓励乡村居民落户城镇工作生活。

第一节　建立健全农业转移人口市民化
体制机制的客观因素

改革开放以来，农村经济体制改革，释放了农业生产力。农业科技不断进步，提升了农业创造力。以小农户为主的农业经营体制，已经无法满足现代农业生产力不断发展进步的要求，农业经营主体由小农户为主逐步转变为以适度规模经营户为主，这是现代农业发展的大趋势。一大批小农户从传统农业解放出来，进入城镇工作生活，走城乡融合发展之路，就显得建立健全农业转移人口市民化体制机制十分必要。

一、建立适度规模农业经营，推动着农业转移人口市民化

党的十九大报告提出，发展多种形式的适度规模经营，培育新型农业经营主体①。目前，中国农业经营体制处于由个体小农户经营为主向适度规模经营为主的转化阶段，一些小农户退出农业经营是不可避免的，是发展适度规模经营农业的客观历程。

土地资源是农业经济发展的物质基础，也是小农户生存的物质资源，同时也是规模经营户发展的物质载体。培育新型农业经营主体，发展适度规模经营，就

---

① 刘进军，韩建民．明确乡村功能定位科学实施乡村振兴战略［N］．光明日报，2018－06－05．

是推进一定规模的土地集中经营。由于中国农业人口较多、人均耕地数量不足，小农户经营耕地面积十分有限，推进适度规模经营，必然会导致一批小农户退出农业经营活动。

1982 年农村居民家庭人均经营耕地面积 2.30 亩，2002 年降到人均 2 亩。随着人口城市化、农村人口减少，2012 年农村居民人均耕地面积上升至 2.34 亩，2016 年也只有约 3.4 亩。传统小农户经营模式很难满足现代农业生产的要求。对大多数小农户经营者来说，要么加入适度规模经营户的行列，从事现代设施农业经营，要么加入小农户退出农业经营的队伍，进入城市经济领域，走城乡融合发展之路。

二、小农户缺乏经营素质，推动着农业转移人口市民化

小农户文化素质偏低，经营能力不足，难以适应现代农业市场竞争。市场竞争失败的小农户，就面临退出农业经营的问题，因此，十分有必要建立相应的农业转移人口市民化的体制机制。

在全国城乡居民的温饱问题得到解决之后，就开始进入农产品剩余时代，农业市场竞争的压力凸显，对小农户提出更高的要求，不仅要有农业生产能力，还要拥有农产品经营能力。在新时代，发展现代农业和开拓优质农产品，不仅需要大量劳动力投入，更需要科技、资金、经营风险等诸多要素投入。这些都是小农户无法拥有和无力承担的。

小农户面临的市场竞争压力来自各个方面：生产经营成本不断上升；市场经营风险随时可能发生；潜在自然灾害风险无法预知；经营效益的上升空间又不大。经营收益与经营成本、经营风险不成比例的关系，使小农户的农业生产经营活动每年都有可能陷入市场滞销与收入低下的生存困境。

国家统计局发布的《第三次全国农业普查主要数据公报》显示，2016 年末国内有 20 743 万农牧业经营户和 204 个农业经营单位，这就意味着中国拥有近 2.1 亿个拥有农业经营权的大小老板[1]。虽然国内的农业市场空间不小，然而也难以承载 2 亿多个农业经营老板的市场博弈拼杀。伤亡惨重的结果，几乎是不可避免的，一批小农户就有可能成为市场经营的失败者，就有可能陷入生活贫困。更何况，农业市场越来越开放，大量国外农产品纷纷涌入，小农户还要直接面临

---

[1]　国家统计局. 第三次全国农业普查主要数据公报（第一号）［EB/OL］. 国家统计局，2017 – 12 – 14.

着与国外大农场主的竞争。

大多数小农户并不具备农业市场经营者的素质和能力。2 亿多小农户，实际上就有 2 亿多个农牧业个体经营老板，但是大多数个体农民并不能胜任老板的职责。2016 年，如表 9 – 1 所示，全国农业生产经营人员共有 31 422 万，受教育程度普遍低下，未上过学的占 6.4%，小学文化程度的占 37%，初中文化程度的占 48.3%，高中或中专文化程度的只占 7.1%，大专文化程度及以上的仅为 1.2%。在西部地区的农牧业生产经营人员中，未上过学和只上过小学的分别占到 8.7%、44.7%。与西部地区的少数民族较多，受教育程度偏低有直接关系①。

表 9 – 1　　　　　　　　2016 年农业生产经营人员受教育程度构成

项目	全国	东部地区	中部地区	西部地区	东北地区
农业生产经营人员总数（万人）	31 422	8 746	9 809	10 734	2 133
未上过学（%）	6.4	5.3	5.7	8.7	1.9
小学（%）	37.0	32.5	32.7	44.7	36.1
初中（%）	48.3	52.5	52.6	40	55.0
高中或中专（%）	7.1	8.5	7.9	5.4	5.6
大专及以上（%）	1.2	1.2	1.1	1.2	1.4

资料来源：2017 年 12 月国家统计局发布的"第三次全国农业普查主要数据公报"。

由于受教育程度偏低，在掌握农牧业新技术、经营决策能力、对农产品市场反应灵敏度上，大多数小农户难以当好掌控经营的小老板。结果就是，在从事农牧业经营的个体农牧民中，出现数量规模不小的贫困户老板。因此，退出农业经营，转换职业身份，在城镇第二、第三产业专职打工，由农业经营者转变为城市务工人员，走上城乡融合发展之路，这是众多小农户的必然选择。这也要求健全相应的农业转移人口市民化的体制机制。

三、小农户的职业已在悄然转变，推动着农业转移人口市民化

在农业经营收入难以完全支撑生产、生活所需的情况下，大多数小农户已经踏上转移就业创收的征途，有意无意中转变着自己的职业身份，进入城市打工创业。关键是要及时建立相应的体制机制，为他们完全融入城市生活保驾护航。

判断小农户是否是真正意义上的"小农户"，应该从其主要从事的职业活动和其的主要收入来源入手。小农户劳动力进城务工，其职业地位就转换为"农民

---

①　雷兴长，徐烨. 西北民族地区乡村振兴的途径与选择 [J]. 社科纵横，2019，34（1）：28 – 33.

工"这一特殊身份。"农民工"实际上是小农户似农非农的跨界职业。"农民工"一词的权威解释是专指年内在本乡镇以外从业 6 个月以上的外出农民工和在本乡镇内从事非农产业 6 个月以上的本地农民工①。

2010 年，全国拥有农民工 24 223 万人，其中，外出农民工 15 335 万人，本地农民工 8 888 万人。2019 年，全国有农民工 29 077 万人，其中，外出农民工 17 425 万人，本地农民工 11 652 万人（见表 9 - 2）。改革开放 40 多年来，外出务工的农民人数越来越多，有增无减，全国农民工人数已经达到近 3 亿人，可见小农户转移就业的队伍日益壮大，小农户的职业已在悄然转变。

表 9 - 2　　　　　2010 年、2015 年和 2019 年全国农民工人数增长变化　　　　单位: 万人

项目	2010 年	2015 年	2019 年
全国农民工人数	24 223	27 747	29 077
其中: 外出农民工	15 335	16 884	17 425
本地农民工	8 888	10 863	11 652

资料来源: 国家统计局有关年份"国民经济和社会发展统计公报"。

从国家统计局公布的数据看，小农户收入构成也在悄然变化，由以农业经营收入为主转变为以工资收入为主。如表 9 - 3 所示，1985 年全国农村居民人均收入 397.6 元，其中，工资性收入 72.2 元，占比为 18.16%；经营性收入 296.0 元，占比为 74.44%。2005 年全国农村居民人均收入 3 370.2 元，其中，工资性收入 1 174.5 元，占比为 34.85%；经营性收入 1 844.5 元，占比为 54.73%。2019 年全国农村居民人均收入 160 210 元，其中，工资性收入 6 583.0 元，占比为 40.09%；经营性收入 5 762.0 元，占比为 35.96%。从 2015 年开始，在农村居民人均可支配收入构成中，工资性收入超过经营收入，成为农民收入的主要来源。生活收入来源，决定居民从事职业的社会身份。这就意味着，从收入构成上，全国大多数"小农户"已经不再是传统的小农户，已经融入第二、第三产业，走上了城乡融合发展之路。

表 9 - 3　　　　　1985 ~ 2019 年全国农村居民人均可支配收入构成变化　　　　单位: 元

年份	全国农村居民家庭人均收入	农村居民人均工资性收入	农村居民人均经营性收入	农村居民人均财产性收入	农村居民人均转移性收入
1985	397.6	72.2	296.0	—	29.4

---

① 国家统计局 . 中华人民共和国 2019 年国民经济和社会发展统计公报 [EB/OL]. 国家统计局, 2020 - 02 - 28.

续表

年份	全国农村居民家庭人均收入	农村居民人均工资性收入	农村居民人均经营性收入	农村居民人均财产性收入	农村居民人均转移性收入
1990	686.3	138.8	518.6	—	29.0
2000	2 282.1	702.3	1 427.3	45.0	78.8
2005	3 370.2	1174.5	1 844.5	88.5	147.4
2010	6 272.4	2 431.1	2 832.8	202.3	452.9
2015	11 422.0	4 600.0	4 504.0	252.0	2 066.0
2018	14 617.0	5 996.0	5 358.0	342.0	2 920.0
2019	16 021.0	6 583.0	5 762.0	377.0	3 298.0

资料来源：国家统计局年度统计数据。

第二节　建立农业转移人口市民化的支持政策体系

从转移人口市民化过渡、转移就业创业、农民工工资收入、转移人口城镇居住、进城市民化质量等方面，建立健全农业转移人口市民化的强有力支持政策体系，积极推进各省区市的市民化进程。

一、保护农业转移人口权益的支持政策

制定保护农业转移人口承包地流转权益和宅基地房屋财产的支持政策。目前，农业转移人口市民化进程缓慢，与农民的市民化意愿不强有直接关系。农民市民化积极性不高的主要因素是担心市民化之后，承包地权益受损和宅基地房屋财产丢失。因此，国家应该明确农民市民化后在农村的各种权益仍然受到保护，不受损害、不会丢失的政策。

首先，尽快完成承包地确权和宅基地房屋财产的登记颁证，明确市民化后的各种农村权益仍然保留的国家政策。农村承包地登记证是农民依法流转耕地的法律依据。做好农村承包地确权登记，加快完成承包地颁证工作，是县乡村三级政府的重要使命。有关部门要建立农户承包地的文件档案、电子存档，每家农户要有承包地确权登记证，在法律上保证农民市民化后，仍然拥有承包地的各种权益。

其次，要充分保护农民市民化后的承包地流转权益。不论是土地经营权入股

合作社从事农业产业化经营，还是把土地流转给规模经营户，或者是转让给城市工商资本下乡发展的农业经营机构，农民市民化后的土地流转权益永远是自己的，不会因进城市民化丢失土地流转权益。

二、制定市民化的过渡支持政策

对大多数农业转移人口来说，由从事耕种土地的农民转换成从事第二、第三产业的市民，这种跨界转移都会有一个较长的过渡期，需要更多的国家政策护送，才能顺利走完这一路程，完成身份、工作、生活的转换。

从实际情况来看，由农村居民转变为城镇居民一般都会有一个过渡期，即农民—农民工—市民的过程，农民工的身份就是过渡期的职业身份。在第一代农民工中，有许多人并没有完成这一过渡，又由农民工转回乡村继续当农民。从城镇化发展趋势看，需要通过国家政策扶持，帮助大多数农民工走完从"农民—农民工—市民"这一过渡路程，尽量减少或避免第二代、第三代农民工回村当农民。

国家统计局的统计公报显示，2019 年末，全国大陆总人口 140 005 万人，其中城镇常住人口 84 843 万人，占总人口比重（常住人口城镇化率）为 60.60%，但是，户籍人口城镇化率只有 44.38%（意味着还有农村户籍人口 7.78 亿)[①]。城镇常住人口与城镇户籍人口之间存在的 16.22 个百分点的差数（大约 2.26 亿人），实际上就是长期在城镇生活工作，却没有城镇居民身份的人口数量。这说明，当前的城镇化体制机制与政策，并不能满足市民化发展的需要。

能否完成由乡村居民向城镇居民的身份转换，取决于在农民工过渡期国家支持政策的力度，以及政策能不能到位。过渡期的支持政策要有力度，要及时到位，尤其是对大多数农民工要有诱惑力，吸引他们融入城镇工作与生活，完成身份转换。有关部门可以考虑仿照国有企业曾经买断职工身份，推动下岗职工进入市场谋生的路径和经验，促进转移人口的城市化进程。

三、制定农民工工资收入的支持政策

农业转移人口能不能通过农民工过渡为城市市民，主要取决于农民工的工资收入是否能够满足城镇生活的需要。如果工资收入无法维持城镇生活的基本需

---

① 国家统计局. 中华人民共和国 2019 年国民经济和社会发展统计公报［EB/OL］. 国家统计局，2020 – 02 – 28.

要，农民工只能在城乡之间流动，人口城镇化和社会现代化的进程必然会受影响，同时还会加大农民工的生活成本。因此，制定农民工工资收入政策，必须与农民转化为市民的经济收入要求进行统筹考虑。

制定农民工的工资收入标准，一般要考虑三个因素：一是企业的经济实力，行业工资水平；二是职工的劳动贡献，以及创造的经济效益；三是职工维持城市生活的基本需求，以及地域的消费水准。尤其第三条是政府和企业容易忽视的，但是对职工（农民工）又是最重要的，这是关系到他们能否在当地城镇生存生活的大问题。

制定农民工工资收入的支持政策，把处于弱势群体的农民工经济收入和生活需要作为主要依据。在企业无法满足农民工城镇生活所需要的工资收入情况下，政府部门应该站的更高一些、看得更远一些，通过国民收入再分配等方式，向在城市生活困难的农民工家庭及其子女，提供一定数量的经济收入补助，使已经退出农业经营的农民工能够继续在城镇生活下去，帮助他们完成由传统农民向现代市民的身份转换。

四、制定转移人口城镇居住的支持政策

居住问题是融入城镇生活的首要问题。农业转移人口进入城镇生活，必须解决长期居住问题，否则永远是常年流动的农民工，无法转换成真正的城市居民。目前，城市的住宅价格居高不下，农民工的工资收入水平又偏低，没有城市房产的购买能力。因此，国家应该出台指导性意见，要求各地城市政府制定有关农业转移人口的城镇居住支持政策。

农业转移人口城镇廉租房体制机制，应该具有以下特点：一是在省市县三级城市和产业人口聚集的小城镇，普遍建设"农业转移人口城镇廉租房"；二是有地方政府投资建设与管理、分配"农业转移人口城镇廉租房"，包括提供物业服务；三是专门满足农业转移人口长期在城镇居住生活需求，不允许转让或进入交易市场；四是农业转移人口城镇廉租房的租金，不能突破投资建设费用的贷款利息，也不能超过城市居民廉租房的租金（政府财政可以给予适当补贴）；五是"农业转移人口城镇廉租房"的建设数量，应该占到当年当地新住宅建设面积的20%左右。

总之，通过"农业转移人口城镇廉租房"的建设与使用体制机制，全力满足乡村人口入城居住生活需求，尽快提升农业转移人口进城生活质量，加快推进和提高全国城镇化进程与水平。

五、制定提高小农户进城市民化质量的支持政策

把提升转移人口市民化的质量，作为吸引小农户入城就业生活，推动城乡融合发展的主要政策内容。实现城市公共服务全覆盖，保障常住人口尤其是农民工在城市的发展、生活质量。

实行城镇公共服务全面覆盖常住人口政策，支持农业转移人口享受市民待遇。提高城镇居住证的含金量，推动未落户常住人口享有与户籍人口同等的城镇基本公共服务，吸引他们进入城市就业生活。建设便捷高效的公共服务平台，做好城乡、城镇之间的养老保险、医疗保险、社会保险关系转移接续，方便农业转移人口进城工作生活，并保证小农户子女在流入地享有普惠性义务教育。

实行小农户转移人口城市就业支持政策。坚持对小农户转移人口的职业技能培训政策，尤其是要实施对新生代农民工提升职业技能政策。通过政府财政补贴，支持各类企业尤其是吸纳农民工较多企业，开展岗前培训、新型学徒制培训和岗位技能提升培训，以巩固和强化小农户转移人口在城市生存发展的能力。

同时，允许转移进城的小农户，在城乡居住生活的自由往来，拥有城乡两地生活的自由选择权。

第十章　实行乡村发展要素的开放体制

城乡融合在于实现城市现代要素和乡村传统要素的有机融合。只有建立乡村要素的开放体制，才有可能推动城市现代要素下乡，推进城乡融合发展，带动农业农村现代化，实现城乡高质量发展目标。因此，建立乡村发展的开放体制，是实现城乡融合发展的前提条件。目前，城乡发展不平衡，一些乡村发展滞后，与乡村体制不够开放有直接关系。

第一节　建立城市高素质专业人才入乡
创业的激励机制

建立城乡人力资源双向流动体制，通过社会保障、工资收入、职称评定等激励政策，鼓励各类专业人才入乡创业，推进农业农村现代化发展。通过人才融合，推进城乡融合，积极改变人才由农村向城市单向流动的局面。通过构建人才入乡创业激励机制，解决乡村人才短缺问题，找到城乡人才双向流动的途径。

一、健全鼓励大学毕业生、外出经商人员回乡创业机制

根据城乡融合和乡村振兴的需要，吸引城市白领下乡创业、优秀农民工返乡创业，还有大学毕业生、科技人员和留学人员入乡创业，在乡村聚集专业人才资源，催生第一、第二、第三产业融合的新产业、新业态、新模式，为乡村产业多元化注入新动能、新活力。因此，要构建鼓励专业人才、有志人士下乡、回乡的创业机制，推进第一、第二、第三产业要素跨界配置，提升乡村创业层次，丰富乡村经济业态。

一是国家政策要大力扶持。各级政府要明确入乡返乡创业人员可以享受地方创业扶持政策，对入乡返乡创业人员要税费减免、场地安排，并给予创业补贴；在金融贷款、担保贷款、贴息贷款等方面给予资金政策支持，积极扶持入乡返乡

人员大胆创业。如果全面落实国家一系列支持入乡返乡创业政策，就会形成科技人员下乡创业、企业家入乡创业、大学生"创客"留乡创业、农民工返乡创业、乡村能人在乡创业的乡村产业创新发展的新格局，出现要素聚乡、产业下乡、人才入乡和能人留乡的城乡良性互动的新局面。

二是建立下乡返乡的创业平台体系。推动市县乡三级政府建立返乡下乡人员创业平台，鼓励有实力、有条件的现代农业企业、中央企业、各类高校、科研机构等合作创建乡村现代农业园区、现代产业园区、各种科技园区，构建创业平台体系，聚集创业人才，催生创业机会。要在市县乡引入"众创空间—孵化器—加速器—产业园"现代创新创业体系，积极把创业要素"平台""技术""人才""资本"等创新资源引导入乡村。

三是建立"二次创业"的体制机制。要鼓励拥有科技技能、从业经验的退休人员下乡进行"二次创业"。支持有管理和技术特长的专家、教授等有创业意愿人员，退休后下乡进行二次创业。积极扶持退休、离职人才进行"二次创业"，允许他们根据自身特长和家乡特色，向政府提出创业规划和申请，经科学评审后由财政支农和乡村振兴的资金给予启动支持。

二、建立鼓励高校毕业生到乡村任职的体制机制

推进大学生村官与选调生工作之间的衔接，加大高等院校农业专业学科建设培养力量，实行乡村定向公费培养大学生返乡创业政策，鼓励引导高校毕业生到乡村任职、深入基层、发挥才能，统筹实施"三支一扶"计划等基层服务项目。

一是实施乡村干部国家培养规划。在高等院校设置乡村学院、乡村学科专业，实施理论结合实践的课程设置，在强化乡村管理理论学习基础上，突出乡村实践操作培养。并把高等院校的乡村干部培养纳入国家公务员培养规划，构建乡村干部培养体系。

二是实施乡村人才培育工程。市县两级政府依托涉农高校进行订单式培养农村各类专业人才。推动职称评定、工资待遇等政策向乡村基层一线倾斜，培养更多懂技术、善经营、会管理的高素质乡村专业人才。

三是健全乡村专业技术人才评价机制。要善于发现、掌握乡村专业人员的特长，建立乡村专业人才的评价体系，推行乡村专业职称的定向评价、定向使用、定向聘任。同时，把在乡村服务、挂职、轮岗交流，作为市县城市专业职级待遇、职称评定的重要条件。

三、建立鼓励岗编分离的城乡专业人才交流机制

在教科文卫体等行业领域，实行岗编分离，鼓励城市专业人才下乡，充实乡村专业人才队伍。长期以来，县乡基层专业机构无法吸引人、留不住人，导致基层岗位空缺，城市岗位却爆满。建立岗编一体向岗编分离转变的体制机制，充分发挥现有机构编制作用，管好用好编制资源，推动专业技术人才向县乡基层流动。

一是强化基层岗位的设置与流动。通过将岗编适度分离，把治理重心向基层下移，把人才编制放在上级部门或城市单位，而把岗位沉到一线，平衡上级机关（或城市单位）和基层的待遇，推动基层岗位人才流动，加大高素质人才到基层工作的意愿，实现人才下沉到基层、服务于基层。加大省城单位和县乡机构的岗位、人才的定期流动、定期交换的力度，切实解决基层一线特别是民族地区、边远山区人才短缺问题。

二是支持市县区的事业编制在城乡之间统筹调剂使用。在教育、卫生、农技等基层事业单位，实行岗编适度分离，进行"市县乡一体、乡村一体"管理。对新聘事业人员实行"市管镇用"或"县管乡用""县管校聘"。在基层工作期间，享受城市基层单位相同的工资福利待遇。对市镇、县乡工作人员实行定期交流、自主流动。推动工资待遇等向乡村教师、医生倾斜，优化乡村教师、医生人才队伍结构。引导规划、建筑、园林等设计人员入乡发展。

三是鼓励名校、三甲医院落户乡镇基层。建立名校、三甲医院落户乡镇的体制机制，推动名师、名医下乡从业，提高乡村医疗教育水平。鼓励名校、三甲医院在乡镇投资建设分校、分院，或直接托管乡镇学校、医院，带动城市教师、医生直接或定期下乡服务。这样，可以充分利用城市的优质人才资源，又可以充分利用乡镇的土地生态资源，形成城乡服务业融合发展。

四、建立农村专业经济组织吸引高层次专业人才的体制机制

农村专业经济组织作为农业农村现代产业组织，需要专业的科技人员和管理人员，来支撑业务与经营的现代化运行。因此，十分有必要建立吸引高素质专业人才的乡村体制机制。

一是推进"村社合一"的运行模式。"村社合一"模式是探索乡村治理与合作经济运行的新型融合发展手段，配合政府配备的村官和第一书记进行改革。"村社合一"模式应该是村集体经济起步、发展壮大的有效组织途径。探索面向

社会公开招聘，以全村的资源和"村社合一"平台招聘经理人，自负盈亏，类似企业招聘高层经理人员。由此，引进专业化高层人才，实施农业农村现代化管理。

二是通过创新乡村经济组织，容纳特殊专业人才。在创新农村经济组织经营发展模式上，深圳的岭南村处于前沿。岭南村通过收购专业投资公司，成立了深圳社区股份公司创投基金。基金公司由集体股份公司、部分村民和投资团队合股设立，主要职责是投资本社区内的科技型创业企业。通过创设"特殊股""募集股"的方式，引进人才，为集体增加资产。

三是吸引高素质专业人才融入乡村发展。搭建城乡人才服务基层平台，打造"互联网＋医疗健康＋专业人才""互联网＋教育＋专业人才""互联网＋农牧业＋专业人才"等信息化城乡人才融合平台，围绕本地区重点领域、重点行业、特色产业发展需要，设立"候鸟型"人才工作站，为各类专业人才到基层创新创业和开展服务提供平台。

第二节　推进有利于城乡融合发展的农村承包地制度改革

从促进城乡融合发展的角度，探讨农村承包地制度更加开放体制，探索加快土地资源流动和提升土地利用效率的开放机制，促进城市资本下乡，推动农业规模化、产业化经营。农村土地承包制度完善的基本途径就是探索所有权和使用权分离，强化承包地使用权的具体权限和实现方式。

一、健全有利于农村土地长久承包的法律制度

从畅通乡村要素流动的角度，把保持土地承包关系长期稳定不变，作为充分保障农民土地承包权益和完善农村土地承包经营制度的主要方式。适应农业生产力的发展要求，保护农民的土地权益，推进城乡融合发展，应是完善土地承包法律制度的基本出发点①。

一是建立承包地"三权"分置的法规体系。推动土地的承包权和经营权分离，形成所有权、承包权、经营权"三权"分置，加大以耕地要素为核心的经营权流转力度，是健全承包地"三权"分置法规体系的主要内容。在"三权"

---

① 宋洪远. 深化农村改革赋予农民更加充分的财产权益［J］. 农村经营管理，2023（3）：16－18.

分置制度下，通过法律细则明确"所有权""承包权""经营权"各自法律权限，充分保障所有者、承包人、经营人的法律地位，重点是依法推进土地经营权的合理流转，提升土地利用经济效益。

二是建立土地承包关系长久不变的法律制度。通过完善土地法律内容，确保土地承包关系长期稳定不变，明确第二轮土地承包到期后再延长30年。通过土地承包关系长久的法规，确保经营权流转拥有足够的时间和空间，以此推动土地要素流动和确保土地承租人的土地经营权益。

三是维护承包地确权登记的法律权威。以承包地确权证书为法律依据，确保土地承包证书在承包期有效不变，证书记载的承包期限统一变更。对个别调整承包地的，在证书上要有一定说明。同时，对承包地调整行为，要从严控制，尽量避免或减少。

四是建立严格保护农民承包地权益的制度。对于要进城落户的农民，要确保其土地承包权；要引导在城镇落户的农民，依法自愿有偿转让或流转承包地经营权；村集体不能剥夺进城落户农民的承包土地权益。

二、健全有利于放活土地经营权的体制机制

以土地承包经营权为法律依据，放活土地经营权，推进耕地要素流动。实行土地承包权与土地经营权分离，健全有利于放活土地经营权的体制机制，既搞活了农业生产经营，又让承包土地的农民有了更多更好的择业选择权。放活土地经营权的重点是：不仅对农民开放土地经营权，而且对市民也开放土地经营权；不仅对农业企业开放土地经营权，而且对工商企业也开放土地经营权。

一是建立承包地经营权流转平台。实行土地的承包权与经营权分离，就是为了促进承包地的经营权流转，推进农业经营规模化，把大多数农民从土地经营中解放出来。因此，形成承包地流转市场，建立经营权流转平台，是实现农民土地流转权益的基本条件。建立县乡村三级承包地流转信息平台，确保土地流转公开、公平、规范，以此维护农民土地权益。在健全土地流转市场的基础上，鼓励农户通过公开市场流转。

二是允许承包地经营权的抵押贷款。土地流转就是要推进土地要素的市场化，使农民拥有更多的土地利用权益。土地经营权抵押登记要以承包地确权登记与经营权合同符合为基础，要明确土地经营权归属和权能。在放活经营权前提之下，使抵押权利与经营权分离，实现投资人与抵押人的权益。同时，创新经营权抵押的方式，最大限度地保护土地承包户和抵押权人的利益。

三是乡村基层组织要发挥土地流转的组织协调作用。对于长期搁置荒废的承包地，乡村基层政府要发挥组织协调作用，尽最大可能使闲置的承包地，进入土地流转程序，确保耕地上的农业生产活动正常化。积极协调土地承包户与有意愿租用土地的对接，或把荒废的承包地纳入农业合作的经营范围等。

四是尊重承包地农民的土地经营自主权。实行土地的承包权与经营权分离，让农民拥有了是否经营承包地的选择权。但是，选择权是农民自己的，乡村基层政府要尊重农民的意愿，不能强迫命令农民流转承包地的经营权。任何组织无权以任何方式强制农民流转承包地。

三、健全有利于规模经营的土地流转体制机制

规模经营是农业现代化的重要标志之一。实现农业现代化，取决于能否实现一定程度的农业规模化经营。把土地经营权从土地承包权中分离出来，实现承包地经营权流转，就是为了推动土地规模化经营。完善承包地"三权"分置，健全有利于规模经营的土地流转体制机制，是深化土地制度改革的目标。

一是优先支持实现规模经营的土地流转。通过土地流转，有效改善土地资源配置效率，为农业规模化、集约化、高效化经营提供空间与机会。缺少规模经营是传统农业经营模式的最大缺陷。因此，从现代农业发展战略的角度，通过金融政策、补贴政策，大力支持实现规模经营的土地流转，并积极为规模经营的土地流转牵线搭桥。

二是支持工商企业下乡经营农业的土地流转。工商企业投资农业，通过流转农民承包地，从事规模化经营，提高了农业现代化水平。对有实力、有信誉的工商企业下乡发展，应该提供便利条件，积极满足其流转土地的需求。但是，从稳定土地流转双方关系角度，应该提倡土地流转费用一次性支付（以 10 年为一个周期，一次性支付）。

三是鼓励农业转移人口承包地向规模经营户流转。规模经营是农业发展的大趋势，也是土地流转的大方向。农业转移人口已经进入第二、第三产业，应鼓励他们将承包地向规模经营户流转。为了减少土地流转波折，降低二次流转或多次流转造成的农业损耗，乡村基层政府应该主动协调，促进进城落户的农业转移人口承包地向规模经营大户流转集中，并在流转费用上给予一定保证。

四是适当限制向非规模经营户的土地流转。限制向非规模经营户的土地流转，这是世界各国普遍的做法，符合现代农业规模化经营的发展规律。日本和法国都有土地流转经营的底线。因此，应该出台相关制度，不支持或禁止向缺少经

营实力、可能退出农业经营的老年农户、没有规模经营规划的农户进行土地流转。

四、健全土地经营权入股农业产业化经营机构的体制机制

在市场经济体制下，产业化经营是农业现代化经营的重要形态。通过社会资本（包含工商资本）介入，或吸收农民承包地经营权入股，建立股份制现代农业企业或农业经营合作社，形成现代产业组织机构，连接城市消费市场，建立现代农业产业链生产经营模式。在农村产业化经营市场不成熟的条件下，要建立健全土地经营权入股农业产业化经营机构的体制机制，充分保护弱小农户的合法利益。

一是鼓励入股流转农业企业与转移就业结合起来。承包地的土地经营权采取入股方式流转，必须考虑入股企业的性质是股份制公司。以承包地的土地经营权入股，农民只能是一个小股东。只有把入股流转与转移就业捆绑起来，既是公司股东又是公司员工，既有股东红利又挣一份工资，才能实现入股流转效益最大化。否则，入股流转就不如出租流转，因为入股流转效益是不稳定的。

二是鼓励对经营成熟的农业股份合作社进行入股流转。承包地入股农业股份合作社，必须确保农民一年四季的收入，这是入股农业股份合作社的前提条件。入股流转必须选择有市场经营能力、有最低保障承诺的农业股份合作社，不能盲目盲从，更不能一拥而上。可以参照日本农业组合模式，最好建立由政府出面组建、市场化运作、企业模式管理的农业协作合作社，承担农业经营风险，确保入股农户收益。

三是要建立土地经营权的价值价格评估机制。鼓励县乡两级农业部门探索建立土地经营权价值评估办法，根据土地收益、市场价格、生产成本等要素评判土地经营权价值，有效指导和规范土地经营权流转。形成土地经营权流转市场机制，规范流转市场行为，既要依法保护农民承包地流转收益，又要维护土地租用方合理经济利益。

四是要健全土地经营权入股和退股的体制机制。鼓励农民以出租、入股等方式流转农地经营权，并获得股份持有。县乡两级政府要履行好承包地入股或退股的管理职能，建立土地经营权入股的注册登记制度和退股机制。通过地方政府或人大制定土地经营权入股注册登记及退股管理办法及法规，既要放活又要严管，使承包地股权能进能退。保障农民在入股企业的各种权益，参与企业决策活动①。

---

① 王红艳. 对农村土地经营权流转与农业规模经营发展的思考［J］. 中国科技投资，2013（8）：197.

五、健全农村闲置承包地的处理、管理、利用、流转体制机制

由于农业经营成本高、经营收益低，外出务工人员多，在西部地区农村，每年都会有一定数量的闲置承包地。有必要健全农村闲置承包地的处理、管理、利用、流转体制机制，提高闲置承包地利用率。

一是允许承包地闲置一定时间。在土地资源丰富和耕地贫瘠的农村，允许外出务工农民的承包地闲置1~2年的时间，实行土地轮休制。对相对贫瘠的山地或频繁耕种的耕地，实行一定时间的轮耕制，有利土地的休养生息，恢复地力及农业生产的可持续。这也是各国农业普遍的做法，尤其是在农产品市场饱和与农产品价值偏低的情况下，承包地闲置一段时间是合理的，没有必要大惊小怪。

二是积极组织闲置承包地流转。乡村两级基层组织应该建立承包地利用信息平台，掌握耕地资源利用情况。对多年长期闲置的承包地，建立土地承包地经营权依法自愿有偿转让机制。首先要取得与承包人的联系，争取进城落户的承包农户认可，按照自愿有偿原则，鼓励其流转承包地经营权。一般情况下，不采取在本集体经济组织内转让土地承包权或将承包地退还集体经济组织的做法，以维护承包地合同的长久法律地位。

三是实行长期闲置承包地的代管制度。对闲置荒废多年的承包地，又无法取得与承包户的联系认可，乡村基层组织可以采取代管的方式，把闲置承包地流转给周围的规模经营户或农业合作社，确保耕地资源的有效利用。并保留其承包地流转费用，等与承包户取得联系后，再将流转费用转交。但是，每亩地的流转费不宜定价过高，必须在承接户可以接受的范围内，以确保双方的权益。

总之，建立对闲置荒废承包地的处置体制机制，要充分考虑和维护农民的利益，要按照土地承包法，合情、合理、合法地处理闲置荒废承包地问题，争取达到承包农户和农业生产双赢目标。尤其是对服兵役、服刑人员、举家迁入城镇、外出求学、婚嫁外村等承包户闲置荒废的承包地，不能采取简单的收回承包权的方式处理。

第三节　推动城乡流动的农村宅基地制度改革

宅基地房产是乡村居民的主要财产，也是介入城乡融合发展的主要资本，应该提升其利用价值。相对于承包地制度，宅基地"三权分置"的产权制度的改

革空间更大一些。在完成房地一体的确权登记颁证的基础上，实行宅基地所有权、资格权、使用权"三权分置"，落实宅基地集体所有权，保障宅基地农户资格权和农民房屋财产权，适度放活宅基地和农民房屋使用权，探索城乡之间农民房屋财产权流动、交易的体制机制①。

一、积极探索宅基地"三权分置"的产权制度改革

大胆推进农村宅基地所有权、资格权、使用权"三权分置"的产权制度改革，努力提升农民的财产收益。宅基地的"三权分置"的改革方向已经基本明确，即落实宅基地集体所有权，保障宅基地农户资格权和农民房屋财产权，适度放活宅基地和农民房屋使用权②。

在城乡融合发展过程中，"三权分置"是路径和工具，自由流转是目的和归宿。增大宅基地和农民房屋使用权的活性是农村宅基地"三权分置"产权制度改革的主要内容③。通过"三权分置"，分离宅基地使用权所承担的社会保障功能和财产功能，由资格权延续对农民的保障功能，放大使用权的财产功能，允许使用权上市流转，在集体所有制和住有所居的前提下，把农民宅基地创新转化为可流动的城乡要素。

1. 确保农户的宅基地资格权和农民的房屋财产权

保障农民的宅基地资格权，就是保护广大农民的根本利益。

首先，完善宅基地农户资格权的制度。在继续规范实施产权登记和土地登记颁证的基础上，推进农村"房地一体"的不动产登记，将宅基地资格权落实到每个农户，确保资格取得、实现的全过程的科学管理服务。

其次，确保农户拥有法定面积的宅基地。宅基地农户资格权是农民作为集体经济组织成员的基本权利。在取得宅基地资格权之后，农户有权拥有法定面积的宅基地，并允许宅基地资格权人将宅基地使用权和房屋所有权进行流转或自行经营并取得收益。

最后，丰富宅基地农户资格权的转化方式。对放弃宅基地资格权的农户，可将其宅基地统一开发利用，共享土地增值收益。选择进城落户的，可以给予相应

---

① 韩长赋. 中国农村土地制度改革 [J]. 农村工作通讯, 2018 (12): 32 – 35.

② 贺雪峰. 慎重稳妥推进农村宅基地管理制度改革完善 [J]. 中国党政干部论坛, 2014 (6): 18 – 20.

③ 雷兴长. 从城乡融合发展视角探索农村宅基地制度改革 [J]. 社科纵横, 2021, 36 (3): 64 – 68.

的优惠政策。鼓励在城镇稳定就业、不使用宅基地的农民放弃资格权，并给予一定的现金补贴。

2. 盘活农村宅基地使用权

农村宅基地的"三权分置"产权制度改革，重点是盘活农村宅基地使用权，使农民得到财产性的收益，让他们根据自己实际情况去处置他们的宅基地。

首先，适度放活宅基地使用权。引导宅基地使用权在集体内部流转，同时赋予农民集体和本集体成员在同等条件下的优先权。

其次，保持宅基地使用权的稳定性。对于因为历史原因形成的超标准占用的宅基地、非本集体经济组织成员占有使用的宅基地等，可以通过交纳有偿使用费，继续享受使用权，以实现宅基地使用和管理的公平调整。

最后，加快宅基地使用权的立法进程。在经济发达的农村地区和宅基地使用权民间交易盛行区域，加快宅基地立法工作，为农民房屋财产权的抵押、担保、转让提供合法依据。加快农民住房财产确权颁证，为农民房屋财产权提供产权保障[①]，解决农民住房财产权存在现实、政策、法律三者脱节的问题。

3. 建立农民住房产权流动的配套体系

条件成熟的发达地区，在宅基地使用权的基础上，建立农民住房产权流动的配套体系。

一是创新农民住房产权的金融服务。政府有关部门应该鼓励金融机构，创新金融产品和服务，为农民住房财产权的抵押、担保设置符合农民需求和切合融资规则的金融产品，扩大金融服务范围。市县两级财政出资建立增信资金，指定合作银行进行专项农房抵押贷款业务，满足有资金需求的农户进行宅基地房屋抵押获得融资。

二是建立农民住房产权的评估体系。加快乡村评估机构、评估体系建设，鼓励城市评估机构下乡开展农民住房评估业务。对有关农民住房产权的行政事务，积极探索政府财政购买服务的方式，提供公共评估服务。推动农房评估人才教育培训，建立一支农民住房产权专业评估队伍。

三是健全农民住房产权流动的保障机制。推动多层次的城乡社会保障体系建立，加大城乡公共租赁房和廉租房建设力度，提升应对农民住房财产权流动潜在风险的能力。

四是建立乡村住房产权改革风险补偿基金。在东部沿海发达地区或改革试验

① 陈文胜，陆福兴，王文强. 稳妥推进农民住房财产权改革 ［N］. 光明日报，2015 – 05 – 03.

区，建立各级政府的乡村住房产权改革风险补偿基金，对出现农民住房抵押、担保贷款逾期的，给予有关金融机构的一定损失补偿。

五是成立乡村住房产权流动保险机构或保险项目。鼓励农民在住房抵押、担保、转让时投保，一旦发生意外给予一定的赔偿，以减轻农民住房产权流动产生的各种风险①。

二、构建盘活利用闲置宅基地房屋的体制机制

加大闲置乡村农户房屋的政策供给力度，鼓励农村集体经济组织和村民、乡村基层政府，构建盘活利用闲置农户房屋的体制机制。2019 年，全国有 29 077 万农民工外出打工，租用城镇房屋居住，导致农村房屋空闲。现行政策只允许，宅基地农户房屋在村集体成员之间流转，而乡村是"一户一宅"，几乎没有流转的空间。政策供给不足，造成弱势农民群体一方面要在城镇花钱租房，另一方面却是农村房屋闲置。

从充分利用农村房屋资源和保护农民合法权益的角度，大力盘活农户闲置的宅基地房屋，开发农民房屋市场，满足城乡居民生活居住需求。

一是构建城乡房屋租赁市场。加大乡村农户房屋租赁政策供给，搭建乡村房屋租赁信息交易平台，专门为城市居民需求农宅的人群和有闲置农房的农民，寻求建立租赁交易市场。农民可以将闲置农房信息挂到乡村房屋租赁网上，满足城市居民租赁农房需要。

二是对农村闲置房屋进行养老产业开发。在不改变宅基地房屋产权性质的基础上，盘活农村闲置房屋，开发乡村养老产业。鼓励有实力的养老企业，以租赁闲置农宅模式，开发乡村康养、旅游、闲居产业链。乡村基层政府也可以与企业合作，采取农户认可和企业投资的模式，将闲置乡村小院改造成能够满足城里人居住需求的康养小院，吸引城市退休老人和自由职业者入村居住，过乡村康养生活。

三是开发乡村高端民宿产业。开发城乡共享农庄，吸引城市居民，体验乡村文化生活，满足城市人的田园梦。在城市的卫星城郊区和生态环境优质的乡村，鼓励民宿投资人，寻找闲置农房，开发乡村高端民宿。贵州省余庆县红渡村，把农户闲置住房、庭院，打造成乡村精品民宿，服务现代城市居民。

四是把农村闲置的宅基地及农户房屋转化为乡村创业场地。由村集体出面组

---

① 陈文胜，陆福兴，王文强．稳妥推进农民住房财产权改革［N］．光明日报，2015 - 05 - 03.

织协调，在农户自愿的条件下，通过现代化改造升级，将闲置宅基地房屋转化为适应新兴产业、新业态发展需求的工作场所，以租赁价格低廉形式，吸引一些创业企业，入村建立工作室、电商企业、文化公司等，发展非农高端服务产业。

三、建立乡村宅基地和农户房屋的调控机制

由于区域发展不平衡，城乡发展差距较大，尤其是中部、西部地区有些农村生活、生产与农业农村现代化仍有较大距离，这也预示着落后地区乡村未来仍有较大发展变化空间，包括居住环境、居住地和宅基地、人口数量等各个方面。因此，非常有必要建立乡村宅基地和农户房屋的调控机制，以满足农业农村现代化和乡村居民对美好生活的期盼。

一是积极控制存在地质隐患的乡村宅基地房屋建设。农村地域辽阔，地形复杂，尤其是中西部地区的诸多乡村大多分布在山岳沟壑之中，地形地质条件并不适合长期居住生活，一旦遇到各类自然灾害，随时需要大规模搬迁移居。因此，深山乡村居民宅基地变化是一种常态，只能建立地域更广泛的乡村宅基地房屋调控机制。

二是根据城乡发展规划控制乡村宅基地房屋布局。宅基地的土地是集体所有权性质，村集体（基层权力机构）拥有划分、批准、调整宅基地使用的权力。从乡村居民长远利益出发，要根据县乡发展规划、人口数量变化，划分宅基地的面积和布局。根据国家基础建设和乡村建设的新要求，调整农民宅基地的位置与用途。

三是根据人口城镇化发展规律控制乡村宅基地房屋布局。在未来，随着经济社会的现代化，传统乡村不可避免地要走向人口聚集的城镇化发展道路。在符合规划、用途管制和尊重农民意愿的条件下，县乡政府要大力协调，通过土地资源置换等方式，鼓励偏僻乡村宅基地向城郊靠拢、向小城镇聚集，为乡村居民转移就业、创业打下良好基础。

四是给予中西部省区更大的宅基地面积标准调控权限。在综合考虑农业生产和满足农民生活需求、乡村土地存量三大因素的前提下，制定全国统一的宅基地面积标准。同时，允许西部省份拥有一定的灵活性、多样性，比如，山村宅基地面积可以适量放大，承包地、宅基地、建设用地可以一体化使用等。

五是宅基地面积标准"就高不就低"。乡村是欠发展区域，农民是弱势群体。从满足广大农民对美好生活需求角度，设置每个乡村宅基地面积的控制标准，实行"就高不就低"的原则，最大限度放大宅基地的农民利益，以预防今

后频繁调整标准，引发不稳定因素。

六是建立乡村宅基地房屋面积的灵活调控机制。全国农村地域辽阔，各省区不同市州都有各自不同的实际问题，尤其是在乡村宅基地房屋面积标准上，需要具体问题具体对待。对于宅基地面积标准较低的乡村，适当放大房屋建筑面积标准；对于土地资源相对宽松的乡村，适当放宽宅基地面积标准；对于不占用耕地的乡村，以尽量满足宅基地面积需求为标准。

四、建立宅基地合理使用的管理机制

建立宅基地集约使用有奖、存量宅基地退出有偿的体制机制。目前，农村宅基地的取得和使用存在着各种问题，有些农户超标占用宅基地，有些乡村宅基地使用不合理，村庄农家过于分散，土地资源浪费严重。国土资源部数据显示，我国城镇建设用地面积为 91 612 平方公里，其中，住宅用地面积 29 540 平方公里（4 431 万亩），占 33.2%；而农村建设用地面积为 191 158 平方公里，其中农村宅基地面积 130 000 平方公里，约占 70%[①]。在农村常住人口不断减少的情况下，宅基地面积仍然保持较大占有量是不合理的。因此，建立宅基地合理使用的体制机制是非常必要的。

一是严格宅基地的审批、使用管理制度。农村宅基地面积总量过大，许多农户宅基地超标多占，主要原因是由于乡村居住区缺乏规划、没有按规定进行审批、农户自行乱占、纠错管理能力太弱。如果能够依法依规调节整治超标滥占宅基地的行为，可以节约大量建设用地资源。因此，严肃宅基地审批使用管理，做到有错必纠、违规必惩[②]。

二是实行宅基地面积总量不变的控制体制。在农村常住人口不断减少和第二轮耕地承包期长达 100 年的情况下，对农村宅基地面积，实行县乡管理、总量不变的管理制度。对新达到申请宅基地的村民，通过宅基地集约化使用或以宅基地继承途径等方式解决。在未来 30 年内，随着农村人口城镇化，力争实现宅基地面积总量不再增加，并略有减少的目标。

三是实施宅基地集约使用有奖政策。主动顺应农村人口、乡村社会城镇化和农业规模化的发展大趋势，鼓励节约集约利用宅基地。在编制村庄宅基地布点规划时，以乡村城镇化和农业规模化为出发点，坚持引导与控制相结合，促进村庄

---

① 中国土地勘测规划院. 全国城镇土地利用数据汇总成果分析报告［EB/OL］. 国土资源部门户网站，2015 - 12 - 29.

② 海皮. 以宅基地改革确立乡村振兴的空间布局（上）［EB/OL］. 澎湃新闻，2018 - 05 - 02.

居住区适度集聚和土地资源集约利用，促进农村基础设施和公共设施集约配置，积极引导乡村居民向城镇、规划布点的村庄集中，推进乡村城镇化发展。对在规划布点村庄内新建住房的农村居民，可按宅基地使用面积给予一定的奖励。

四是形成存量宅基地退出的有偿机制。建立农户闲置宅基地使用权自愿有偿退出机制。对退出宅基地的农户，由村集体经济组织、县乡政府或其他用地主体给予补偿。对宅基地使用权退出补偿，也要引入市场机制，由市场形成补偿价格为最好方式。完善退出的宅基地使用制度，对于农户退出的宅基地，在城镇化地区，主要用于农村集体经营性和公益性建设用地，也可以用于建设农民集中居住房屋。在交通方便的乡村，可由农村集体对外出让、出租、抵押、置换等。在偏僻山区乡村，可以复垦后用于城乡建设用地增减挂钩政策项目、土地指标交易等①。

五、推动农民房屋财产权流动、交易的试点

适度放活宅基地农民房屋使用权。宅基地"三权分置"改革，涉及广大农民群体的重大利益，要慎重稳妥推进农民房屋财产权流动、交易的试点工作。

一是要准确把握农民房屋财产权流动、交易的条件和时机。农民房屋财产权流动、交易的条件是：城乡居民收入差距明显缩小；乡村地区第一、第二、第三产业发展深度融合；城乡统一的房屋交易市场业已形成；乡村、农民的弱势状态明显扭转。如果一个省份达到这几个条件，农民房屋财产权流动交易的时机就基本成熟，农民在房屋财产权交易中就不一定再是弱者，具备了保护房屋居住的能力。目前，具备上述条件的省份，恐怕只有浙江、上海、北京三地，因此，应该在这三个省份有选择地展开农民房屋财产权流动、交易的试点工作，而且试点工作的期限应该长一些，不是两三年，应该在七八年。

二是积极探索农民住房产权的抵押、补偿、转让的实践经验。在个别省份、根据乡村、农民发展需要，有选择性地推进农民住房产权的不同领域项目的试点示范工作，为全国农民住房产权的抵押、担保、转让探索改革经验。比如，根据条件成熟程度和乡村、农民创业融资需求，在一个市区进行农民住房产权的抵押贷款试点工作。根据农业转移人口市民化的需要，在一些乡镇探索按国有土地上房屋征收补偿标准，或按照市场评估价格，对农民自愿退出的闲置住房给予补偿的试点工作②。

---

①　张军扩，张云华. 关于深化农村宅基地制度改革的思考［N］. 中国经济时报，2017 - 04 - 27.
②　陈文胜，陆福兴，王文强. 稳妥推进农民住房财产权改革［N］. 光明日报，2015 - 05 - 03.

三是通过美丽乡村建设提升农民住房产权交易价值。农民宅基地住房产权进入市场交易，关键是要有一个理想的交易价格，这样才能充分体现和保护农民利益。通过美丽乡村建设，提升农民住房的宜居环境，努力实现农民住房产权交易的理想价值。通过科学、合理、长远的乡村建设规划，优化农村居民点布局和乡村建设，美化乡村人文生态宜居环境，严格管控建筑质量和建筑风格，提升乡村整体风貌。乡村基层政府要重视美丽乡村建设，提供民居设计、垃圾和污水处理、教育和医疗等公益服务。合理规划利用建设用地，实现第一、第二、第三产业合理布局，使生态、生产、生活与整体环境相融合，服务方便村民生活、康体活动等。这样，农民的住房产权，才会有市场、有价值。

目前，农村宅基地只能在同村之间流转，有利于农村的稳定，但难以实现合理的房屋财产价值和满足农业转移人口市民化需要。建立农村宅基地流转市场，可以提高宅基地利用效率，促进非农产业发展。

六、农村宅基地"三权分置"改革需要关注的问题

农村宅基地所有权、资格权、使用权"三权分置"的产权制度的改革目标是在保障农户宅基地房屋居住权的基础上，提升农户房屋的利用率和扩大农户财产升值空间。但是，东西部地区的农村差异较大，农户之间的具体情况也有很大差异，如何确保宅基地"三权分置"改革成果的科学性、合理性和公平性，是值得关注的问题。

一是农村宅基地的产权价值和面积数量的平衡问题。东部地区农村农户宅基地房屋具有较高的市场价值，西部地区农村农户宅基地房屋缺少市场价值。东部地区经济发达，乡村第二、第三产业发展较为均衡，农户宅基地房屋周边的市场经济环境较为成熟，必然会提升其房屋财产价值，具有进入市场流转交易的条件。西部地区经济欠发达，乡村产业单一，农户宅基地房屋周边的市场经济环境并不成熟，农户房屋只有居住价值，并不具备多少市场价值，难以进入市场流转交易。因此，为了平衡东西部农村宅基地使用权的市场价值，非常有必要适当放大西部农村宅基地面积，通过增大宅基地面积，弥补宅基地市场价值不足的问题。

二是灵活掌握宅基地使用权确权登记颁证问题。推进房地一体的宅基地使用权确权登记颁证工作，既是为了规范宅基地使用权，防止农户多占乱占宅基地，也是为农户宅基地房屋进入流转交易市场做准备。但是，全国农村地区发展不平衡，山区大多乡村还在新农村建设中；有些乡村住地并不适合村民居住生活，还

面临着大面积搬迁工作；有些农户的房屋陈旧简陋，还需要返修重建。因此，农村宅基地使用权确权登记颁证是一项长期性工作，不能急于一时完成。根据登记条件的成熟程度，分批次推进。城市郊区、东部农村可以加快完成宅基地使用权和农民房产的确权登记颁证，其他农村地区根据条件逐步推进。

三是农村宅基地使用权的申请与继承问题。乡村宅基地使用权问题既涉及农村社会保障问题，又涉及农户财产分配的公平问题。按照现行政策，在农民家庭子女中，男孩多的，成年之后就可以多申请一份或几份宅基地使用权；如果农民家庭子女都是女孩，成年之后也无法申请一份宅基地使用权，这对无男孩的农民家庭就显得非常不公平、不合理。因此，有必要对现行农村宅基地使用权的申请制度进行改革，一个农民家庭只能申请一份宅基地使用权，子女成年之后，要么通过继承获得宅基地使用权，要么花钱购买宅基地使用权。这样，既顺应了农业人口城镇化发展趋势，又使宅基地使用权分配更加公平合理，还能有效控制农村宅基地面积的无限膨胀。

第四节　建立集体经营性建设用地的市场化机制

乡村集体经营性建设用地是吸引城市工商资本融入乡村振兴的主要资源。在农村土地资源中，最容易与城乡融合发展对接的是乡村集体经营性建设用地。在符合国土空间规划、用途管制和依法取得的条件下，支持集体经营性建设用地入市，构建城乡资本、资金、土地使用权的流动交易市场机制。

一、构建村集体经营性建设用地入市的体制机制

实现城乡融合发展，首先要建立村集体经营性建设用地入市的体制机制，完善乡村产业结构，推动第一、第二、第三产业融合发展。目前，村集体经营性建设用地入市试点效果较为明显，形成了一批可复制、可推广的经验成果，初步建立了入市交易规则及制度体系。

一是以充分释放集体经营性建设土地资源为目标。村集体经营性建设用地入市，就是要扩大非农产业发展空间。入市范围不应仅仅限定为已有的存量经营性建设用地，应采用更宽松更灵活的方式，在总量不突破的前提下，均可以纳入入市范围。一般情况下，根据规划用途、交通区位，通过县乡政府统一调剂，把各村集体经营性建设用地，聚集到县城开发区和乡镇政府所在地周围，进行集约式

开发整合入市。

二是建立集体经营性建设用地入市的市场化体制机制。通过入市方式市场化，实现入市价值最大化。要充分考虑各地实际情况，通过公开交易平台以"招拍挂"方式出让土地，保证公开、公正、透明，争取实现集体建设用地与国有建设用地的同权同价。根据入市的理想市场价值，既可以选择在当地就地入市，也可选择异地入市。

三是建立经营性建设用地入市的开放体制机制。在经济发展水平较为落后的地区，工商资本下乡发展的意愿还不够强烈，为了加快集体经营性建设用地的入市进程，协议出让的入市方式可能更为快捷有效。但是，要通过鉴证、公告等方式，详细记录每宗入市土地，将协议入市置于公共监督之下。同时，还可以探索经营性建设用地作价入股、出租等入市方式，探索就地入市、整合零星农地入市等入市途径。

二、建立闲置宅基地转化入市的体制机制

对村集体收回的闲置宅基地和集体公益性用地，要积极转化为集体经营性建设用地，并推进这些建设用地逐步入市。目前，各地农村的闲置宅基地存量较大，盘活闲置宅基地对于节约土地资源、提高土地利用率、激活乡村第二、第三产业有重要意义。把闲置宅基地积极转变为集体经营性建设用地，要完成转化手续，推进闲置宅基地入市。

一是要确权、确地，合法入市。把闲置宅基地转化为集体经营性建设用地，要完成过渡手续，要进行确权、确地登记颁证。闲置宅基地入市必须合法、合规，不能无序入市。推进闲置宅基地转化入市，不能损害村民利益，同时，还要符合城乡规划和土地利用总体规划。

二是自愿、有偿，不能强迫入市。闲置宅基地的界定要得到当事人，即拥有宅基地使用权或农户房屋所有权人的认同，尤其是要避免整村推进过程中出现超范围拆迁。闲置宅基地转化为集体经营性建设用地入市项目，要按程序推进，农民要有知情权、参与权、申诉权和监督权。同时，确定补偿方案，确保交回宅基地的农民生活水平不降低，生计有保障。

三是根据市场需求，不盲目入市。闲置宅基地转化为集体经营性建设用地入市，更加适宜工商业较为发达、工业用地和商业用地严重不足的东部地区和城郊乡村。这些地区拥有较大的第二、第三产业用地需求，其他地区乡村的第二、第三产业用地需求有限。因此，要根据当地经济发展情况和市场用地需求，逐步推

进闲置宅基地转化入市。如果盲目入市，不仅有可能压低地价，还可能造成土地资源浪费。

四是要有闲置宅基地转化的底线思维。闲置宅基地转化入市，涉及农户生活利益、村集体发展利益和县乡发展整体布局。因此，在处理闲置宅基地转化入市时，要有底线思维，要确保农民要有房住，不能扰乱乡村正常生活；要提高防控能力，确保农村社会秩序稳定；要加强顶层设计，确保转化入市有序可持续，推动乡村第二、第三产业发展；要坚持试点先行，选择东部经济条件较好地区进行入市试点，提炼入市的成功经验。

三、建立城中村、城边村、村工业园等连片转化入市的体制机制

随着城市化快速发展和城市经济优化升级，淹没在城市之中的城中村、城边村、村工业园等宅基地、集体经营性建设用地的土地用途性质也需要进行实事求是调整转化，以顺应新型城镇化建设和城乡融合发展的需要。因此，要建立城乡村等土地融合连片转化入市的体制机制。

一是根据城市实际发展需要，依法进行土地用途性质转化。随着城郊居民市民化、城市经济生态化，原先的城中村、城边村的农户宅基地要依法进行土地用途性质转化。城中工业企业外迁至新的工业开发区，原先的村级工业园集体经营性建设用地也要根据城市规划进行土地用途性质转化。街道村社基层组织要积极利用好国家这一政策，在满足有偿退出、农民自愿的条件后，依据村庄所处的城市规划要求和空间位置，依法依规进行土地用途性质转化，提升可连片开发区域土地的入市价值。

二是通过与开发商合作，推进可连片开发区域土地的入市开发。目前，城中村、城边村、村级工业园等连片开发土地，大多转变为城市住宅和商业用途整合入市。从连片开发效率看，最好是通过与有社会责任、有品牌、有实力、有经验的开发商进行合作，由开发商负责承担在城中村改造项目中的房屋拆除、村民安置房修建、基础设施建设、补偿安置费用及村集体经济组织发展等责任，政府则不直接参与投资，只起到监督管理的作用。这种与开发商合作的资本运作机制，有利于解决城中村改造所需的资金，引进成熟的开发经验和运作模式，加快项目的运行速度，保障被拆迁安置农民的切身利益。同时，集中连片整治入市，原城中村居民可以尽快享受入市收益，有效优化产业布局和城乡统筹发展。

三是与地上建筑物所有权房地一体、分割转让。建立集体经营性建设用地入市的开放机制，尤其是城边村的连片开发，要因地制宜，要有节约资源、减少浪

费的思维，推进集体经营性建设用地使用权和地上建筑物所有权房地一体或分割转让。对即将入市的集体经营性建设用地上的建筑物，不一定要全部拆除重建，可以继续使用的，尽量采取比较灵活的方式，即可实行集体经营性建设用地使用权和地上建筑物所有权房地一体转让，也可采取两者使用权分割转让，分别登记，以体现综合利用和节约资源的社会精神。

四、改革农村土地征收制度，推进土地征收的市场化

原有统计数据显示，在地方发展资金和地方财政收入中，征收农民土地拍卖所得的土地出让金占了相当大的一部分。针对这一问题，中央有关文件提出，要"完善农村土地征收制度，缩小征地范围，规范征地程序"，以推进农村土地征收制度改革。

一是完善农村土地征收制度。要完善以国家或政府的名义，征收农村土地的方式。尽量缩小征地范围，严肃规范征地程序，建立维护被征地农民和农民集体权益的土地使用制度。通过收回或提升农村土地征收权的方式，限制各级地方政府的征地范围和征地数量。尤其是要遏制低价征地、天价出让的方式。通过提高土地征收的市场化含量，维护被征地农民和农民集体的权益。

二是要处理好政府土地征收和经营性建设用地入市的比例关系。通过逐年下降政府征地数量，连年扩大村集体经营性建设用地直接入市，调整二者土地供应比例关系。缩小征地范围，采取政府征地数量，逐年下降20%，直至最后政府用地也完全采取市场化购买，也就是从入市的村集体经营性建设用地中竞标购入或协议购买。

三是提高土地增值收益对农民的分配标准。在缩小征地范围，明确可征地目录的基础上，通过法规政策，制定合理的给予农民的土地增值收益分配标准。在政府主导土地征收与土地开发的情况下，提高征地补偿标准至土地增值收益的40%~60%；同时，强化安置、保障体系，使被征地农民的长远生计有可靠保障。在足够高的征地价格下，农地非农转用的数量也将得到有效控制①。

五、化解东西部地区乡村集体经营性建设用地不平衡问题

完成农村集体建设用地使用权确权登记颁证，是建立经营性建设用地入市制

---

① 于晓华，钟晓萍，张越杰. 农村土地政策改革与城乡融合发展——基于中央"一号文件"的政策分析 [J]. 吉林大学社会科学学报，2019（5）：66-72.

度的基础。在实施建设用地使用权确权登记前，先要及时解决东西部省份乡村集体经营性建设用地规模不平衡问题，适度增加西部乡村建设用地数量规模。

目前，东西部省份之间存在建设用地规模严重不平衡。如表 10 - 1 所示，2017 年，在东部沿海地区，江苏省的农用地与建设用地比是 100∶35.71，浙江省是 100∶15.35，山东省是 100∶25.1，广东省是 100∶13.89；在西部地区，四川省是 100∶4.44，云南省是 100∶3.35，陕西省是 100∶5.21，甘肃省是 100∶4.97。从上述数据看，无论在建设用地数量上还是农用地与建设用地比重上，东部沿海省份都明显高于西部省份。这一现象，与土地资源、人口规模、经济体量有一定关系。

表 10 - 1　　　　　　　　2017 年东西部地区主要省份土地利用情况　　　　　　　　单位：千公顷

省份	农用地	园地	牧草地	建设用地	居民点及工矿用地	交通设施用地	水利设施用地
江苏	6 470.4	297.2	0.1	2 311.0	1 914.6	232.8	163.6
浙江	8 588.9	574.3	0.3	1 318.2	1 024.1	151.7	142.5
山东	11 486.1	714.3	5.8	2 883.7	2 425.4	224.1	233.8
广东	14 916.1	1 260.7	3.1	2 072.3	1 681.5	195.8	195.1
四川	42 133.2	726.9	10 956.6	1 870.0	1 581.7	157.3	131.5
云南	32 927.9	1 628.2	147.0	1 105.2	866.1	120.6	118.4
陕西	18 562.6	816.4	2 169.4	968.0	822.2	109.3	36.5
甘肃	18 547.9	255.8	5 918.6	922.3	794.2	88.8	39.3

资料来源：根据《中国统计年鉴 2020》相关省市数据整理。

东部沿海地区乡镇企业起步较早，集体经营性建设用地占有规模较大；西部省份乡村第二、第三产业发展滞后，没有几家乡镇企业，集体经营性建设用地占有数量有点不值一提。

一是分阶段推进东西部农村集体建设用地使用权确权登记颁证。东部省份已经具备农村集体建设用地使用权确权登记颁证的基础与条件，西部省份应该在完善农村集体建设用地规划、适当扩大集体经营性建设用地规模的基础上，再加快农村集体建设用地使用权确权登记颁证工作。一旦农村集体建设用地使用权确权登记开始，在一个较长期间是不能再调整用地规模的，以示建设用地使用权确权登记工作的严肃性。

二是增加西部省份农村集体经营性建设用地数量规模。根据在东部沿海地区农用地与建设用地的比例关系，合理调整增大西部省份农村集体经营性建设用地数量规模。把农用地与建设用地的比例关系100：13，作为西部省份增加农村集体经营性建设用地数量规模的调整目标。放大集体经营性建设用地数量规模，对欠发达的西部省份，开发非农产业、完善乡村产业结构、推动乡村振兴是非常重要的举措。在这一政策上，国家应该对西部省份实行倾斜政策。

三是积极整合西部农村建设用地资源构成。根据建设用地的需求变化，把西部农村原有建设用地划作集体经营性建设用地。随着乡村人口城市化、农业人口转移就业、乡村集约化改造、乡村人口聚集，在西部地区乡村闲置着一定数量的宅基地、集体公益性建设用地。在主动与农民协商、农民自愿前提下，有偿收回的闲置宅基地，以及废弃的集体公益性建设用地，转变为集体经营性建设用地入市。对地理位置偏僻偏远的闲置集体经营性建设用地，允许村集体通过土地置换方式，转换为便于利用、便于入市的经营性建设用地。

第十一章　健全城市发展要素的下乡创业机制

城乡融合发展的重点是通过城市要素下乡，推动乡村现代化，实现高质量发展。农业发展空间的局限性和农村市场需求的有限性，限制了城市要素下乡创业的积极性。制定鼓励、优惠、奖励的国家政策，健全城市要素下乡的创业机制，激励城市资金、金融服务、工商资本和科技成果下乡，推进城乡融合发展，缩小城乡发展差距。

第一节　健全城乡融合发展的财政投入保障机制

各级政府的财政投入是推动城乡融合发展的重要力量，也是"以工补农、以城带乡"政策理念转化落实的形式之一。建立各级政府支持城乡融合投资的平台和载体，发挥财政资金"四两拨千斤"的能量，撬动更多社会资金，投入城乡融合发展①。各级财政可通过注资成立投资公司，设立创投基金，以支持城乡融合发展。

一、构建财政资金参与的城乡融合发展投资融资平台

在政府主导下，建立由各级财政资金直接参与或间接支持的城乡融合发展的投资融资运行平台，确定融合领域，选定融合项目，开展投资融资活动。财政资金参与的城乡融合发展的投资平台，可以是不同级别、不同类型的：有中央财政资金直接参与的城乡融合基金，也应有省级财政资金构建的城乡融合投资集团，也应建立各个城市财政资金组建的城乡融合投资公司，形成多层次的、多领域的

---

① 中共中央，国务院. 关于建立健全城乡融合发展体制机制和政策体系的意见 [EB/OL]. 新华社，2019 – 05 – 05.

投资资金运行平台体系。

一是建立中央财政资金直接参与的国家城乡融合发展基金。由中央财政组织、主导、出资，动员中央企业出资参与，建立国家级、上千亿元的城乡融合发展基金。基金运行以国家政策为指导，以促进乡村产业多元化、人口城市化为方向，以支持各省份县域内城乡融合项目为重点，开展第一、第二、第三产业融合的投资融资活动。对各省份城乡融合发展项目支持，采取东西部省份差异化，对东部发达省份支持一个项目，西部省份可以支持两个项目。被支持项目由各省份根据自己需要申报，国家城乡融合发展基金负责审核、批准、出资、监管。

二是构建省级财政资金主导的城乡融合发展投资集团。各省份应该积极开展试点，探索省级财政直接参与或支持组建的城乡融合发展投融资运行平台。省份城乡融合投融资平台的形式、类型可以多样化，包括建立城乡融合发展投资集团、城乡融合发展基金、小城镇融合发展基金，以及金融、商业、工业等不同领域不同类型的融合发展投融资平台。省财政资金组建的城乡融合发展投资集团，重点是支持县乡非农产业项目，消化农业转移人口就业创业问题。江西省提出，市县财政加大支持城乡融合投资的平台和载体建设。在江西省发展升级引导基金，设立城乡融合发展子基金。培育村镇银行，支持金融机构优化村镇网点渠道。省级财政资金主导的城乡融合发展投融资平台，要选好城乡融合的产业领域和产业项目，带动乡村振兴和居民收入增长，实现缩小城乡收入差距的目标。

三是组建城市财政资金发起的城乡融合发展投资公司。地级城市一直是城乡融合发展的主导力量，城市财政资金支出也应该向乡村发展倾斜，发起建立城乡融合发展的投资公司或实体企业，促进乡村产业多元化、现代化。在2014年，长沙市政府主动与中国工商银行就城乡融合发展签署战略合作协议，成立湖南湘江城乡融合发展股份有限公司，推进长沙城乡融合金融创新服务项目。同时，长沙市政府财政出资，引导社会资本参与，设立300亿元资金规模的"湘江城乡融合发展产业投资基金"，通过股权投资的方式，支持长沙市城乡融合重点项目。

二、建立涉农资金统筹整合的长效机制

创新涉农资金使用机制，提高资金配置效率。根据国家"三农"政策，围绕乡村振兴和城乡融合，将涉农资金统筹整合作为政府财政投资体制改革的重要内容，优化财政支农投入供给体制，完善财政支农政策顶层设计，理顺涉农资金体系，创新涉农资金使用机制，提升支农资金使用效益，加快农业现代化和乡村产业融合的发展步伐。

一是完善农业资金供给制度，加强资金统筹整合。推进用途相近的涉农资金统筹使用。通过建立部际会商机制，沟通资金流向，加强指导服务，为各省区市进行涉农资金统筹使用创造条件。行业内涉农资金，从预算编制源头整合，行业间涉农资金，在预算执行环节统筹。同时，加强行业内与行业间的涉农资金整合衔接。

二是增设城乡融合资金，完善涉农资金项目体系。在涉农资金中，设立中央、省、市、县安排用于城乡融合发展的专项资金，或者对现有涉农资金项目进行统筹整合，形成用于城乡融合发展的大宗专项资金。同时，明确每年新增加的涉农资金分配向城乡融合发展的专项资金范围倾斜，以示重视城乡融合项目开发。

三是推动涉农资金与任务清单的衔接，完善涉农资金管理体系。根据涉农资金保障的政策内容，设立任务清单，实行差别化动态管理。把任务清单划分为约束性任务和指导性任务，给予各省份不同的整合权限，实施差异化督导管理。根据农业农村的实际需要，在每年的特定时间，同步下达资金与任务清单，强化资金分配下拨与任务清单下达的衔接匹配，确保资金投入与任务完成相统一。

四是打造农业资金整合平台，建立资金效益评价体系。通过开发农业生产、农业技术、农产品销售及"农业＋"整合平台，促进农业资金供给与农业发展有效对接。以实现农业现代化为中心，完善第一、第二、第三产业融合发展的平台系统。同时，健全农业资金使用的绩效评价体系，强化推进行业综合绩效考核。

五是加强涉农资金的监管，提高资金使用效率。有关部门要加强对涉农资金的使用监管，形成明确、有效的监管格局，防止借各种名义挪用涉农资金。要引入第三方评估，选择优秀专家学者、研究机构，对涉农资金政策进行评估。

三、支持城乡融合项目的地方政府债券

在西部欠发达地区，工商业税收严重不足，发行地方政府债券是财政收入与发展资金的重要补充来源。国家有关部门应该积极支持西部地方政府发行债券，用于城乡融合公益性项目建设。

一是设计城乡融合的专项地方政府债券，支持乡村公共设施建设。在财力不足的省份，专门设计用于乡村公共设施建设的地方政府债券，支持乡村的交通设施、垃圾收集、污水处理系统等项目领域，以及城市农业转移人口廉租房建设。在城乡融合的专项地方政府债券发行上，可以先行试点，发行省份、发行规模由

少到多，逐步扩大范围。

二是健全地方政府债券发行机制，推进专项债券管理改革。在未来一个时期，城市发展与建设日益成熟的情况下，地方政府债券融资的资金使用，应该转向乡村公共设施建设。要健全乡村城镇化建设的地方政府债券发行机制，增加专项债券规模，保持市场流动性合理充裕，助力城乡融合公益性项目建设①。

三是推动政府债券资金与城乡融合公益性项目的衔接。从国家发展战略与政策角度，要求地方政府债券使用，更多关注城乡融合公益性项目。并且明确金融支持专项债券项目标准，精准聚焦城乡融合的重点领域和重大项目，助推城乡融合发展，确保债券资金流向乡村城镇化建设。

第二节　完善城乡融合发展的金融服务体系

健全城乡融合发展的金融服务体系，打通社会资金流向乡村产业的渠道。加强乡村信用环境建设，推动农业发展银行、农业银行、农村信用社和农商银行参与城乡融合发展。鼓励中小银行和地方银行开发城乡融合的金融产品，加大开发性和政策性金融支持力度。

一、构建城乡融合发展的抵押融资或担保融资的体制机制

建立健全农村信用体系，依法合规推进传统农业和个体农民的产权与现代金融服务体系对接，尽快构建城乡融合发展的抵押融资或担保融资的体制机制。在条件成熟的县域乡村地区，加快完成农民的承包地、宅基地房屋财产权、集体经营性建设用地和集体林权的确权登记颁证，推进农民的抵押融资、担保融资。

一是推进土地经营权融资担保，满足农业经营主体的资金需求。根据规模经营主体满足农业生产经营活动的资金需求，健全直接融资担保、经营权反担保融资及未来收益融资的土地经营权融资担保体系和担保模式。在以传统小农户经营为主的农业经营体制下，乡村基层政府要认真做好组织协调工作，确保小农户与金融机构的担保融资有效衔接。由于小农户经营规模有限，资金需求不多，要根据生产经营对资金的实际需求，开展土地经营权融资担保，不能一哄而上，强求

---

① 甘肃省人民政府. 中共甘肃省委甘肃省政府关于建立健全城乡融合发展体制机制和政策措施的实施意见 ［N］. 甘肃日报，2019 - 10 - 01.

融资担保。

二是做好承包地融资担保的基础性工作，提高承包地融资成功率。实现承包地的抵押融资功能，前提是要完善农地所有权、农地使用权制度法规。要通过法律与制度，明确承包地具有除了农业生产之外的融资担保功能。同时，还要构建包括农地（使用权）确权登记、农地（使用权）价格评估、市场中介及监管等在内的配套制度体系，完成现代金融机构融资所需要的抵押贷款程序，满足小农户融资需求。

三是金融机构要积极创新，努力扩大农业融资规模。根据农村个体小农户居多的实际情况，在小农户担保融资问题上，金融机构要坚持创新性原则，积极挖掘担保融资资源，推进农户农业融资业务。从生物资产、高价值农用设施设备、规模农业、声誉信用、财产权利等担保机制，以及农户贷款有效担保的第三方保证人扩展机制，农户贷款有效担保的金融机构信贷改进与信用环境改进、保险分担这几个方面入手，以政府扶持加以辅助，构建较为完备的城乡融合发展的抵押融资或担保融资体制机制。

二、健全城乡融合发展项目的信贷担保体系、担保机构

城乡融合发展项目，主要是指城市工商产业与乡村产业及与农业经济相融合的现代产业项目。实施城乡融合项目，有利于实现农业转移人口就业创业，有利于完善优化乡村产业结构，有利于增加乡村居民非农产业收入。因此，要健全信贷担保机构和担保体系，扩大城乡融合项目的融资规模。

一是设立城乡融合项目信贷担保机构，支持工商资本下乡发展。在省市两级建立具有政府资信的城乡融合信贷担保机构，根据融合项目的资金规模和影响范围，提供信贷支持。对于资金需求规模较大的城乡融合项目，并且项目影响范围是跨市州的，由省信贷担保机构组织协调市州信贷担保机构，实行省市多方提供信贷担保。对资金需求较小的融合项目，由下乡企业自己和市级担保机构提供信贷担保支持。

二是支持各类城乡融合发展投资融资平台，开展信贷担保业务。根据城乡融合项目建设运行的需要，支持省城乡融合发展投资集团、市城乡融合发展投资公司、城乡融合发展基金、小城镇融合发展基金，以及各种投融资平台开展对融合项目的信贷担保业务。也可以在城乡经济开发区，设立专门的信贷担保机构，对一些融合企业、融合项目，开展小额信贷担保支持。由此，构建城乡融合项目的信贷担保体系，推动城市资本下乡和乡村资本融入城乡融合项目。

三是要求城市金融机构，积极开展融合发展项目的信贷业务。城乡融合发展是新时代实施乡村振兴战略、实现城乡共同发展的新理念、新途径。金融机构要响应国家发展的新战略、新政策，在城乡融合发展项目的信贷业务上，主动与信贷担保机构协调配合，简化信贷担保手续，创新信贷产品，降低信贷利率，完善信贷服务体系，确保融合项目建设运行的资金需求。同时，通过金融大数据、云计算，做好对融合项目的监管，确保融合项目资金使用效率，防范金融风险。

三、建立健全有利于降低农户生产经营风险的保险制度

加快完善农业保险制度，推动政策性保险扩面、增品、提标，降低农户生产经营风险。农业一直属于高风险产业经营领域，不论是传统个体小农户还是新型农业规模经营户，在农业生产经营活动中都面临着各种各样的风险，尤其是市场经营销售风险明显增大。因此，建立健全有利于降低农户生产经营风险的政策性保险制度，有助于农户创新经营、提高生产率，保护小农户生存发展利益。

一是设立农业亩产（单位生产）风险政策性保险制度。农民是一年四季在田间劳动最辛苦的社会弱势群体，在工商业高度发展的当今社会，应该设计农业亩产（单位生产）风险政策性保险制度，充分保护农业生产。根据不同的种植业亩产量（如粮食、蔬菜、中草药生产亩产量）、畜牧业单位产量、林果业亩产量标准，对于一年亩产低于产量标准的农户，给予一定差额的政策性保险补贴。2019年，第一产业增加值只占国内生产总值比重的7.1%，国家完全能够承受一些乡村农业亩产（单位生产）风险保险补贴金额。

二是设立农产品销售风险的政策性保险制度。在市场化程度越来越高的农业经济领域，市场行情瞬息万变，农产品销售风险已经高于生产风险。尤其是农产品属于极易变质腐烂的生物产品，不及时出售就有可能造成血本无归、功亏一篑。因此，非常有必要设计农产品销售风险的政策性保险，并建立相应的农产品收购销售服务产业系统，化解农业经营主体的销售风险，由国家及社会间接承担农产品销售损失。

三是设立农业生产经营意外灾害风险的政策性保险制度。在现代经济领域，农业属于利润空间小、生产经营成本大、各种意外风险比较多、又关系到国计民生问题的特殊脆弱产业。因此，对仍有3亿多从业人员的农业领域，应该设计农业意外灾害风险的政策性保险制度，承担由自然灾害或各种人为灾难造成的、引发的经济损失。保险赔偿由国家财政和保险公司按一定比例分别承担。

四是实行农业政策性保险，由国家政府买单制度。根据工业反哺农业、城市反哺乡村的现代社会发展运行原则，实行基本的农业政策性保险，全部保险金额由国家政府买单制度。在当前城乡收入差距仍然比较大的情况下，2019 年城乡居民人均收入比 2.64 : 1 的悬殊比例，实行农业政策性保险金额由国家政府全部买单制度也是比较合理的。

五是设立各种补充农业保险，完善农保体系。为产业化组织程度较高的农业经济作物种植、规模经营农户、规模养殖户等农业经营主体，设立各种补充农业保险，提供规模化、产业化农业经营的风险保障。同时，探索农业保险的多种实现形式，积极试点龙头企业、规模家庭农场、专业合作社等农业农村组织充分参与的农业保险承保模式，及与信贷、担保等其他金融手段结合的农业保险模式等，切实降低农业生产经营风险。

四、通过市场化方式设立城乡融合发展基金

探索通过市场化方式，建立不同类型的城乡融合发展基金，引导国有企业和民营企业等各类资本参与，培育一批城乡融合典型项目，形成全国示范带动效应。要培育城乡融合典型项目，将其转化为城乡融合的空间载体，能够承载更多的农业转移人口、发展要素下乡、工商产业集聚，成为城乡产业融合发展的先行区①。

一是设立多层次、多样性的市场化城乡融合发展基金。通过市场化方式，设立城乡融合发展基金，推进城乡融合典型项目的建设与发展。在国家政策指导下和有关政府部门协调下，在自愿基础上，通过市场化方式，组建由金融机构和社会企业参与的城乡融合发展基金，引导社会资本，尤其是具有市场建设与开发能力的实体企业和电商企业，参与培育一批城乡融合项目。除了国家层面设立城乡融合发展基金，有条件的省份也可以构建相似的城乡融合发展基金，东部地区有实力的地级城市也可以设立特色城乡融合发展基金，推进城乡融合典型项目的建设与发展。

二是推进不同层次的城乡融合典型项目的建设。城乡融合发展基金引导、支持的城乡融合项目建设，应该有不同地域空间和不同领域的战略选择，应该有总体布局思路。国家层面的城乡融合发展基金既要支持条件成熟的东部沿海地区开发城乡融合项目，更要支持西部欠发达地区省份探索推进城乡融合项目建设。省

---

① 邵占维. 抓住重点推进城乡融合协调发展［J］. 中国乡镇企业，2011（12）：63 - 64.

级城乡融合发展基金引导社会资本参与城乡融合项目发展，既要考虑乡村产业的发展需求，又要考虑城乡融合项目的成功率。在城乡融合项目的总体布局上，考虑到产业聚集与市场成熟度，东部省份可以优先选择县域，西部省区恐怕要选择市域。

三是城乡融合发展基金的市场化运作。市场化城乡融合发展基金的运作方式，应该以市场为导向，减少过多行政干预。政府主要负责制定政策、解读政策和审查政策、调整政策，按协议监管基金运行，而对于项目选择、投资决策等则交由专业团队来管理运营。同时，放宽投资限制，与优质投资机构合作，提高合作运行效率。根据城乡融合发展实际情况，灵活制定投资条件，引进专业人才、技术及优质项目。总体上，要达到使城乡融合项目良性运转，并转化为人口、产业的空间载体，能够承载更多的农业转移人口、聚集更多的工商产业，推动县市域第一、第二、第三产业融合发展，实现农村产业现代化的战略目标。

第三节 创新工商资本融入乡村的发展机制

工商资本入乡发展，是践行"工业反哺农业、城市支持乡村"理念的重要举措，也是城乡融合发展的主要内容。工商资本下乡不仅给予乡村资金支持，而且带去了现代理念、先进技术、现代产业模式。因此，要建立促进工商资本融入乡村的发展机制，优化乡村基层营商环境，强化政策支持，大力调动工商资本下乡的积极性。

一、建立工商资本投资农业现代化经营的体制机制

在任何时候，农业都是大多数乡村地区发展的主导产业。实现农业现代化，是实施乡村振兴战略和实现城乡融合发展的主要目标。国内农业发展正处在由传统个体小农户农业经营向现代化农业经营的转型期，要建立鼓励工商资本投资农业产业化、规模化、集约化经营的体制机制，使城市工商资本成为农业经营结构优化升级的积极推动力。

一是更新传统观念，促使城市资本成为农业现代化的推动力。农民是现代农业发展的原始力量，城市资本是现代农业发展的新生力量。农民从事农业生产经营是天经地义的天然属性，但个体小农户更适合从事传统小农经济经营。现代农业经营不仅需要耕地资源、劳动力，还需要农业机械、科学技术、产业组织、资

金支持。现代农业的有些经营要素是弱势小农户一时难以具备的，而城市工商企业具有资本优势，可以有效利用社会资源，能够快速聚集现代农业经营需要的各种要素，实现农业的产业化、规模化、集约化经营。因此，有必要在传统个体小农户农业经营体制的基础上，构建适合工商资本参与的产业化、规模化、集约化的现代农业经营体制机制，使城市资本成为推动农业现代化的新生力量。

二是加快土地流转，满足工商资本投资农业现代化的耕地需求。土地是从事现代农业经营的基础性资源，取得耕地经营权是工商资本下乡开发现代农业的前提条件。乡村基层组织要做好土地流转协调工作，推动土地流转进程和流转规模，鼓励集中集约式流转，满足农业企业获得农民承包地经营权的需求。同时，要考虑到种植业的赢利空间有限，承包地经营权流转费不能漫天要价，要定一个合理的价格区间（要低于经营收入的一半）。另外，也可以考虑把原先的各单位农场土地整体流转给下乡创业的工商资本企业，快速推进农业现代化进程。

三是完善政策体系，形成有利于工商资本投资现代农业的体制机制。在当前工商资本下乡发展动力不足的形势下，要制定吸引和保护的政策体系，建立适合工商资本投资运营现代农业的体制机制。深化"放管服"改革，完善农业企业配套设施建设补助等政策。鼓励工商资本投资适合产业化经营的农业领域，实现机械化、规模化生产经营[①]。同时，要考虑给予长期多年（长达 10 年或 20 年的）、在乡村进行农业种植业经营的农业企业投资人，村集体成员待遇，如划拨宅基地或购买宅基地、享受各类农业生产补贴、减免投资税和其他间接税等权益。

四是创新产业经营模式，推动小农户与农业企业有机衔接。在仍然以小农户为经营主体的农业领域，要不断探索、创新经营模式，推动个体小农户与现代农业企业的有机衔接，形成多元化互利共享的农业经营体制机制。以下乡发展的现代农业企业为龙头，构建当地乡村农业产业链和利益链，为小农户提供农业机械、优质良种、种田指导、农产品加工等农业生产性服务。同时，与土地占用所涉及的农民建立良好的利益联结机制，并探索订单农业、委托代管、股权合作等管理合作模式。政府应基于环保、产业规划、高质量发展、可持续的角度，建立清单管理制度，构建关注于土地和环境的事前准入和事后监管的动态监管机制，加强监管服务。

---

① 中华人民共和国中央人民政府. 发展改革委就建立健全城乡融合发展体制机制和政策体系有关情况举行发布会 [EB/OL]. 中国网, 2019 - 05 - 06.

二、支持城市服务业资本进入乡村生活性服务业

通过政策引导、积极培育、购买服务等方式，支持城市服务业资本进入乡村生活性服务业①。乡村生活性服务业领域宽广，涉及乡村居民生活的各个方面，与经济社会发展也密切相关。当前，国内乡村生活服务业发展还处于起步阶段，诸多有关农民生活服务业领域还是空白，迫切需要从城市引入服务业力量，加快健全乡村生活服务体系。

一是制定乡村生活服务业规划，破除体制机制障碍。根据提升乡村生活服务水平和增强农民获得感和幸福感的目标，制定乡村生活服务业发展的合理规划，引导农民从传统乡村生活方式向现代乡村生活方式转变，提升乡村生活质量。同时，要破除观念、体制、机制的障碍，中央与地方、政府与社会要高度关注乡村生活水平问题，把提升乡村居民生活质量作为工作重点。社会各方要分工协作，凝聚合力，聚焦乡村生活服务业发展的重点领域和薄弱环节，加大政策、体制供给，加快建立乡村生活服务业发展的体制机制。

二是建立社会资本参与、企业为主体的乡村生活服务业发展模式。构建政府引导、市场主导、企业为主的乡村生活服务业发展模式。各级政府应该协调国有企业，加大乡村生活基础设施建设投入，完善乡村公共服务体系，加强生活服务供给能力。加大财税、金融等政策的支持力度，引导社会资本下乡发展乡村生活服务业。以企业为主体，鼓励社会各方力量，开发乡村生活服务领域，建立不同类型的服务机构，提供针对农民的生活服务。入乡创业的服务企业也要"入乡随俗"，转变发展方式，创新发展模式，提升发展能力。

三是推进社会资本进入乡村，发展生活性服务业的试点工作。在不断提高农民收入和消费能力、完善乡村生活服务业设施的基础上，推进社会资本进入乡村生活性服务业发展的试点工作。在东部沿海省市，选择人均收入较高和消费能力较强的乡村地区，推进社会资本入乡发展生活性服务业，重点是增大服务供给、提高服务质量、扩大服务消费；西部省区要在人口聚集度比较高、区位优势比较突出的乡村地区，进行社会资本入乡扩展生活性服务业，重点是完善乡村生活服务体系，培育乡村生活服务企业和生活服务消费市场。通过社会资本进入乡村生活性服务业试点工作，培育一批企业、个体经营组织和社会服务机构，形成城乡

---

① 商务部服务贸易和商贸服务业司. 商务部关于促进农村生活服务业发展扩大农村服务消费的指导意见 [EB/OL]. 中国商务部网站，2016－10－17.

协调、优质便利、绿色实惠的乡村生活服务体系，满足大众化、多元化的乡村服务消费需求。

四是通过购买服务方式，支持社会力量下乡开发生活性服务业。在乡村居民收入偏低、生活消费意识不强的地区，通过政府购买服务等方式，促使社会力量进入乡村生活性服务业。在乡村的健康服务、养老服务、幼儿教育、文化服务、技能培训服务、超市服务、电子商务和物流配送服务等领域，通过政府购买服务的方式，引导企业、机构下乡发展生活性服务业。政府购买服务的方式实行多样化，可以通过财政资金定期定额购买，一年给予必要的财政补贴，也可以通过减免税金方式购买，或通过提供公益性建设用地购买。东部沿海地区，地方财政比较宽松，更容易实现政府购买服务支持乡村生活性服务业。通过政府购买服务，降低乡村生活性服务价格，使生活服务质高价廉，激励村民生活消费，激活乡村生活性服务业市场。

三、探索工商资本与村集体合作共赢的体制机制

在城市郊区或城乡接合区域，探索工商资本与村集体合作共赢模式。进入21世纪以来，民营企业响应国家创新发展政策，利用市场机制和高新技术，在国内外赢得了良好的发展声誉和一定的市场优势。因此，推动工商资本与村集体有机合作，建立双方共赢体制机制。

一是搭建不同的合作平台，创造工商资本与村集体的合作机会。地方政府要有服务观念，树立为地方经济发展服务的行政理念。通过搭建不同的合作平台，创造工商资本与村集体的合作机会，充分体现政府为民营企业和乡村经济发展服务的意愿。把城中村改造、乡村开发区、农业产业园、农旅综合体、美丽乡村等建设活动，搭建成不同的开放合作平台和经济合作发展的载体，创造更多的工商资本与村集体的合作机会。

二是促成工商资本和村集体的优势互补，实现双方合作共赢。工商资本和村集体的成功合作发展，关键要充分发挥各自优势，实现优势互补。民营工商企业的发展优势是：拥有灵活的市场经营机制和善于开发掌控市场，以及产业化组织能力。村集体的发展优势是：拥有丰富的乡村资源和廉价劳动力，并可以享有一定的政府政策支持。在工商资本和村集体的合作发展中，必须建立与形成合理有效的体制机制，使双方优势要素积极融合、充分展现，实现城乡合作共赢。

三是探索多种合作模式，筑建多种利益实现渠道。工商资本企业何止千万家，村集体遍地皆是，关键是要从中找到合适的城乡合作伙伴，探索适合自己实

际情况的合作模式。不管是采取资金、资源按比例搭配合作，还是保底分红、股份合作形式，最终是要实现乡村产业进步、双方合作共赢的目标。重点目标是通过工商资本与村集体的发展要素融合，壮大村级集体经济，带动乡村人口就业、实现收入不断增长，让农民直接或间接分享乡村产业增值收益的实惠。

第四节　建立城市科技成果入乡转化机制

通过城乡融合推进农业现代化发展，关键步骤之一是推进科技成果下乡转化。构建涉农技术创新的市场导向机制，形成城乡产、学、研、用合作机制，创建技术转移机构和技术服务网络，完善科研人员下乡兼职和离岗创业制度，鼓励科技人员在涉农企业技术入股、兼职兼薪[①]。要像重视"三农"问题那样对待涉农科技成果入乡转化问题，给予农业科技人员最大限度的优惠政策待遇。

一、鼓励城镇科技人员创建农业实体

科研机构和科技人员大多数在城市，涉农技术市场在乡村。农业科技项目技术成果转化过程，也是城乡融合发展过程的重要内容。形成涉农技术创新的市场导向机制，加快农业科技应用进程，最有效的途径就是鼓励一些科技人员投资经营现代农业实体机构，创建农业科技企业。

一是鼓励把农业科技项目转化为农业科技企业。通过农业科技项目成果转化，创建农业科技企业、农业经营实体。在国家农业农村部和各省区农业农村厅的指导组织协调下，设立农业科技成果转化资金项目，支持动植物新品种及良种选育繁育、农副产品贮藏加工及增值、集约化规模化种养殖、农业资源高效利用、现代农业装备与技术等具有普及应用价值的最新科技成果转化。国家农业农村部设计的农业科技成果转化项目，无偿资助金额在 150 万 ~ 250 万元，基本上可以满足把通过农业科技项目成果转化为农业科技企业、农业经营实体的需要。

二是鼓励高素质农业专业人员创办现代家庭农场。根据农业现代化发展要求，鼓励农业科技人员和农业专业毕业生下乡创办经营现代家庭农场。农业现代

---

① 中共中央，国务院. 关于建立健全城乡融合发展体制机制和政策体系的意见［EB/OL］. 新华社，2019 – 05 – 05.

化发展取决于农业经营人员的科技素质和农业科技的应用能力。欧美国家农业现代化水平较高，与家庭农场生产经营人员拥有良好的科技素质和专业背景有直接关系。因此，要借鉴西方国家经验，制定有关政策和设立专项资金，支持有意愿、有能力的、有专业背景、懂技术的科技人员和大学生，通过土地流转，下乡租用承包地，创办现代农场或家庭农场，提升农业现代化水平。

三是鼓励科技人员创办农业科技企业。在加强农业科技应用推广服务队伍建设的基础上，鼓励农业科技人员领办、创办、协办不同类型的农业科技型实体，使科技人才与农业科技企业、现代农业有机融合，推动农业科技化、现代化，带领农民科学种田，开展新品种、新技术等农业科技项目示范推广应用，推进科技成果转化。

二、赋予农业科研人员科技成果所有权

完善涉农科研成果产权制度，赋予科研人员科技成果所有权，激发农业科技创新动能，推动农业科技创新和成果转化。积极探索赋予科研人员科技成果所有权的形式，鼓励专业技术人员携带科技成果，下乡开展创新创业活动。

一是推动农业科研成果产权制度改革创新。通过农业科研成果产权制度改革，强化科研人员的科技成果所有权地位，将科技成果所有权由单纯的国有改变为单位、个人混合所有。合理设计科技成果所有权的构成，支持科研人员拥有50%左右的成果所有权比重，以调动科技创新的主动性。同时，坚持问题导向、创新导向、市场导向、成果导向，建立有利化解体制障碍、推动科技创新、满足市场需求、多出科研成果的农业科研成果产权体制机制。

二是完善农业科研成果产权管理体制。建立以农业科技成果所有权为核心的管理体制，完善科技成果的所有权、使用权、处置权和收益权的管理方式[①]。优先解决农业科研成果的产权归属，将过去的"先转化"改变为"先确权"。积极探索确权后科技成果处置管理的有效方式，在维护科研成果所有者产权权益的基础上，健全科技成果的所有权和使用权交易平台，加快科技成果转化创效的速度。

三是突出农业科技成果所有权的主导地位。在农业科技成果转化过程中，将成果转化的处置权、使用权和收益权归置于成果所有权之下，调动成果所有者的

---

① 王华存，王舒婷，钱国权等．兰西城市群要素市场化配置及实现路径［J］．开发研究，2022（5）：81－89．

转化积极性。把农业科技成果的转化权交到科研人员手中，打通了科技成果转化通道，推动科技成果与市场对接、科技人员与收益对接、知识价值与产业价值对接，实现"知本"向"资本"的转化，从而激发农业科研人员创新创业积极性。

三、完善涉农科研成果转化推广机制

农业是传统产业，经济效益偏低，利润增长空间有限。同样，涉农科研成果转化推广的经济效益空间也十分有限。在这种情况下，更要建立健全合理的激励机制与利益分享机制，才有可能快速有效地推动涉农科研成果转化推广。

一是进一步完善涉农科研成果转化推广的激励机制。由于农业的传统性、局限性、特殊性，以及涉农科研成果转化的未知性，单纯依靠市场效益构建涉农科研成果转化推广的激励机制是远远不够的。必须建立健全"以政府资源为主，市场资源为辅"的涉农科研成果转化推广的激励机制，要从转化资金辅助、部门评奖、职称晋升等多个方面充分利用政府资源，激励科研人员促进涉农科研成果转化推广。

二是建立涉农科研成果转化推广的利益分享机制。坚持以"市场效益为主导"，建立涉农科研成果转化推广的利益分享机制。这关系着农业科技创新的"市场导向"原则问题，不然就有可能使涉农科研成果转化推广活动失去现实意义。政府部门在建立涉农科研成果转化推广的利益分享体制机制时，应该更多地关注有关政策的开放性和灵活性，支持农业科技创新主体参与农业科技成果转化的市场分配，支持科研人员到转化基地兼职和离岗创业，支持科研人员在涉农企业技术入股、兼职兼薪等①。

四、探索公益性和经营性农技推广融合发展机制

推动农技人员通过技术转让、技术服务和技术入股等形式，与农业实体结成利益共同体。支持城市农技人员通过提供增值服务，获得合理报酬。

一是全力维护基层农业技术推广人员的权益。坚持"不变"与"优先"的原则，最大限度地维护基层农业技术推广人员的各种权益。在保留乡镇农技推广人员的身份性质、隶属关系、头衔职称和工资福利等长期"不变"的同时，对从事公益性或经营性技术服务的基层农业技术推广人才，实行职称评定、项目支

---

① 中共中央，国务院. 关于建立健全城乡融合发展体制机制和政策体系的意见［EB/OL］. 新华社，2019 - 05 - 05.

持"优先"。对推广服务成绩突出的农技人员，实行政府和单位奖励政策。支持农技推广人员与大学生返乡创办的新型农技推广经营主体，支持农技推广人员与工业企业创办农业新型经营主体，支持农技推广人员为返乡创业农民提供返乡创业服务。通过农技推广人员和各种主体的多种融合发展，实现农业技术推广的目标。

二是建立公益性和经营性农技推广有效融合机制。深化基层农技推广机构改革，鼓励建立新型经营主体，强化对社会化服务组织的扶持、帮助和督导。支持经营性农技服务主体与公益性农技推广组织融合发展，实现优势互补，相互协调推进。鼓励县、乡、村三级政府通过购买服务、订单委托和定额补助等方式，支持新型农业科技经营主体参与农业社会化服务，承担农技推广公益性服务项目。同时，大力支持农技专业服务公司、专业技术协会和涉农企业等为农民提供低成本、便利化和全方位的服务。

三是建立农技推广的增值服务、合理取酬体制机制。支持城市农业科技、农业产业化、农业管理等不同领域专家，通过提供定向、个性农业科技增值服务，获取合理的服务报酬。根据农业主管部门要求和农技推广机构工作计划，开展农技推广服务，满足服务对象的个性化需要。也要根据各类涉农专家的技术特长，提供农业技术增值服务，并允许获得合理报酬，实现农技推广服务的创新增值。这样，既能扩大推广队伍，激发农技人员的主动性，又能满足服务对象技术需求，提高经营效益。同时，形成增值服务与合理取酬的市场化机制，坚持"双方自愿、双向选择"原则，对增值服务的内容和方式既要进行分类规范，又要灵活掌握。农业企业、农民合作社等市场主体，对于增值服务的需求差别可能较大，农业部门应根据不同服务对象，设置增值服务的内容和方式。

第十二章　构建乡村经济多元化的发展机制

通过城乡要素流动，促进现代要素下乡，完善乡村产业结构，推动农业农村现代化。目前，乡村经济构成不够完善，产业结构单一，第二、第三产业缺失，严重制约着农民收入和县域经济的可持续增长空间。通过建立健全城乡融合发展体制机制，推动城市现代产业资本下乡，围绕发展现代农业，培育乡村新产业、新业态，完善乡村产业体系，实现乡村经济多元化发展格局。

第一节　完善农业现代化的发展机制

通过城乡要素流动，现代经营理念、现代产业组织、现代技术下乡融合，建立专业化、规模化、机械化的现代农业产业经营体系。以城镇市场需求为导向，深化农业供给改革，由追求产量增长转化为重视质量提升，不断提高农业农村农民的综合效益和经济收益。

一、建立基本农田保护机制

基本农田是实现农业现代化的物质基础。确保一定规模的基本农田面积，是发展现代农业的物质保障要求。根据国家农业发展长远规划，划定粮食生产功能区和重要农产品生产保护区，全面落实永久基本农田特殊保护制度，完善对粮食产区和经营主体的支持政策。

一是合理划定、严格落实粮食生产功能区和农产品生产保护区。依据国家粮食生产目标和全国城乡农产品市场需求，根据各省区市农业发展实际，科学合理确定粮食生产区和主要农产品保护区。各省市县乡村要层层落实各自粮食功能区和农产品保护区的农田数量和耕种任务，并一年一度公开相关数据信息。处理好基本农田保护和承包地经营自主权的关系。在确保基本农田数量规模稳定的基础上，允许对农田分布和产品种类进行适当调整，实现国家农业发展目标和农民利益的有机融合、高度协调。

二是建立高质量的基本农田保护体系。建立耕地数量与产量目标、质量与标准、生态与可持续的基本农田保护体系。既要守住基本农田数量也要实现粮食生产目标，努力达到粮食产量1.3万亿斤以上。同时，要处理好农田各项保护制度之间的关系，明确耕地和永久基本农田不同的管制目标和管制强度，确保耕地数量不减少、质量有提高①。努力化解粮食生产功能区和农产品生产保护区的划定结果不统一、保护主题目标不一致、缺乏激励机制、政策难以落地等问题。政府农业部门要采取综合评价方法、引入动态保护机制、加强提质改造管理、建立保护激励机制、理顺保护政策体系等举措，进一步强化永久基本农田保护的技术手段。

三是严格落实永久基本农田保护的任务和责任。基本农田保护既要防范基本农田被侵占，又要防止农田出现大面积被荒废。把永久基本农田保护的任务和责任，落实到领导人和责任人、每一村落和每一地块，形成层层落实的永久基本农田保护机制。同时，完善保护补偿机制，将永久基本农田监管制度与耕地保护责任考核相挂钩，与基本农田保护补偿资金发放相挂钩。在保护辖区内，要进行农田保护宣传教育，要严防农田出现大面积荒废现象。

四是要推进高标准农田建设。努力实现基本农田保护和高标准农田建设的协调推进。县乡村要积极实施高标准农田建设规划，提高农田建设的标准和质量。加大对粮食主产区农田建设的投入，建成更多旱涝保收、高产稳产的高标准农田②。在高标准农田建设中，增加的耕地作为占补平衡、补充耕地的指标。

二、加快构建农业补贴政策体系

根据城市弥补农村、现代经济弥补传统经济的补贴规则，按照逐年增加农业补贴总量、不断优化农业补贴存量、提高农业补贴效能的原则，以农业高质量发展为导向，完善现代农业补贴政策体系。

一是依据国际惯例完善农业补贴政策。由于农业是传统低效产业，农民是收入偏低弱势群体，世界各国普遍实行农业补贴政策。国内农业补贴还存在政策起步低、总体补贴水平低、补贴手段单一、缺乏管理效率等问题。根据WTO农业多边协议，完善农业补贴政策，放大"绿箱"补贴政策。增加农业科研、推广

---

① 刘越山. 扛稳粮食安全重任 [J]. 经济，2022 (2)：40–43.
② 闫东浩，崔萌，周自军. 高质量推进高标准农田建设的思考 [J]. 中国农业综合开发，2022 (4)：15–17.

和咨询服务、农业基础设施、乡村生活设施建设等补贴；增加农业生产保险、自然灾害救济等补贴；增加农业生产者退休或转移就业补贴、农业环境保护补贴等。

二是建立确保国家粮食安全的农业补贴政策体系。根据粮食生产功能区和农产品生产保护区建设需要，加快构建农业补贴政策体系。完善产粮大县补贴政策，扩大粮食作物的成本保险和收入保险范围，推动粮食生产结构优化。加大高素质农业经营人员培养补贴力度，建立促进农业产业转型升级的补贴支持政策，优化农业补贴制度。健全与乡村振兴相适应的农业补贴投入保障和管理制度，提高农业补贴管理效率。

三是加大对实现农业现代化的补贴政策力度。围绕实现农业现代化，调整完善农业补贴政策体系。实行农业生产机械化的补贴政策，支持高端智能、山区农机装备研发，加大农机购置和作业的补贴力度。实行规模经营农业补贴政策，对开展规模经营的家庭农场、农业企业进行多样化农业补贴，包括直接补贴、贷款利息补贴、农业生产保险费补贴。实行产业化经营的农业补贴政策，对专业农业合作社和下乡投资农业经营机构，进行多种形式的直接或间接的农业补贴，鼓励工商资本下乡发展现代农业。

从稳定粮食产量、提高农民收入、鼓励环境保护、支持乡村发展等多元化的目标入手，不仅要有价格支持措施、收入补贴等传统补贴方式，还要创新补贴方式，将生态补贴、环保补贴等纳入补贴范围。提高对农业基础设施投资、农业科研教育和推广、农业信息服务、金融信贷支持、农业保险支持、农村环境保护等领域的补贴水平，形成系统化的农业补贴政策体系。

三、支持工商资本下乡创业和农业企业现代化

按照健全现代农业的产业体系、生产体系、经营体系的要求，支持工商资本下乡创建专业化的现代农业企业，支持规模经营户转化为现代家庭农场，支持农民专业合作社发展壮大，支持农业现代化示范区建设，大力推动农业现代化。

一是支持工商资本下乡创建专业化的现代农业企业。在农业主产区专业化生产基础上，支持工商资本下乡创办现代农业企业，带动现代要素乡村聚集，引导农民转变生产经营理念，有效提升主产区农业的整体素质与核心竞争力。对下乡创业的现代农业企业，政府要做好现代农业发展的督导与服务，促进农业的机械化、规模化、产业化。按照市场经济机制，要给予工商资本"进入"和"退出"农业领域的自由选择权。同时通过创新改革，推动资本的逐利性与农业的公共性

有机融合，吸引更多工商资本参与现代农业发展。

　　二是支持农业规模经营户升级转化为现代家庭农场。从农业现代化的实践经验看，家庭农场将是现代农业的主要经营主体。顺应现代农业发展的大趋势，支持家庭农场经营现代化，构建家庭农场的发展机制。加强家庭农场培育，协调农用地有序流转，把农业规模经营户培育转化为现代家庭农场。利用信贷政策和补贴政策，引导、支持家庭农场实现机械化、规模化经营。督促家庭农场实行经营企业化，配备电脑信息工具，规范会计账目，对经营成本进行企业核算。在未来一个较长时期，家庭农场有可能逐渐取代个体小农户，成为现代农业发展的重要经营主体，十分有必要探索建立具有中国化特色的现代家庭农场经营体制机制。

　　三是支持农民农业专业合作社发展壮大。抓好各地乡村农民合作社经营主体建设，鼓励发展多种形式、规模经营的现代农业合作社。乡村农业合作社是凝聚小农户、连接城镇市场、沟通乡村基层政府、拥有集体组织地位的现代农业经营主体之一①。支持农业专业合作社和村集体经济的有机融合发展，使村集体和基层政府成为合作社发展的积极能量；促使农业专业合作社形成市场化运行机制，善于根据城乡市场需求组织生产经营；督导农业专业合作社实行企业化经营管理，完善合作社治理结构，规范决策管理行为；实行农业合作社的优胜劣汰生存机制，支持优质合作社壮大，淘汰劣质合作社，不断优化乡村经济结构。

　　四是支持农业现代化示范区建设。农业现代化示范区是聚集现代农业要素、构建农业产业体系、引导未来农业发展、沟通城乡市场与产业的现代农业中枢区域。各级政府要投入政策、资金、科技、人力等要素，支持农业现代化示范区的多元化、多途径发展与建设。大力推进第一、第二、第三次产业融合发展的乡村示范园和科技园区建设，为农业现代化提供动力、支撑。省市两级地方政府要把农业现代化示范区建设作为工作重点，强化农业产业、生产、经营体系的现代化建设，建立指标体系，整合有效资源、加强政策供给、形成集约态势。农业现代化示范区要以县市为单位开展创建，形成城乡发展要素聚集、合力，力争　个地级市建成 1 ~ 2 个具有特色及引导作用的示范区，带动整个区域实现农业现代化。

四、探索小农户实现农业机械化的社会服务机制

　　农业机械化是实现农业现代化的主要标志之一，也是支撑农业现代化发展的

---

　　① 中共中央，国务院. 关于全面深化农村改革加快推进农业现代化的若干意见［J］. 河南农业，2014（3）：4 - 8.

科技力量，也是现代城乡要素的重要体现与载体。要完善支持农业机械化政策体系，推进农业机械化创新发展与普及应用，尤其是加强农业机械面向小农户的社会化服务，健全提升小农户实现农业生产机械化水平的社会化服务机制。

一是探索农业机械化企业对小农户服务的新模式。制定各种有效支持政策，建立区域内、跨区域及多种经营模式的农业机械化服务机构，健全面向小农户的服务体系，探索提升小农户农业生产机械化水平的新模式。充分挖掘农机行业潜力，鼓励构建农机服务主体与家庭农场、种植大户等组建农业机械共享的联合体，开展更为高效、更加便捷的农机作业服务。鼓励拥有各种农业机械的家庭农场、种植大户，直接为小农户提供农业机械化生产、加工等有偿服务。鼓励建立农业机械专业合作社，为小农户提供社会化服务。

二是提高农业机械社会化服务的供给能力。通过整合各类项目农业补贴资金，对提供农机社会化服务的机构给予重点扶持，培育壮大新型农机服务组织，提高为小农户服务的农机供给能力。动员城市工商企业等社会力量，构建农业机械化发展基金，面向原贫困地区农牧业生产，建立公益性农机服务机构，为小农户提供无偿农业机械服务。鼓励优先研制适合小农户使用、小块地操作的综合农业机械设备，支持智能化农机装备研发制造，以推动农业机械与小农户生产的对接，提升对小农户的农业机械供给能力。

三是建设"全程机械化 + 综合农事"的一站式服务平台。建设便于小农户了解、使用农业机械的一站式服务平台。通过农业机械服务平台，合成各种农机服务要素，拓展农机服务领域。将农业机械维修、保养、农田作业服务、农机技术培训等服务要素聚集起来，把经营性服务与公益性服务相结合，满足小农户对各种农机、各样服务的需求。提升农机服务效率，促进农机服务向生产全过程延伸，形成农业机械化对小农户社会化服务新体系。

五、建立健全耕地、草原、湖泊的休养生息和轮作休耕制度

休养生息、轮作休耕是现代农业可持续发展方式之一。健全耕地、草原、森林、河流、湖泊休养生息制度和轮作休耕制度，维系农业现代化的绿色生命力。深度理解掌握农业现代化的理念，提倡清洁、轮休生产方式，既要遏制现代农业原料造成农地污染、损害，也要控制农业生产对农地无限制的索取，造成农业资源的长久伤害。

一是树立休养生息和轮作休耕的农业理念。进入 21 世纪，农业发展的突出问题，已经由农产品总量不足转变为结构性矛盾，客观上要求转变传统农业发

观念，不能再盲目追求农业产量，要高度重视农业发展质量。同时，要树立休养生息和轮作休耕的现代农业理念。通过休养生息，减轻耕地、湖泊等农业资源利用强度，释放生态系统压力，充分发挥生态系统自我修复、自我调节的功能，使生态系统逐步由失衡转向平衡，实现功能恢复。通过轮作休耕，可以优化耕地土质营养构成，减少水分、养分的消耗，促进土壤潜在养分转化，为农作物生长创造更好的土壤条件。

二是健全农业休养生息的轮作休耕机制。开展耕地休养生息和轮作休耕，提升耕地质量。坚持轮作为主、休耕为辅，确保谷物自给与粮食安全。坚持问题导向，以资源约束紧、生态保护压力大的农村地区为重点，与地下水超采区和生态退耕规划相衔接，统筹推进轮作休耕。鼓励集中连片实施，鼓励种植大户、农民合作社参与，发挥示范带动作用。在土地承包经营制度下，充分尊重农民自主意愿，不搞强迫命令和"一刀切"。

三是强化轮作休耕的政策支持力度。建立健全休养生息、轮作休耕的体制机制，支持农民开展轮作休耕，对承担轮作休耕任务的农户，实施政府财政补助政策。从原有种植收益和土地管护投入两个方面给予必要的政策性补助，以鼓励农户自主开展轮作休耕。对农户的轮作休耕补助方式，可以采取多种形式，以现金补贴为主，也可以补实物，关键是要提高可操作性和实效性。各地要及时总结实践经验，以求建立符合国情农情的中国耕地轮作休耕制度。

第二节　建立城乡融合的乡村新产业
新业态培育机制

通过城乡要素双向流动，构建第一、第二、第三产业融合发展的乡村产业体系。充分掌握城市消费动态，利用现代技术和产业模式，深度挖掘乡村各种资源，依托"互联网＋"和"双创"，建立农村新产业、新业态培育机制，推动农业生产经营模式转变，实现乡村产业多元化发展[①]。

一、健全乡村旅游、休闲农业、民宿养老等新业态培育机制

充分利用现有独有的各种乡村资源，通过专业人士的梳理整合，培育具有市

---

① 中共中央，国务院. 关于建立健全城乡融合发展体制机制和政策体系的意见［N］. 人民日报，2019－05－06.

场潜能的乡村旅游、休闲农业、民宿经济、农耕文化体验、健康养老等新业态，构建乡村现代服务经济体系。吸引城市居民消费的新业态，既是乡村特色经济发展的新形态，又是乡村特色经济的新内容。其中，乡村生态是特色，乡村旅游是主线，吸引市民消费是目标，最终实现城市消费市场和乡村经济资源有机融合发展。

一是面向城市旅游、休闲、康养消费群体，整合乡村生态文化农耕资源。建立乡村服务业体系，发展多种形态的乡村旅游业，关键是要利用好乡村文化根脉、突出当地乡土风情，梳理可利用资源。尤其是要梳理好乡村文物资源，建设好田园生态风光。深度挖掘乡村非遗文化项目，保护好乡村历史建筑，讲述好乡村人物故事。要避免乡村旅游的同质化，减少低层次开发和重复建设。

二是完善乡村基础设施，美化乡村生态环境。按照旅游业标准，提升乡村的基础设施、配套设施和公共服务。乡村普遍存在乡间道路、通信网络、垃圾处理等设施较差，餐饮、住宿、文化娱乐等配套层次低的问题，难以满足旅游的基本需求。县乡两级政府要争取更多资金，投入乡村旅游设施建设，硬化道路、清运垃圾、疏通网络、打通物流。构建城区与农区交通网络，提高乡村班车通达率。大力建设山水、林木、田间、草地、旷野一体化的乡村田园风光，充分美化乡村生态环境，充分展示城市难有的乡村美景。

三是吸引城市资本资金投入，加大政策扶持力度。开发乡村新产业、新业态，应该采取多元化发展模式。有条件的乡村、前景看好的项目，应该实行政府纳入规划、工商资本投入、专业机构开发、媒体网络介入，积极组织市场客源，大力提升乡村新产业、新业态的市场效益。同时，各级地方政府也要制定相应的扶持政策，支持有特色、有前景的休闲农业和旅游项目。

四是引入产业化模式，提升乡村创业就业能力。通过产业化开发模式，把乡村新产业、新业态打造成农民转移就业创业的有效载体，推动第一、第二、第三次产业融合发展。在乡村资源中，人力资源最为丰富，是支撑乡村产业发展的主要力量。大力培养乡村新产业、新业态的人才队伍，既要造就可以推动第一、第二、第三次产业融合发展的综合素质经营团队、创业型人才，也要培养各行各业技能型专业人才。引入专业公司，创新乡村旅游经营机制。整合乡村的资源、产品、服务等要素，促进乡村旅游服务的规范化。加强乡村旅游业各类人员培训，提升从业人员的专业服务水准。

五是统筹乡村旅游服务业空间布局，提升乡村产业融合发展能力。县乡两级政府要统筹乡村产业的空间布局，促进乡村旅游要素之间的衔接互动，与休闲农业、民宿发展、农耕文化体验、乡村养老等新业态相融合，形成具有鲜明特色的乡村旅游品牌和服务。深度挖掘乡村传统特色资源，积极开发特色种养、特色食品、特色制造和特色手工业，努力培育家庭工场、手工作坊、乡村车间，实现城乡产业融合发展。

二、建立城乡产销多层次对接的农产品营销新模式

目前，城乡发展之间的分工态势是：诸多生产领域在乡村，主要消费市场在城市，要开发应用个性化定制服务农业、会展农业和农业众筹等新模式，建立健全乡村电子商务体系，全面实现乡村生产与城市消费的多层次对接。

一是完善传统产销对接，创新产销对接模式。当前，农产品产销对接模式呈现多样化，包括农产品的生产基地、生产户与超市对接、与批发市场对接、与工厂对接、与学校对接、与社区对接等模式。农产品展销、农产品直销、网络平台销售、文化节庆促销等产销对接模式也得到重视。但是，由于受农产品生产的季节性影响，仍然面临着诸如生产组织化程度低、农业市场信息化程度不高、订单履约机制不健全、产销对接缺乏长效机制等问题，农产品产销对接模式仍有较大的创新空间。传统产销对接模式仍需要完善，新兴网络产销对接模式仍需要提质。

二是探索农产品个性化定制服务，满足特殊消费需求。农产品个性化定制的目标消费者是城市中高层消费者，以及一些特殊消费群体，如酒店、幼儿园、高收入家庭等。在消费意识和支付能力上，个性化订单消费者一般都能适应较高售价。但是，对农产品的品质、营养成分、安全系数、服务要求也更高一些。由广告、公共关系、社交化媒体、视频短片等产品信息的推广，进而使消费者确定对农产品定制的阶段性需求，并形成阶段性订单。个性化定制服务的长期订单，需要通过不断提升品牌价值和忠诚的顾客关系，来保证持久的收益和利润。

三是开发会展农业和农业众筹等新模式。会展农业和农业众筹是两种不同的销售消费模式。会展农业在于利用会展的专业市场影响力，快速打开更多的新市场。农业众筹是在拥有良好品质的基础上，直接快速实现产销对接。会展农业更多的是政府行为。地方政府组织优质农产品展销会，并与市内外商超、院校、机关、医院、企业等的食堂采购商对接达成合作，构建新型农产品市场流通体系，促进农产品流通贸易发展。农业众筹是由消费者众筹资金，农户根据订单决定生产，然后将农产品直接送到消费者手中。农业众筹的融资渠道更为直接，帮助农户实现精准化种养殖，释放农业的潜在发展红利，让农产品出村，助力乡村振

兴。农业众筹在城市消费端和乡村生产方之间建立信任关系，解决农业生产资金问题，缩短农产品流通链，降低农产品生产者风险。

四是健全乡村电子商务交易体系。完善乡村电子商务支持政策，建立农产品电子商务交易体系，实现城乡生产与消费多层次对接。在精准脱贫活动期间，农村电子商务交易有了突破性，并取得了实效。应该进一步推进电子商务营销模式，使其成为城乡农产品贸易融合发展的主导模式。通过电子交易方式，销售生产基地的农产品，构建"网上交易、网下配送"的产销对接模式①。电子商务借助互联网交易平台的优势，城乡产品供需信息可以快速、直接、有效地在产销双方传递，实现城市消费者和乡村生产者线上线下的融合交易。

三、构建城乡农产品"一条龙"衔接的农业产业运行机制

根据城市的市场需求、消费升级，依据第一、第二、第三产业融合发展趋势，构建城乡农产品生产、加工、包装、销售"一条龙"衔接的现代农业产业的发展机制。满足城乡居民消费的多样化需求，制定便利市场准入、便于市场监管的政策。

一是要引入工商资本，打造现代农业产业链。充分利用工商资本的资金、技术、产业化、市场化优势，打造现代农业产业链。通过工商资本，整合研发、生产、收购、加工、储运和销售等各个环节，形成分工协作农业产业链"一条龙"衔接。同时，根据市场化和产业化的运行规则，在现代农业企业主导下，使农产品的生产、加工、包装、营销的关键环节，向产前、产后延伸产业链，提升农产品附加值率，形成农业产业化发展。

二是推进城乡要素流动，实现第一、第二、第三次产业融合发展。第一、第二、第三次产业深度融合是构建乡村现代产业的基本途径。通过城乡要素双向流动，促使各种资源、技术、资金有机融合，形成涉农企业聚集聚群，实现农业生产、农产品加工和农产品销售、市场服务深度衔接，推动乡村第一、第二、第三次产业融合发展。在三次产业纵向融合的基础上，利用新一代信息技术，使农业产业化由低技术、低附加值、低成长状态向高技术、高附加值、高成长状态转变，促进乡村产业结构升级优化。

三是健全农业产业化服务保障体系，加强事中事后监管。推进现代农业产业

---

① 李旭. 农产品加工企业的发展困境与对策——以湖北土老憨生态农业集团为例［J］. 山西农经，2022（11）：72-74.

体系建设，政府要通过信贷资金、产业政策支持"一条龙"现代农业产业良性循环运行，完善与加强产业链条上生产、销售、物流及农户之间的衔接合作。同时，要推进"一条龙"农业产业经营的标准化，包括农业产品质量标准、安全卫生标准、名优特色产品标准、绿色有机标准等，提升农业产品的品牌品质。对农业产品实行全程质量监控，完善产品质量检测体系，实行全程追溯管理。

四、建立城乡融合发展的乡村产业园区

建立城乡融合发展的乡村产业园区，支持三次产业有机融合，构建新的乡村产业体系。有关部门要制定相关乡村产业园区、乡村新产业的标准，引导乡村产业园区，改善服务环境、提升服务品质。

一是支持建立乡村产业园区，推进乡村产业多样化。支持乡镇或有条件的行政村建立乡村产业园区，形成各式各样的城乡产业融合载体，实现三次产业融合集群发展。从乡村振兴和城乡融合的战略思路出发，县乡两级政府要大力推进乡村产业园区建设，形成政策集成、要素集聚、功能集合、企业集中、创业者汇集，相应产业链条首尾相连、上下衔接的乡村产业基地。

二是打造乡村产业园区的主导产业，构成乡村新产业、新业态体系。乡村产业园区必须打造各自的主导产业、主导企业，作为园区发展的产业支撑。同时，围绕主导产业，培育构建乡村新产业、新业态体系。湖南仁惠农业科技集团有限公司下乡创业发展，入驻郴州市华塘镇现代产业示范园，聚集优势资源，以葛根种植加工为主导，进行原材料深加工、农产品销售，开拓农村电商销售渠道，促进乡村新产业发展和农户就业增收。在乡村产业园区，随着工商主体进入，新技术、新功能也会随之展现，必然会推动农业产业的纵向延伸、横向拓展，呈现第一、第二、第三产业融合发展态势。

三是强化乡村产业园建设，优化产业发展服务环境。中西部地区的乡村产业园还处于起步发展阶段，为了打造乡村营商服务环境，要加强产业园区基础设施建设，配套完善水、电、路等园区设施，以优惠政策和产业协作，吸引农产品加工和配套企业向产业园区聚集。同时，要整合原有农机、农资和农产品批发市场等，通过改造升级，实现乡村产业园与贸易市场的融通，形成农产品储藏、保鲜、加工、批发、运输及综合服务为一体的流通集散中心，更好服务于园区企业、打造优质园区品牌。

四是优先支持乡村产业园建设用地，助力乡村新产业、新业态发展。乡村产业园建设和乡村新产业新业态开发，是乡村振兴的关键步骤，也是城乡融合的重

要内容，必须优先支持乡村园区建设。尤其是在新增建设用地指标中，要优先满足乡村产业园区的建设用地需求，以示对乡村新产业、新业态发展的支持。同时，要积极探索混合用地方式，提高土地利用效率。主管部门既要实行农业设施用地的严格管控，又要满足新产业、新业态发展的合理需求。

第三节　建立城乡产业融合发展的平台体系

培育城乡产业融合发展的先行区，推动城乡要素的跨界配置，实现城乡产业深度融合。建设城乡产业融合平台体系，突出县城城乡产业融合的主导地位；特色小镇作为城乡要素的融合载体，要打造特色产业的生态圈；完善小城镇联结城乡的特有功能，实现城乡发展要素凝聚；探索美丽乡村产业特色化、差异化发展，盘活用好乡村资源资产；创建城乡融合典型项目，形成示范带动效应[①]。

一、培育县域经济成为城乡产业融合的主载区

县域行政区域一直是城乡融合发展的主要空间舞台。加快县域内城乡融合的发展步伐，把提升城乡居民生活质量作为新型城镇化的核心任务，推进县城和城镇之间的协调发展。把县域作为城乡融合发展的主导区域，强化城乡规划、体制、机制的科学设计，打通城乡要素双向流动的制度性、政策性通道。

一是形成以县城为中心的城乡产业融合配套体系建设。以县城为中枢，以城乡产业融合为核心，统筹县域产业、城乡设施、行政服务、农田土地、自然生态、城镇开发、村落分布等空间布局，强化县城在城乡产业融合和城镇化发展的综合服务能力。把乡镇政府所在地建设成为服务于乡村产业发展和农民转移就业创业的区域中心，实现县城、乡镇、村庄的功能衔接互补。

二是把城乡产业融合作为县域经济发展的主要途径。县、乡镇要积极承接城市产业转移，利用城市现代产业要素，培育县域经济发展的支柱产业、特色产业。推进以县城为重要载体的城镇化建设，按照小城市标准建设县城小都市，扩大城镇居民承载量和现代产业发展空间。通过现代产业发展和第一、第二、第三次产业融合，推动在县域就业的农民工就地市民化，实现产业现代化和居民市民

---

① 中共中央，国务院. 关于建立健全城乡融合发展体制机制和政策体系的意见［N］. 人民日报，2019－05－06.

化的协调发展。同时，在县城人口聚集的基础上，推进现代生活性和生产性服务业发展，并要满足进城农民的住房刚性需求。

三是强化县市政府的城乡产业融合政策供给能力。县域经济发展方向要转向城乡融合发展，大力提倡利用城市现代要素，推动产业结构优化和县域经济升级。在推动农业现代化的基础上，县域经济发展规划内容的重点向第一、第二、第三次产业融合发展倾斜。同时，要赋予县市政府制定产业发展政策的灵活性，确保城乡产业融合政策供给，满足城乡融合发展的政策创新需要。

二、特色小镇建成城乡要素融合的重要载体

特色小镇是城乡要素融合的重要载体。在特色小镇建设时，要集聚特色产业，要构建创新创业的生态圈，要完善小镇基础设施和公共服务，发挥承接城市产业和服务乡村产业的纽带作用。

一要充分认知特色小镇在城乡融合发展的特殊地位。特色小镇是一种人文、经济、城镇、历史等多种要素的沉淀，形成独具地域风格、融合城乡功能的居民聚集区域。特色小镇不在于是否是行政区划单元的建制镇，也不强调是否是城乡经济融合的产业区，而在于小镇拥有某种人文历史沉淀的独特资源，拥有跨世纪的传统、经典产业及产业创新的发展基因。政府部门要有做好、做强特色小镇的信心、意志，健全小镇健康的发展机制。在完善城镇功能的基础上，找准产业定位，培育产业特色，体现人文底蕴，优化生态禀赋，使特色小镇形成"产、城、人、文"有机结合的城乡融合发展平台。

二要扩大特色小镇的城乡产业融合的载体功能。把特色小镇培育成第一、第二、第三次产业融合发展的重要载体。特色小镇建设不仅是城乡融合发展的重要内容，而且是乡村城镇化建设和乡村产业现代化发展的重要抓手。特色产品、特色产业是特色小镇发展与壮大的物质基础。围绕特色产品、特色产业，聚集资金、技术、人才、市场等要素，进行产品优化和业态创新，兼顾经济、文化、生态的多维度需求，构建特色小镇产业体系，承载具有鲜明小镇特色印记的农业、旅游、加工、餐饮、贸易等诸多乡镇产业，扩大特色小镇城乡产业融合的载体功能。

三要培育特色小镇发展的产业核心竞争力。通过培育特色小镇的核心竞争力，扩大小镇的产业承载力。要善于发现和培育特色小镇发展的竞争优势，从人文凝聚、产业聚集和人口汇集，以及人文和产业传承、人口和产业聚集的匹配角度，深度了解特色小镇的独特内涵，精准把握特色小镇的功能定位，积极培育特

色小镇的特色竞争力。特色小镇的核心竞争力，在于产业具有突出的"特色"。各地区要挖掘多种类型小镇形成与发展的实践经验，避免模式雷同、特色复制。要立足不同产业，深度挖掘不同行业的加工、制造特色，积极总结田园、科创、商贸、文旅、教育、体育等现代服务类特色小镇案例。独特、创新是特色小镇成功发展的基本经验。

四要打造集聚特色产业的创新创业生态圈。要高度重视特色小镇集聚产业的创新创业生态圈建设，形成集约化发展优势。培育特色产业生态圈，促进特色小镇内部独特产业各领域之间相互支撑、分工融合，以及产业诞生、成长、壮大、更新的良性发展状态。构建产业生态圈的重点是形成一个有生命力的有机生态体系，支撑特色小镇不断持续发展，促进创新要素在特色产业生态圈中产生并升华。特色小镇要追求产业的特色与优势，通过特色形成优势，通过创新维系特色与优势，不断推进特色产业升级优化，由此构建"特色＋优势＋创新＋支撑＋服务"的特色产业生态圈。特色小镇要为创新要素的良性运行，营造有机生态圈。

三、强化小城镇联结城乡产业的功能

小城镇是城乡经济的纽带与桥梁，在城乡间一直起着传递发展要素的功能。小城镇是乡村地区实现城镇化的空间载体，承接着乡村人口、产品、资源流入城市的中转功能。构建与完善城乡融合体制机制的重要任务，就是强化小城镇在城乡地域的联结功能，提升传统产业与现代产业的融合功能，使小城镇成为城乡要素的集结地。

一要强化乡镇政府中心地域的小城镇建设。乡镇政府所在地作为县域内区域经济、社会、政治、文化和公共服务的中心之一，应该具有城乡两个不同领域的公共服务功能。在实施乡村振兴战略的初级阶段，城乡融合的主要内容之一就是小城镇建设，尤其是在城镇化水平偏低的县市，要强化乡镇政府所在地的小城镇功能建设，进一步完善小城镇联结城乡的功能作用。

二要放大小城镇的发展要素聚集地域空间。在城乡融合发展过程中，小城镇将是乡村人口城镇化、乡村产业现代化、乡村服务业发展的主要地域载体，将要汇集大量的人口、产业、物流等城乡要素，形成一定程度的城乡融合发展态势。小城镇发展规划，要超前放大小城镇的地域空间，各种城乡融合功能设施也要超前筹划、超前建设，根据城乡现代产业发展的需要，逐步把周围乡村创造性转化为城镇区域。

三要加大小城镇联结城乡功能的政策供给力度。小城镇作为城乡融合发展的

先导区、衔接区，城乡融合的体制机制政策内容，最终都要通过小城镇建设得到体现与落实。因此，要加大小城镇联结城乡功能的政策供给力度，推进小城镇政府职能转变，提升城乡管理服务的科学性和衔接性。充分发挥小城镇融合城乡经济、文化、社会、生态等方面的功能作用，允许小城镇根据城乡融合发展的实际需要，创造性地灵活使用政策，推进城乡融合实践活动。

四要突出小城镇产业现代化和第二、第三产业主体地位。小城镇要立足于工业化、城镇化，营造特色产业形态、完善便捷服务设施、塑造宜居生态环境、建立高效运行体制。小城镇要突出第二、第三产业在镇域经济的主体地位，打造知名品牌和规模企业，推动镇区常住人口规模持续增长；小城镇要有较强的带动乡村振兴能力，要形成具有主导产业和核心竞争力的经济强镇。在县域经济范围内，要科学总结提炼小城镇的特色产业发展、产镇有机融合和机制政策创新等成功经验，及时在市县范围推广。

四、探索美丽乡村特色化、差异化的创新发展模式

"特色"产生市场吸引力，"差异"创造发展空间。通过美丽乡村建设，打造城乡要素融合平台。既要因地制宜，又要大胆想象，积极探索美丽乡村的特色化、差异化发展模式，导入现代发展要素，盘活乡村各种资源，提升乡村产业和农民生活水准。

一要找准和放大乡村自有特色优势。在创新美丽乡村发展模式时，应找准和放大自己的特色优势。各地乡村在拥有广阔地域、千百年演变的同时，山水资源、地形地貌、人文故事、产业积淀千差万别，发展阶段、客观条件、历史传统不尽相同，培育与创新乡村发展模式，要因地制宜，充分利用现有乡村特色资源，不能照搬照套国外经验，也不能简单模仿国内其他地方模式。美丽乡村建设要以特色为标准，要突出特色，要追求特色化，使资源特色转化为发展优势。

二要寻求产业差异化延伸发展途径。探索乡村发展模式差异化，既要利用好自有资源，也要积极寻找利用好周边资源、各乡各村资源，利用的资源愈多、差异化越大，发展空间就更为广阔。毗邻经济大城市的乡村，可寻求配套和升级关联产业，发展资源节约、环境友好、科技密集型的特色工业；农业资源丰富的乡村，可以按照生态农业发展要求，努力生产绿色、有机、特色农产品；环境优美的乡村，可以开发观光旅游、特色种养业、休闲体验式农业等。在乡村差异化上，要"八仙过海、各显神通"，宜工则工、宜农则农、宜商则商、宜游则游，在差异定位、产业细分、错位互补中，放大特色元素，使美丽乡村拥有独特旺盛

的生命力。

三要遵循美丽乡村建设的发展规律。在创新美丽乡村特色化、差异化发展模式时，也要积极发现美丽乡村发展的一般规律，制定相应政策和措施，推动和规范美丽乡村建设活动。遵守乡村美丽、环境生态、产业突出、设施现代、生活宜居的共同规则。浙江安吉县提出，"村村优美、家家创业、处处和谐、人人幸福"的美丽新乡村建设目标。推动美丽乡村建设与乡村现代化发展有机融合，要营造生态环境优美、村容村貌整洁、产业特色鲜明、村民收入增长、社区服务健全、农民生活幸福的现代美丽乡村。要形成科学考评机制，要融入现代化指标，引导美丽乡村的转型升级、高质量发展。

五、培育具有示范带动效应的城乡融合典型项目

创建城乡融合典型项目，打造承载城乡要素、跨界配置的有效载体，发挥城乡融合的示范带动效应。要选好城乡融合项目，提高城乡融合发展效益。建立城乡融合项目库，筹划融合项目内容，推动城乡深度融合。面向社会公开征集城乡融合典型项目，提高融合项目的广泛性和有效性。

一是选好城乡融合典型项目。科学合理选择具有示范带动效应的城乡融合项目，是推动城乡融合发展的关键步骤。要借智借力专业规划设计团队，在省市有关部门精心指导下，集思广益、多方合力，制定好高定位、高标准、高质量的以城乡融合项目为主要内容的实施方案。要围绕有利于实现农业转移人口就业创业、持续增加农民收入和缩小城乡收入差距、完善乡村产业结构、能够承载城乡要素流动、快速提高乡村生活质量和城镇化发展，设计和培育符合地方发展实情的城乡融合典型项目。要先行实验，以点带面，加快推动城乡融合发展。

二是建好城乡融合项目库。建立城乡融合项目体系，构建城乡融合项目库。以借助城市资源和工业要素、工商资本为重点，以持续增加乡村居民收入为出发点，以城乡产业融合为核心内容，形成各种类型的城乡融合项目。在城市，要规划培育建设以承接更多农业转移人口就业、创业、生活的城乡融合项目；在城镇，要规划设计发展城乡融合效应突出的典型工商产业项目，吸引乡村居民就近转移就业；在小镇，要规划设计好特色发展，推进强镇带村融合项目；在乡村，要规划设计可以融合现代要素的农业标准化和产业化以及特色产业项目。由此，完善融合项目体系，构建多层次、多元化融合项目库，推进城乡融合发展进程。

三是加大城乡融合项目建设的政策供给力度。城乡融合项目建设与运行是城市带动乡村发展、乡村利用城市要素，寻求突破性发展的关键环节，要积极投入

发展要素，大胆进行体制机制创新，确保融合项目取得实效。各级政府要加大政策的供给力度，尤其是要加大土地、金融、人力、资本等城乡要素的政策投入，全方位促进融合项目建设，努力实现融合项目效益。通过政策创新投入，打造一批能够激发转移就业，提升农民收入，缩小城乡差距的典型城乡融合项目，形成示范带动效应。

第十三章　铸造乡村居民收入的增长机制

实现乡村居民收入快速增长，一直是城乡融合发展的核心目标。通过农业人口进城转移就业创业和城市现代发展要素下乡，扩大乡村居民就业机会和提高乡村经济效益，最终实现乡村居民收入持续增长和城乡收入差距不断缩小。因此，推进城乡融合发展，必须铸好乡村居民收入的持续增长机制，最大限度地推动农民收入不断增加。

第一节　形成农民工资性收入的持续增长机制

通过城乡融合发展，开发城镇转移就业岗位和增加第二、第三产业就业机会，拓宽农民工工资收入渠道，缩小城乡居民收入差距。在工资性收入已成为乡村居民的主要收入来源时，健全农民工资性收入持续增长机制，对于稳定农民生活和基本收入是至关重要的环节。构建平等竞争、城乡统一的劳动力市场，推进乡村劳动力转移就业。建立各级政府主办、主管的劳务公司，承担一定的工会职责，引导欠发达地区劳动力跨地区就业；健全城乡平等的就业法规，规范用工制度，形成农民工权益保护机制；完善城乡均等的就业服务制度，努力开发公共就业岗位和各行各业就业机会①。

一、探索农民工资性收入的城乡保障机制

各级城乡政府要深入贯彻"以人民为中心"的发展思想，处理好经济发展和居民收入增长的关系。建立农民工收入的城乡保障机制，高度重视处于社会弱势群体地位的农民工工资增长问题，既要关注农民工就业，也要关心农民工收入

---

① 中共中央，国务院. 关于建立健全城乡融合发展体制机制和政策体系的意见［N］. 人民日报，2019－05－06.

的增长问题。

一是建立农民工工资合理增长机制。通过立法形式，塑造合理、公平的劳资关系，保障农民工的工资权益，形成农民工工资合理增长机制。各级政府要转变观念，尤其是要针对农民权益，不断完善最低工资标准制度。根据省、自治区、直辖市经济发展情况，实施农民工工资逐年增长制度，每年增长 5% ~ 10%，或实行每年增长的工龄工资制度，使农民工工资水平随经济发展同步增长。

二是维护农民工工资报酬权益。推动农民工与本单位同岗位职工，实行同岗同酬的分配制度和分配办法。实行建设工程单位的农民工工资专用账户管理，规范用人单位的工资支付方式，推进农民工实名工资银行卡制度，确保农民工工资发放的按时足额。

三是完善农民工工资发放保障体系。在全国各县（市）区，完善农民工工资应急周转金制度；落实工程总承包企业对农民工工资支付的直接负责制度；通过刑事司法部门，严厉惩治恶意欠薪行为；执行解决欠薪问题地方政府负总责制度；把不良企业对农民工欠薪行为纳入银行征信系统。

四是强化工会组织对农民工工资权益的维护作用。在各类企业，要健全工会组织，强化农民工工资的劳资集体协商制度。按照"工会法"，完善企业工会和行业工会组织，主动吸收农民工加入企业工会或行业工会。工会组织要切实维护农民的工资收入权益和其他权益作用。健全企业工会和企业资方、政府部门参与的有关职工（包含农民工）工资增长的三方定期协商机制（每年一次），保障包括农民工在内的企业职工收入正常增长速度。

五是形成合理的工资协议调解和仲裁机制。在企业劳资双方发生劳动工资增长争议时，政府部门要积极调解，或进行仲裁。通过企业工资增长立法，确保企业经营效益增长时，职工工资增长或奖金应占的比例份额。强化工会与农民工的一体化关系，增强工会代表农民工与资方谈判的地位。

二、构建城乡统一的农民工劳动力市场

在不断扩大农民工就业市场的基础上，健全就业市场法规，形成规范、统一的城乡劳动力市场，推进农村劳动力转移就业和就地创业就业。尤其要把扩大农民工就业市场建设，摆在各级城乡政府工作的重要环节、日常议事日程，时刻抓紧抓好。

一是推动城乡劳动力市场一体化。把建立城乡统一劳动力市场作为改革完善社会主义市场经济体制的重要任务之一。积极改革城乡分割的就业制度，发挥市

场在调节就业中的基础作用，建立城乡居民自主择业、平等就业的体制机制，引导农业转移劳动力有序流动，形成全国城乡一体化的就业市场。优先化解农民工就业市场存在的各种问题，确保农民工跨区域就业，以求稳定脱贫成果和推动乡村振兴大业。

二是建立城乡一体化的就业服务体系。全国各省市区建立城乡一体化的劳动就业服务制度，制定规范、细化的服务标准，增加服务内容，提升服务质量。把劳动就业服务机构纳入政府公务领域，强化管理，增强信誉。对各类劳务市场和人才市场进行整合，尽快统一城乡、行业、部门之间分离分割的劳动力市场。根据人力资源市场发展专业化、现代化，加快建设相应的现代设施和信息系统；将就业服务机构延伸到乡镇、村社，在县市、乡镇建立城乡就业服务中心，在乡村创建就业服务站所，形成城乡统一、开放、互通的就业服务网络体系，强化对农民工进城就业的服务能力。

三是规范用工用人信息的收集和发布。各地就业市场服务机构要强化职业供求信息的收集与发布，实现城乡就业信息共享，降低农民工求职的成本，提高求职成功率。同时，加强城乡劳动力需求市场就业服务机构和劳动力供给市场服务机构的有效衔接，推动城乡一体化就业市场的高效运转。各类城市就业市场服务机构，也要积极促成用工用人单位，改善农民工的就业环境和就业待遇，保护农民工外出务工的积极性。

三、形成农村劳动力转移就业的体制机制

农民问题是"三农"问题的核心问题。农民问题的突出表现是农民收入低，增收难度大。化解农民收入过低的主要有效方式，就是持续推动农业人口转移就业，鼓励和支持乡村劳动力跨省市县从事第二、第三产业转移就业，实现工资化收入，从根本上解决农民收入过低的问题。通过建立健全乡村劳动力转移就业的体制机制，确保农业从业人员转化为从事工商业的农民工，持续增加工资性收入，缩小城乡收入差距。

一是强化地方政府推动转移就业的目标与责任。把推动乡村劳动力转移就业，作为市县乡三级地方政府工作的长期目标与重要职责。从乡村振兴和解决就业问题的角度，坚持将乡村劳动力的转移就业、转移创业、就业创业培训等工作指标纳入市县乡地方政府的工作目标、考核体系。全面实行农民工外出就业、失业、求职的登记制度，实施对农村困难家庭就业援助和对农民创业的服务等农村公共服务政策。乡村两级基层组织要摸清每户农民家庭的转移就业情况，做到农

户家家有转移就业，户户有工资收入。

二是强化乡村劳动力转移就业的引导与对接工作。市县乡三级地方政府要建立转移就业的服务机构，强化工作职责和工作目标，将乡村转移就业和对工商企业招工用工的服务工作有机结合起来，制定走访企业和重点联系单位的工作制度。通过调查外地企业的用工情况，以及掌握外出务工人员的技能素质，开展有针对性的就业培训工作，提高乡村劳动力转移就业的效率和收入。同时，要关注和掌握地方乡镇产业园区的企业就业创业信息，及时为企业用工用人和农民转移就业提供优质服务。

三是强化乡村劳动力转移就业信息平台建设。在乡村劳动力转移输出地区，要建立健全转移就业信息的公共服务平台，实行市、县、乡镇、村四级就业信息联网，乡村就业信息共享。同时，在本县市、乡镇，打造公共就业服务圈，实施就业创业信息化便民工程，方便本地农民或外地农民工通过网络、手机、劳动就业服务平台和社会保障服务终端，多渠道获取用工信息，多方式求职。

四、建立新生代农民工职业技能的培训机制

根据新生代农民工市民化需求，构建新生代农民工终身职业技能免费培训体系，开展岗前培训、岗位技能培训、学徒制培训、高级技能培训，大力提升新生代农民工在第二、第三产业的就业工作能力、在城市的生存发展能力。依据网络化、数字化的推广应用，启动线上新生代农民工免费培训制度，实施"互联网+职业技能"培训计划。

一是强化新生代农民工的职业培训。城乡各级政府有关部门要重视对新生代农民工的职业培训，这不仅是促进就业和提高收入的需要，以及企业技术、产业升级的需要，也是实施农民工市民化的发展战略要求。对在公共就业服务平台登记、有培训愿望的新生代农民工，应该在1个月内提供培训信息或组织参加培训，在转移就业前要掌握基本的就业职能和一项特长职业技能。同时，根据企业岗位的具体需求，进行订单培训，根据企业产业的新需求，开展定向培训。

二是推进新生代农民工岗位技能提升培训。建立新生代农民工岗位技能提升培训的制度，支持企业对新生代农民工开展学徒制培训、提升技能培训、专项人才技能培训等岗位培训，提高工作能力和就业稳定性。在新生代农民工中，也要及时发现和培养具有职业发展潜能的创新创业人才，对拥有较高职业技能的新生代农民工，要开展岗位创新、创效的高层次培训。

三是开展新生代农民工的创业培训活动。要有创业就是就业，创业带动就业

的意识。对有创业意愿或进入创业初期的新生代农民工，有关部门要积极投入公共资源，进行创业培训服务。对具有强烈创业意愿的新生代农民工，重点开展电子商务培训，以及创办小微企业的创业技能培训，并提供相应的开业指导和创业孵化、政策支持，以提高青年农民工的创业成功率。

五、健全农民工输出输入地劳务对接机制

在中西部地区的劳务输出大省，要形成农民工输出地与输入地劳务对接机制，强化劳务输出的组织化、产业化。加强对农民工外出就业的辅导与服务，积极维护外出务工人员的各种权益，持续扩大转移就业的规模和收入。

一要建立东西部地区劳务输出的对话合作机制。加强东西部地区之间，尤其是各省区市政府间的劳务输出的对话合作，形成市县之间劳务对接的长效合作机制、劳务输出机构与企业单位用工的服务联动机制，引导、组织农民工向劳务需求地区、企业流动就业。加强农民工输出地与输入地劳务对接，尤其是西部地区的市县两级政府，要在本市县农民工相对集中的东部城市设立服务工作站点，主动加强当地人力资源市场的合作，举办农民工就业招聘会，加强农民工就业服务。

二要建立各级政府主办、主管的劳务输出公司。在劳务输出大省，建立由市县两级政府主办主管的劳务输出公司，加强与东部省市的政府和企业的劳务对接合作，积极解决西部省区劳务供给和东部省市劳务需求的平衡问题，力求化解一些劳务纠纷问题。同时，建立劳务订单协作关系，东部省市根据企业用工需求提出劳务订单，西部省区劳务输出公司根据劳务订单组织有针对性的劳务培训，满足东部企业用工需求。

第二节　建立农民经营性收入的稳定增长机制

在未来一个时期，实现农业规模化、产业化经营是农民经营性收入稳定增长的主要途径。通过工农互促、城乡互补等方式，完善支持农业规模化、产业化发展的政策体系。健全有利于农民经营性收入的稳定增长机制，形成农产品优质优价的市场机制，支持发展绿色、有机和地理标志农产品；完善农业企业与个体小农户的利益联结机制，引导农户与农业企业的经营合作，共建农业产业化联合体；实施新型农业经营主体培育工程，支持家庭农场、农民合作社发展，增强农

民增产增收能力。

一、大力支持新型农业经营主体

经营规模化是现代农业的主要标志，也是推动农民经营性收入持续增长的主要途径。新型农业经营主体是现代农业规模化经营的主体力量。因此，建立现代农业规模化、产业化的体制机制，完善财税、信贷、保险、用地等支持政策，培育具有一定规模生产能力的新型农业经营主体，实现农民经营性收入持续增长。

一是加大对新型农业经营主体的政策支持。争取将新型农业经营主体纳入政府财政优先支持范畴，加大投入和扶持的力度。支持政策要大胆创新，采用政府直接补贴、以奖代补、先建后补等方式，加大支持力度。在高标准农田建设、农机购置补贴等政策上，加大对新型农业经营主体的支持力度。农业生产发展资金重点支持省级示范家庭农场和市县示范农民合作社，财政涉农项目资金可以直接投向的农民合作社[①]。

二是健全新型农业经营主体的现代保险体系。农业规模化经营的风险系数更大。建立有利于规模化经营的农业保险体系，支持与保护新型农业经营主体发展。要完善现代农业保险体系，扩大对规模农业保险的覆盖面，从覆盖直接物化成本扩大到覆盖完全成本。鼓励地方建立针对新型农业经营主体的特色优势农产品保险制度，发展农业互助保险。

三是推进新型农业经营主体的金融信贷服务。农业规模化经营需要更多的、更持久的信贷支持。鼓励金融机构创新产品和服务，加大对新型农业经营主体的信贷支持。尤其是农业政策性金融机构，要增大对新型农业经营主体的长期信贷资金规模。支持金融机构对农民合作社开展授信，放大贷款额度。建立新型农业经营主体的信用评价体系，对生产经营规范、信用等级高的实行贷款优先，或延长贷款期限和放大贷款规模。

二、建立稳定农产品经营价格的体制机制

实现农民经营性收入增长，首先要有相对稳定的农产品经营市场和农产品价格。只有市场价格基本稳定，农民才能增产增收。通过国有资本力量和新型农业经营主体，以及农业经营主体的行业协会组织，建立稳定农产品经营价格的休制机制。在稳定价格的基础上，逐步实现农民经营性收入持续增长。

---

① 何萱. 新型农业经营主体培育政策研究［J］. 农民致富之友，2018（14）：6.

一是强化新型农业经营主体或主体组织，对农产品市场的掌控能力。目前，农产品的生产主体在乡村，农产品的消费市场在城镇，二者之间缺少有机联系，经常使农业生产主体陷入被动，农产品市场滞销，农民经营效益不稳定，风调雨顺大好年景，却增产不增收，甚至农产品价格暴跌，经营损失惨重。通过乡村振兴战略，培育一批有规模、有实力的新型农业经营主体，形成经营主体协会组织，能够主动控制农产品生产，间接掌控城市农产品市场，积极引导城市农产品消费，全力确保农民经营收入的稳定与增长。

二是构建农业市场稳定保障体系，防止农产品价格暴跌。农业生产受自然气候影响较大，农产品市场的敏感度又高，容易形成市场饱和，造成价格不稳定，影响农民经营收入。在农业经营领域，既要发挥市场的决定性作用，更要发挥好政府的积极协调作用。政府部门要全力确保农产品市场价格稳定，为农民能够获得一个较好经营收益保驾护航。构建农牧业市场稳定保障体系，建立国有农产品经营仓储公司，有效掌控农产品价格大起大落。大力修建畜产品冷库、瓜果蔬菜温度调节库。根据农民的基本经营收入标准，设立农产品价格收购底线，或农产品价格保险制度。在传统农业经营领域，要有宁肯由政府承担农产品经营风险，也决不能让弱势农民群体承受农业经营损失的胆略与担当[①]。

三是继续实施农业供给侧改革，由增产导向转化为提质导向。要充分认识，农牧业是一种特殊的有机物质产业（农产品不易储存，容易变质），任何一种农产品产量达到一定规模之后，需求市场就会饱和，产量增长难以实现经营收益同步增长。因此，必须转变农牧业发展观念，实施农业供给侧改革，在政府引导下，自觉控制农产品产量，由追求农产品产量增长转化为追求农产品质量、品质提升。在新时代，现代农业发展的重点是高效农业、品牌农产品。根据资源优势与市场需求，通过设施农业、专业化生产，形成具有一定规模效益和良好品质的农产品品牌，占有市场，稳定增长经营收入。

三、建立农产品优质优价的激励机制

建立农产品优质优价的市场激励机制，推动农业发展观念的转变，由追求农产品产量转化为追求农产品质量，提升农产品附加值，增加农民经营性收入。支持新型经营主体发展"三品一标"农产品、打造区域公用品牌，提高产品档次和附加值。

---

① 雷兴长，徐烨．西北民族地区乡村振兴的途径与选择［J］．社科纵横，2019，34（1）：28-33.

一是发挥市场主导作用，形成农产品优质优价激励机制。优质优价是市场调节要素资源配置和实现高质量发展的根本路径。实现农民经营收入稳定增长，要充分发挥市场机制的主导作用，形成农产品优质优价的市场激励机制，鼓励经营主体把发展要素投入到提升农产品质量、品质上，扩大市场经营效益，实现农业可持续的高质量发展。政府部门要构建支持优质优价的政策体系，完善保障优质优价的政策设计，改进农产品收购政策及其配套政策。健全保障优质优价的市场机制，完善信息传递、市场营销渠道，组建行业协会，减少恶性价格竞争。加强质量监管体系建设，建立优质农产品标准，防止劣质产品冲击市场。强化市场竞争、放宽市场准入，完善市场退出机制，为农产品优质优价的市场激励机制有效运行，创造良好的软环境。

二是扩大"三品一标"农产品生产，提高产品档次和附加值。建立农产品优质优价的激励机制，就要积极支持新型经营主体进行无公害、绿色食品、有机农产品和"地理标志"的"三品一标"农产品生产，提升农业发展质量，实现优质优价。"三品一标"是政府主导的安全优质农产品公共品牌，是未来一个时期农产品生产与消费的主导产品。支持发展"三品一标"农产品，关键要大力开展基地创建，推进无公害农产品产地认定，逐渐扩大生产总量规模，提升农产品质量安全水平。以县域为基础单位，开展国家农产品地理标志登记保护示范创建，推进农产品地理标志登记保护，包括家庭农场、农业合作社、种养大户的示范创建。通过"三品一标"农产品生产基地创建，推动开展规模化生产，满足城乡市场对优质农产品的需求①。

三是推进优质农产品生产经营标准化，增加农民经营性收入。标准化生产是确保优质农产品经营，实现优质优价市场机制的前提条件。在优质农产品生产上，要推行标准化生产和规范化管理，将农产品质量安全源头控制和全程监管落实到农产品生产经营的每一个环节，实施"产""管"并举，从生产过程提升农产品质量安全水平。政府部门要根据各地"三品一标"农产品的实际情况，加快制定生产标准，及时完善"三品一标"审核流程和技术规范，构建符合"三品一标"标志管理特点的质量安全评价技术准则和考核认定实施细则。严格产地环境监测、评估和产品验证检测，严把获证审查准入关。健全淘汰退出机制，严肃查处不合格产品，严格规范绿色食品和有机农产品标签标识管理，严查冒用和

---

① 农业部.关于推进"三品一标"持续健康发展的意见［J］.农产品质量与安全，2016（3）：6-8.

超范围使用"三品一标"标志等行为。注重品牌培育宣传，将"三品一标"作为农业品牌建设任务，不断提升市场认可度和市场影响力，最终实现优质优价，推动农民经营收入增长。

第三节　强化农民转移性收入的保障机制

农业属于弱势传统产业，农民大多数属于社会弱势群体，各级政府要履行好社会公共服务职能，大力推进农业农村农民的现代化进程。从城市回馈乡村、工业回馈农业的视角，扩大国家财政转移支付的力度，积极完善转移支付构成，支持农业生产机械化、规模化，保障农民基本生活和收入增长。把转移支付落实到每个农户家庭，使转移支付转化为农民转移性收入。

一、健全农民农产品生产的直接补贴制度

各级政府要履行好再分配调节职能，不断扩大对农业农民的转移支付总额，合理调控转移支付构成，完善对农民直接补贴政策，健全生产者补贴制度，逐步扩大覆盖范围，持续增加农民转移性收入。

一要坚持农民直接补贴政策，提高农民转移性收入。由于农业发展空间的局限性和农民经营收入增长的难度较大，要坚持对农民直接补贴政策，不断提高农民转移性收入。首先，持续增加财政转移补贴额度总量。随着国家经济实力增强，增加农民补贴规模、扩大补贴覆盖范围是现代社会平衡发展的必然要求。其次，不断完善农民直接补贴政策。根据乡村人口构成变化，劳动付出能力程度，适当增加对老年农民和未成年人的直接补贴。最后，重新定位农业补贴政策的目标。由重视农产品供给的直接补贴转向强调农业多功能、竞争力与可持续性的直接补贴，增加新基础补贴、新增绿色补贴和青年农民技能培训的直接补贴。

二要健全生产者补贴制度，推动农业高质量发展。根据耕地经营权流转的客观情况和农业发展政策转向，以及重视高质量发展的要求，及时扩大农业生产者补贴范围，调整土地承包者和农业生产者的补贴关系、补贴构成。关注对农业重点领域的经营者和生产者的补贴，重点补贴种植者、轮作与种养结合、秸秆综合利用的生产人员，直接补贴畜禽粪资源利用、深松整地、购置农机的生产经营人员，增大补贴生态畜牧的牧民。完善对农业生产者的补贴制度，落实玉米、大豆、稻谷的国家补贴政策。根据产量仓储和市场饱和程度，优化玉米、大豆等农

作物收储机制，对自主控制产量的生产者进行直接补贴。

三要完善直接补贴措施，提高直接补贴政策绩效。在加大农业农民补贴规模的同时，不断完善直接补贴的内容与方式，关注补贴政策的实际效果。坚持加大种粮直补、农资综合补贴、畜牧业养殖补贴和渔业燃油补贴的金额力度。坚持义务与权益相统一，发挥农业补贴的激励效应，提高直接补贴的政策绩效。积极掌控农业补贴的调整方向，探索新增直接补贴应向新型职业农民（如种植大户、专业大户等）、新型农业经营主体转移的方式。

四要推进农业生态补贴政策，提升农产品安全水准。重视农业补贴政策体系的可持续发展导向，合理提高用于农业生态的补贴额度，创新农户补贴与农产品生产安全挂钩的补贴机制。优化退耕还林（草）补贴，创设耕地土壤保护补贴、水源含蓄补贴。设立农业生态环境保护奖励政策，提高农民保护农业生产环境的积极性。鼓励新型经营主体，记录农产品生产的化肥、农药等的投入次数和数量，减少有害元素投入。对农民增施有机肥，提供补贴和奖励①。

二、建立普惠性农民补贴长效机制

普惠性农民补贴是对具有农民身份、从事农业生产经营的每个农户直接补贴，体现了城市支持乡村、工业回补农业、社会帮扶农民的时代精神，只能加强不能削弱。在不断增加农业补贴规模和统筹整合涉农资金的基础上，探索建立普惠性农民补贴长效机制。

一是坚持扩大普惠性农民补贴规模，确保每个农户得到合理的补贴收益。在财政预算安排上，各级政府要明确认知，普惠性农民补贴数量只能增加，不能减少。农业补贴政策具有刚性特征，按照农户承包耕地面积发放的各项补贴只能完善补贴结构和补贴方式，不能减少或取消。要不断完善普惠性农民补贴的发放方式，要确保每个农户得到合理的补贴收益，既要保证从事农业生产经营活动的小农户和规模经营户得到较为充实的农业补贴，也要照顾具有农民身份的乡村居民得到一定的农民生计补贴，要充分体现惠农政策的公平性和普惠性，要兼顾不同从事者的农民补贴性收入增长。

二是合理调整普惠性农民补贴构成，增大生产性普惠补贴规模。普惠性农民补贴的重点目标是实现农业生产的稳定与增长。要根据农业生产发展的需要，不

---

① 李登旺，仇焕广，吕亚荣等. 欧美农业补贴政策改革的新动态及其对我国的启示［J］. 中国软科学，2015（8）：12 – 21.

断完善和充实普惠性农民补贴的内容，持续增大生产性专项普惠补贴金额，重点增加农田水利设施建设、农业投入品、农业灾害救助、技术应用与推广、农业机械购置、农业生产经营保险、农民培训等领域的普惠性补贴。同时，及时完善补贴操作办法，整合补贴渠道和补贴项目，将一些生产性补贴政策目标、发放渠道、实施对象比较接近的补贴项目归并，形成一定程度的补贴规模，确实提高补贴政策的实施效率。

三是加大对种植业的普惠性补贴力度，巩固与发展基础性农业。种植业是基础性农业，也是转型难度大、增收难度大、涉及农民多的传统农业领域。在建立和实施普惠性农民补贴长效机制时，要充分考虑这一现实问题，提高普惠性补贴的针对性，把新增农业补贴资金重点向从事粮食生产的专业大户、家庭农场、农民合作社等新型农业经营主体倾斜，出台专门针对新型农业经营主体的补贴项目，使农业补贴优惠政策向更有效率的生产者集中①。同时，要提高种粮直接补贴的标准，当前有些地方的种粮农民直补标准每亩只有 15 元左右，如果按每个农户拥有 3 亩田地计算，一户的粮食直补金额也仅有 40 多元，随着农资、劳动力价格上涨，每亩综合补贴不足以有效应对农业生产成本的上升。这种低补偿标准普惠性补贴政策设置，难以达到调动农民种粮的积极性。要落实种植业补贴标准，小麦每亩补贴 110 元，玉米每亩补贴 105 元，其他农作物每亩补贴 100 元。

三、创新涉农财政性建设资金使用方式

涉农财政性建设资金是一种间接性地对农民转移支付补贴。从推进农业现代化发展的角度，积极创新涉农财政性建设资金使用方式，提高财政转移支付补贴对乡村振兴战略和农民收益增长的能动效应，大力支持符合条件的农业产业化、规模化项目。

一要大力支持现代农业的新兴产业项目。农业产业化、规模化发展项目是农业现代化的重要支柱。要创新涉农财政性建设资金使用方式，加大一系列政策供给和财政资金补贴力度，扶持循环农业、生态农业、休闲农业和第一、第二、第三次产业融合发展的项目，支持国家现代农业产业园的创建、田园综合体项目及养殖基地与农产品流通设施的建设，使涉农财政性建设资金创造性转化为间接的农民收入。鼓励支持农业产业化、规模化经营主体直接申请涉农财政性建设资金

---

① 张红宇.中国特色农业现代化——目标定位与改革创新［J］.理论参考，2015（6）：31－38.

补贴，完善现代农业配套基础设施建设，减轻新型农业经营主体的运作成本负担。

二要创新财政涉农建设资金使用机制。积极创新财政涉农建设资金使用机制，加大涉农建设资金统筹集中使用的力度，尽快使建设资金转化为现代农业发展和农民增收的经济效能。在脱贫地区要开展统筹整合使用财政涉农资金试点，整合旅游发展资金、城乡建设资金等专项资金，提高统筹整合使用财政涉农资金的精准度。整合涉及农业、林业、水利、发改、国土、交通、住建、环保等部门的涉农建设性资金，形成"一个漏斗"向下，实现集中财力，做优亮点，发挥资金集中投入的规模效应，支持农业产业化、规模化项目建设。在财政涉农建设资金使用中，推广应用 PPP 模式，促进 PPP 基金与财政及行业主管部门和农业项目主体机构进行对接落实合作。

三要提高财政涉农建设资金的使用效率。在涉农财政性建设资金使用时，要全面落实对农业产业化、规模化项目的支持，通过直接划拨到项目主体或合作银行，实行封闭使用、专款专用，降低行政机构违规挪用涉农专用资金风险。对农业产业化、规模化项目，使用涉农财政性建设资金的全过程及其效果进行科学合理的监管。在政府批准前提下，农民全程参与项目的制定、执行和监管，由专业人士、职业经理人和农民共同掌控发展规划、建设进度，提高资金的使用效率、减少资金的时滞性。

第十四章 实施城乡基础设施建设
维护一体化机制

城乡一体化是推动城乡融合和乡村高质量发展的重点内容。高度重视乡村公共基础设施建设，建立城乡基础设施的一体化发展机制。加大政策供给力度，扩大建设投资规模，加快工程项目规划设计，推动乡村设施项目提档升级，形成城乡基础设施统一规划、统一建设、统一管护的体制机制①。

第一节 构建城乡基础设施一体化发展的规划机制

通过城乡融合发展体制，优先投资乡村公共基础设施，加快乡村基础设施提档升级，实现城乡基础设施统一规划。以县市为整体，乡镇为单元，统筹规划城乡基础设施，合理布局乡村公共设施项目，加快缩小城乡建设水平差距的步伐，提升乡村居民生活、生产的环境质量。

一、统筹规划城乡市政基础设施，实现向村镇的延伸服务

树立城乡基础设施建设规划一体化理念，从规划设计上消除城乡二元化发展差异，全力推动市政公用设施向村镇的延伸，大力拓展城乡基础设施建设空间，积极完善基础设施网络，提升乡村公用设施建设速度，改善乡村生活生产环境。通过城乡设施建设规划的一体化，实现城乡基本公共服务的均等化，促进城乡融合与协调发展。

一是编制有效覆盖城乡的公用设施规划系统。既要有推进城乡基础设施一体化的发展意识，更要有推进乡村公用设施建设的发展规划，才能科学合理有效推

---

① 中共中央，国务院. 关于建立健全城乡融合发展体制机制和政策体系的意见［N］. 人民日报，2019 - 05 - 06.

动乡村振兴大业。对城乡的道路、公共交通、供水排水、电力通信、治污排污等专项基础设施进行规划时，要注意使用统一的、符合行业规范的现代标准来进行编制，并按照行业规范标准有效执行，形成延伸覆盖城乡的公用设施规划系统。统筹规划重要的市政公用设施，要有向城市郊区乡村和规模中心镇延伸的建设规划，以强化相关人力、物力和财力等向乡村的投放。

二是优化村镇布局，提升乡村基础设施规划效用。在人口聚集、产业聚集的基础上，优化村镇布局，推进村社聚集，高效、合理规划乡镇、村庄基础设施建设与发展。根据城市基础设施服务的规则和要求，补齐村镇公共设施配置不充分、发展不均衡的短板，制定城乡无缝对接的规划设计方案。同时，以城镇公共服务设施 5 公里服务半径为覆盖范围，制定基础设施未连接乡村单位的建设规划。根据城乡基础设施建设与运行规则，大力促进村镇聚集化发展，提升市政基础设施和公共服务设施的投资、建设、运行、服务效率。

三是统筹安排市政配套设施通村入户。推进各类设施向乡村延伸，努力确保道路、交通、供水、排水、电力、燃气、供热、照明、环卫、通信、广电等市政基础设施进村入户，争取实现医疗、教育、治安、文化、体育、商业等公共服务设施下乡进村，重点推进城乡交通、供水、排水、燃气、供热、园林绿化、环卫、电力、通信等设施向户内延伸。统筹规划通村入户主要公共设施的项目内容和时间进度，加快落实乡村公路的升级与连接、供水一体化与进村入户、乡村污水处理与排放系统、农户煤改气与清洁能源、集中供热与农户分散化采暖、村镇公厕与垃圾收集处理等公共设施项目建设规划。

四是建立村镇畅通的信息服务平台。制定城乡一体的网络信息化发展规划，以"三网融合"为重点，实现各乡镇、村社光缆全覆盖。构建城乡公共信息数据库系统，建设村镇信息数据库。建立乡村行政信息网，建设乡村经济信息网，组建乡村气象信息服务系统，连通城乡信息网络。推进通信设施和信息网络的乡村扩展延伸，筹划智慧城镇和智慧乡村的一体化建设，推动乡村生活、生产智能化发展[①]。

二、推动城乡路网一体规划设计，实现县、乡、村、户道路联通

推动城乡路网一体规划与设计，合理科学构建城乡道路交通网。推进道路交

---

① 泰安市农业农村局项目部. 我省推进基础设施向农村延伸［EB/OL］. 泰安市农业农村局，2018 - 08 - 23.

通和物流体系的融合一体建设规划，力求城乡交通运输的连接与畅通，形成乡村交通网与跨区域骨干交通网的相互衔接，实现县乡村户道路和城乡道路客运的一体化连接，确保畅通城乡要素流动的物质条件。

一是积极推动与完善县域高速公路网建设。交通公路是城乡融合发展的物质基础，尤其高速公路是构建城乡产业融合体系的主要设施，要加快构建城乡高速公路网，强化配套道路建设。依据高规格、高质量的规划要求，将配套设施、服务设施、信息工程、生态环保，与高速公路建设进行同步规划、同步实施，促进新建县域高速公路成为乡村经济发展的新动能。同时，对原有高速公路，进行扩容和升级，增设乡镇道路连接收费出入口。

二是提升城乡普通干线和地方道路公路网。根据城乡经济发展需要，集中各种资源、资金力量，积极规划新一轮干线路网投资建设与升级改造，全面提高乡村道路质量和通行能力。同时，加强城乡道路节点、枢纽的规划设计研究，及时、合理解决公路过镇穿村、经过人口密集区带来的安全隐患问题①。

三是加快建设城乡立体式交通网络。推进城乡公路网络和高速铁路、城际道路的立体式交通网络建设。科学编制城乡公共交通发展规划，推进城乡客运公交一体化，使主城区的公交线路下乡进村，支持开通乡镇与主要村庄的公交线路，形成连接各个居民点、产业园、生态园、旅游村的快捷公交网络。加快建成和连接各个乡镇、高铁城际站、相邻县市立体式交通网络。

四是推动城乡一体化物流体系建设。在道路联通基础上，实施城乡物流体系一体化规划建设。通过城乡统筹规划，科学合理布局运输、配送、中心站等物流实施，形成快捷高效、成本可控的城乡物流产业体系。同时，要充分利用物联网、移动网和信息传输技术，统筹规划与建设各类市场供求信息平台，提高政府对市场运行的监测能力和大数据处理水平。

三、统筹规划城乡污染物收运处置体系，科学处理城乡垃圾污水

重视乡村生态环保设施建设，统筹规划城乡生活垃圾污水处理体系建设，严防城市垃圾的上山下乡，因地制宜处理城乡垃圾污水。积极实施生活垃圾分类处置，加快推进城镇污水管网向乡村延伸工程②。

---

① 卓健. 城乡交通与市政基础设施 [J]. 城市规划学刊, 2014（6）: 117–120.
② 山东省人民政府. 中共山东省委山东省人民政府贯彻《中共中央、国务院关于建立健全城乡融合发展体制机制和政策体系的意见》加快推进城乡融合发展的实施意见 [EB/OL]. 山东省人民政府, 2020–03–03.

一是完善生活垃圾收集处理体系。全面治理城乡生活垃圾，完善生活垃圾收集处置体系，采用城乡统筹的方式，全部纳入城市生活垃圾公共处理范围。对生活垃圾，要采取村社收集、乡镇运输、县市处理的收集运输处置方式，建立每日清除的乡村环卫保洁制度，实现乡村垃圾收集处理全覆盖。在一定期限内，推行农村生活垃圾分类收运，提高生活垃圾无害化处理率①。

二是统筹城乡污水排放系统。积极规划统筹城乡污水排放系统，提升污水集中处理效率。以城镇郊区和新建乡村社区为开端，向周边乡村延伸，盘活城市现有排污设施，补齐乡村排水管网、污水处理设施建设的短板，提高城乡污水集中处理率。在乡村新建污水处理设施前，应将排水系统改造成截流式合流制，远期应改造为分流制。

三是深入开展城乡水环境综合整治。统筹规划乡村集中排水和污水处理设施建设，实行集中式或分散式的处理生活污水，将各种污水、废物进行分类收集处理、循环利用。开展村庄清洁整治，加快推进河道、水环境治理，全面落实全区域城镇、乡村污水处理运营一体化工作。提升乡村居民水环保意识，促进农业绿色发展。

四是完善城乡污水垃圾处理体制机制。建立政府主导，社会力量参与的城乡垃圾污水处理体制机制。鼓励专业化企业参与乡村卫生环境的运行管护，建立垃圾污水处理付费体系，实行财政补贴和农户付费分担机制。鼓励东部发达地区市县推行城乡垃圾污水处理统一运行、统一管理，实行专业化、市场化的建设运营管护机制。

四、强化乡村生态环境保护，形成美丽乡村建设的长效机制

精准利用城乡生态资源，按照新型城镇化建设、美丽乡村建设、产业园区建设的总体布局，推进城乡环境一体化。在发展经济的同时，兼顾生态环境保护，推进美丽乡村建设。将生态资源、生态环境作为一种稀缺的资源储备，建立乡村生态补偿机制，促进美丽乡村建设。

一要强化县域生态发展的规划与设计。对生态环境要素为主的乡村区域，进行生态承载力评价，整合生态环境、土地资源、城镇化等规划元素，发挥规划的基础性和约束性作用。加强美丽乡村生态变化的动态监测、科学评估，注重乡村

---

① 夏锦胜，陈昌阔，汪君珠等.贵州六盘水市大河镇煤矿集中开采区矿山环境综合治理经验［J］.科技资讯，2022，20（20）：140－143.

经济社会生态效益相统一，为政策制定、规划编制提供依据。

二要促进乡村生态系统稳定与良性演化。由于受自然、资源、环境、产业、政策等要素的影响与约束，一些乡村地区通常难以实现现代化发展，成为经济社会发展的弱势地区。在自然生态承载力较弱的西部乡村，要积极化解乡村人口超载问题，降低乡村生态压力。同时，要做好乡村生态系统建设规划，积极实施生态修复，把生态美丽乡村建设作为规划内容的重点，探索生态承载能力许可条件下的资源开发利用的新途径。

三要推进生态与时代相融合的美丽乡村建设。美丽乡村建设既要重视村民生活质量，更要关注原始生态，实现生态、美好、现代化的有机统一。要科学规划村落民居，开发乡土文明，提升乡村生活品质。美丽乡村建设规划，要利用现代要素，要尊重乡土传统，要尊重自然生态，要有可持续的长效机制。美丽乡村建设的规划目标是：生活有保障的欢乐家园、生态之美的休憩田园、传统记忆的家乡故园。

第二节　健全城乡基础设施一体化建设机制

城乡基础设施一体化建设是推动城乡融合发展的主要内容之一，也是缩小城乡发展差距的重要步骤。城乡是一个有机的社会整体，乡村基础设施也是社会公共产品。要形成中央支持、省级统筹、市县负责的城乡基础设施一体化建设与投资机制。对乡村公益性基础设施，以政府投资为主。对乡村经营性公用设施，以企业投资为主[①]。

一、健全以政府为主的分级分类投入机制

推动城乡基础设施一体化建设，补齐乡村各类基础设施的短板，健全以政府为主的分级分类投入机制，建立城乡接轨的基础设施体系。按照各地乡村的发展实际和地域特点，制定切合实际的城乡基础设施建设一体化标准，满足乡村居民生活和乡村发展的需要。

一是明确分级分类的投入机制。乡村基础设施建设一直是公共设施建设的薄弱环节，要健全以政府为主的分级分类投入机制，尽快化解城乡基础设施建设发

---

① 曹敏. 建立健全体制机制推进城乡融合发展 [J]. 中国经贸导刊, 2019 (10)：5 - 14.

展不平衡问题。按照公益性和经营性对乡村基础设施进行区分，公益性基础设施的投资建设，实行政府全额承担。经营性基础设施投资建设，由市场专业主体全面实施。乡村公益性基础设施，如乡村道路、水利、渡口、公交等，根本目标是提供公共服务，实现社会效益，属于政府管理范畴，应由政府公共财政进行投资。

二是明确政府投资建设的主导地位。实施乡村基础设施的分类分级投入机制，要明确政府投入的主导地位。乡村基础设施投资建设，投入量大，建设标准高，施工期较长，涉及公共与民生重大问题，又实行主体多元化投入，必须发挥政府的主导作用。尤其是城乡基础设施建设具有一定的目标性和时效性，在投融资渠道多元化情况下，政府始终是初始筹划者、资金投入主体、最终管理者，必须承担乡村基础设施建设的统筹、引导和监督的管理职责。

三是加强政府间与社会资本的合作投入。在推动城乡基础设施一体化建设过程，大力促进 PPP 模式的推广和实行，创新政府和社会资本的合作模式。动员与鼓励社会资本，加大对公益性强、经济性差的设施项目投入。也要落实国家推出的支持和优惠政策，减少社会资本的服务成本。中央政府与地方政府也要加强合作，降低地方政府尤其是西部省区各级政府的财政负担，引导、带动各种社会资本主体对公共设施项目投资。

二、构建乡村基础设施多元化投资机制

建立健全城乡基础设施一体化建设机制时，也要构建乡村公益基础设施多元化投资机制，对乡村供水、垃圾污水处理和农贸市场等有一定经济收益的公共设施，在坚持政府主体责任，加大财政投入力度的同时，要引入社会资本并鼓励农民合作组织的投入。

一要明确和规范政府财政的公共性、主体责任。明确省市县乡各级政府在城乡公共服务供给各环节上的分工与职责，尤其要规范对乡村公共设施投资建设的责任，细化支出责任，赋予各级政府相应的财政权力。在乡村公共设施投资建设过程中，坚持政府投资为主的主体责任，积极利用政府的财力投入，加快推进乡村民生设施建设进程。尤其是在西部欠发达地区乡村公共设施投资建设上，中央政府要加大建设资金支持力度。

二要引导社会资本投入，拓展多元化的融资渠道。在乡村供水、垃圾污水处理和农贸市场等公共设施建设上，政府要发挥公共财政投入的引导、调控作用，运用税收、贴息、补贴与奖励等多种支持手段，调动社会资本力量参与公共项目

和公共服务的投资、建设和运营，逐步形成公共设施项目的多元化投资、专业化运营的供给机制。

三要优先鼓励社会资本介入有经济收益的公共设施投资经营。政府要做好城乡基础设施一体化衔接工作，在项目的建设和推广上，要选择条件较好的地区开展社会资本投入试点，及时总结经验，然后在各地逐渐推广。对于乡村供水、垃圾污水处理和农贸市场等准经营性项目，可以有选择实行 TOT（移交—经营—移交）模式。将现有基础设施存量资产部分或者全部引入市场机制，吸引社会资本主体投资经营。将部分城市基础设施资产转让给民营企业，盘活国有存量资产。收回的政府投资建设资金，可以用于乡村基础建设，提高财政资金的利用率。通过尝试和推广政府、社会资本及农民投入合作的项目模式，有效推进城乡公共设施的市场化经营。

三、形成经营性基础设施以企业为主的投入机制

健全经营性设施建设投入机制，对经营性基础设施建设投入以企业为主。推动农村电网改造升级，加快实施宽带乡村工程。鼓励民营企业投资物流基础设施，提高乡镇和村社的物流节点覆盖率。

一要吸引多种资本融资投入经营性基础设施项目。乡村供电、电信、物流等经营性基础设施项目，采取多种融资投入方式，如委托经营、参股、BOT（建设—经营—转让）等，引进多元化投资主体。鼓励国有企业、外资企业和民营企业等各类市场主体，投资建设乡村经营性基础设施项目，并由投资者、贷款者及相关当事人等多方投资主体共同承担投资风险，以此降低政府投资风险。BOT融资方式，有助于让政府和企业之间形成伙伴关系，由政府公共财政进行投资或在政府回购资金锁定前提下，通过建设—经营—转让，再以招标方式确定承包单位。

二要推动由债权主导融资转向股权主导融资模式。通过国家政策，引导和鼓励城市公共设施经营企业，下乡开展经营性基础设施投资建设。在控制债权融资的同时，推行企业股权融资模式，扩大有关企业对经营性基础设施的投资建设能力。在乡村基础设施建设中，要激励各种社会投资者，建立面向未来的、长期稳健的项目治理结构和运营机制。

三要形成对投入经营性基础设施的回报补偿机制。在建立健全城乡基础设施一体化建设机制时，也要积极完善对投入经营性基础设施企业的回报补偿机制。采取多种方式，保证投资者的投资收益。在乡村经营性基础设施产品与服务的价

格难以及时到位的情况下，为了保证投资者能够获得一定的投资效益，政府应采取多种形式进行补偿。如设立补偿资金、提供土地开发补偿、特许经营权补偿、投融资协调服务等，缓解投资企业的经营压力。

四、创新城乡基础设施项目的投资机制

推动城乡基础设施一体化建设，要大胆创新投融资体制机制，优化和完善原来不完善、不明确、不适合的内容。对以前缺失的内容、模式、形式，要积极探索创立，创新内容可以从投融资模式的创新、拓宽和优化，以及投融资渠道、运行机制的完善等方面进行。对条件成熟的地方，支持政府将城乡基础设施项目整体打包，交给有实力的开发商，实行一体化开发建设。

一是创新政府的财政投融资模式。在强化乡村基础设施建设时期，确保财政投入规模持续增长是至关重要的。通过建立财政投入稳定增长机制，在保证对城乡公共设施的基本投入基础上，每年都要有一定规模的稳定增长。通过建立财政投入均等化机制，保证城乡基础设施财政投资向落后地区和乡村倾斜，平衡地区间和城乡间的投资建设。通过建立财政激励机制，对参与投融资的主体，实施税收优惠或财政补偿等优惠政策，激励其他主体参与城乡基础设施一体化建设。

二是创新政府与社会资本的合作模式。鼓励社会资本参与，是城乡基础设施一体化建设投融资机制的创新方向。在城乡基础设施的更多领域和更多项目上，要推广使用合作模式，创新政府与社会资本合作的融资方式。鼓励和引导地方政府和社会资本合作，共同推进城乡基础设施建设项目资产的证券化业务。支持符合条件的节能环保、可持续发展以及应对气候变化等基础设施经营企业，通过发行公司债券及资产支持证券（ABS）筹集资金。创新推动民间资本主体向金融机构融资转变，允许地方政府发行专项债券，盘活存量资产，向城乡新建基础设施建设提供资金支持。

三是试行城乡基础设施项目一体化开发建设方式。在城市郊区和人口聚集城镇，可将城乡基础设施建设项目整体打包，建立运营补偿机制，确保社会资本获得一定的合理投资回报。城乡基础设施项目一体化开发，本质是政府把基础设施项目进行联合转让，将经济效益高的项目开发利润转移到经济效益低的项目中，以平衡项目组合的预期经济效益。在城乡基础设施一体化项目中，城市项目具有规模化经营效益，收入水平比较高，而乡村项目的投资比较大，收入空间却比较小，二者可以整体打包开发或部分打包开发，实现项目组合效益平衡。

第三节　建立城乡基础设施一体化管护机制

由于乡村比较分散，基础设施的运营和养护成本较高，管护任务难度较大。对城乡基础设施，实施一体化管护机制，要积极运用市场化手段，合理确定统一管护运行模式。把乡村公益性基础设施的管护和运营，纳入一般公共财政预算。鼓励地方政府，通过购买服务方式，引入专业化企业或机构，提高乡村设施管护的市场化、专业化程度①。

一、建立财政支持的城乡道路管护一体化体制

城乡道路等公益性设施，作为城乡公共服务的重要内容，对于社会资金缺乏吸引力。必须依靠政府财政收入的全额支持，建立城乡道路管护的一体化体制，保证长期发挥运行效益。

一要支持道路管护和运行投入纳入公共财政预算。将城乡道路管护和运行投入，纳入公共财政预算，重点支持乡村道路管护与运行费用。各级政府要加大城乡人居环境的长效管护和运行的投入规模，综合考虑物价增长等因素，将其纳入一般公共财政预算，将城乡道路管护由制度外供给变为制度内供给，以满足城乡交通运输及经济社会发展的需要。

二要构建政府财政分层次进行城乡道路管护体制。基础设施管护费用投入具有层次性，各级政府财政在农村基础设施中的职责相应有所区别，全国性的、跨区域的、受益范围大的基础设施，应由中央政府提供；地方性的基础设施则由地方各级政府负责，中央政府根据实际给予适当的补助。对基层政府财力不足、投入力度不够的地区，中央政府和省级政府通过加大转移支付力度及对基础设施进行相应专项补贴，缓解基层财政压力。将省级新增的建设养护补助资金，与市、县两级出台新一轮农村公路政策及养护配套资金落实到位情况挂钩。在道路管护和运行上，按照"县道县管、乡道乡管、村道村管"的分级管理机制，落实公路管养的人员和经费。将县、乡（镇）两级管养人员经费列入财政预算，确保有人有钱管养。

三要实现城乡道路管护的常态化。根据道路养护规则和道路使用寿命，对于

① 曹敏. 建立健全体制机制推进城乡融合发展 [J]. 中国经贸导刊, 2019 (10): 5 – 14.

城乡道路应注重常态化的养护，以实现有效养护和路路畅通的目标。首先，完善城乡公路的登记，实行信息化管理，以便于进行养护。其次，加大城乡公路预防性养护，加快灾毁路段修复，稳步提升县乡道经常性养护率。再次，要将道路养护工作与美丽乡村建设、宜居环境行动部署相结合，重点推进重要县道、通景区路线和美丽乡村生态公路的建设和养护。最后，加强对财政投入资金使用的监管，实行专账核算、专款专用，接受审计部门的检查与监督，确保管护资金专项使用。

二、落实城乡基础设施的管护职责

清晰产权归属，落实管护职责。由于产权界定的模糊和职责划分的不具体，城乡基础设施管理维护主体责任的缺失问题突出，没有机构或者部门主动承担基础设施的日常维护和管理工作，容易形成基础设施资源浪费。因此，应建立城乡基础设施产权制度，落实乡村道路的管护职责。

一是明确城乡基础设施的产权归属。统筹考虑政府事权、资金来源、受益群体等因素，明确城乡基础设施的产权归属问题，鼓励、推动基础设施由产权所有者实行管护[1]。充分调动乡村基础设施使用者和所有者的管护积极性。由于基础设施的使用者和所有者与其管护利益相关，并且能够及时地了解基础设施的使用和维护情况，因而使用者和所有者有动力进行基础设施的良好维护。

二是鼓励农户和村集体参与基础设施建设和管护。对于乡村一些投入资金规模不大、技术要求不高的公共项目，可由农户和村集体自行负责参与基础设施建设和管护。行政村可以通过组建村级公益性设施共管共享理事会，设立管护基金，开发公益性岗位；也可以通过农村基层组织，以社区为单位进行投资并管理。政府可以给予一定的补贴，加上村民自筹的一些资金，由专业企业助建，再移交给农户或村集体进行后期运营和管护。这样有利于村民形成自发管护的责任心[2]。

二是建立管护的监督考核机制。县乡两级政府要健全相关的具体制度，把为人民服务的理念，贯彻到各项基础设施的服务经营中，积极完善乡村基础设施养护管理体制。同时，要高度重视公众的意见和监督，健全考核管理机制，明确县级政府、交通局、农村公路管理站、乡镇公路管理所以及养护人员、养护公司的

---

① 中华人民共和国国家发展和改革委员会．国家发展改革委财政部关于印发《关于深化农村公共基础设施管护体制改革的指导意见》的通知［EB/OL］．2019 - 10 - 19.

② 张小溪．乡村振兴背景下农村文化基础设施投融资机制创新研究［J］．城市，2019（4）：31 - 42.

考核关系，落实到位。

三、支持专业化企业参与城乡基础设施的运行管护

为提高财政投入的效益，采取政府购买专业服务的方式，推进城乡基础设施的运行管护市场化。提倡专业化公司进行专业化养护，提高乡村基础设施的管护水平。以政府购买服务或打包方式，引入专业化企业，提升乡村基础设施运行效率。

一是创新城乡公共服务供给机制。在县乡区域的基础设施一体化运行管护中，要鼓励体制机制创新，大胆引入竞争机制，推行政府购买专业化服务，改变传统养人、养设备、养机构的做法，形成有效的市场竞争，保证养护效益水平。通过市场机制，推进社会养护资源有效配置，降低管护成本，提高服务水平。

二是引入专业化企业发挥竞争优势。积极引入专业化企业和人员，发挥专业化养护效能与水平。政府部门可采用公开招标竞争的方式，鼓励各类企业参与养护竞标，利用民营企业的运营效率和竞争压力，吸引其进入乡村基础设施养护领域。在市场竞争模式下，企业先进的管理经验和专业化的技术优势可以充分发挥。同时，由于企业的营利性质，促使其提升资金的利用率，进一步缩减运行管护成本。

三是建立国企和民企的均衡合作关系。由于企业和政府、国企和民企各自具有不同的优势，相互可以取长补短，有效解决城乡基础设施运行管护中的投入不足问题。在私营经营者和政府管理机构之间建立均衡合作关系，重点要先解决公平分担风险的问题。还可以通过财政出资，在民营企业设置公益性岗位，解决社会就业问题，推动城乡基础设施一体化管护。

四是建立专业养护的补充机制。专业企业养护具有技术、设备、人力和物力上的优势，有利于使乡村公路等公共设施保持较好的状况，提高公共设施的服务水平。因此，要大力提倡并应尽可能地对乡村公路实行专业养护。由于乡村公路的服务对象、自然条件等方面有自己的特点，完全按照市场机制实行专业养护有难度，可以因地制宜，采取多种方式，聘用经过专业培训的农户养护员进行专业养护。

四、推行事业单位，企业化管理

事业单位负责城乡基础设施运营养护时，应将企业化管理和市场化运作的原则纳入其中，构建现代事业单位管理工作的新格局。通过建立科学有效的绩效管

理制度，帮助养护作业事业单位实现企业化管理的目标，保障城乡基础设施管护的顺利开展和后期运营。

一是建立事业单位企业化制度体系。推进事业单位建立企业化制度体系，是开展城乡基础设施养护管理工作的前提，也可加强企业化管理原则在事业单位的渗透吸收。在实践中，要发挥企业化管理制度的优越性，强化业务绩效管理，让每位员工遵循相关制度，严格落实管理监督目标，明确主体的责任义务，提升制度实践的针对性和有效性，更好地推进城乡基础设施的养护和运营。

二是强化专业技术人才的配置。加强业务管理力量，调动专业技术人才的积极性。按照城乡基础设施建设和养护管理体系要求，加强专职管养技术人员配置，培育专业化基础设施管养队伍。同时，要重视乡村基层管理人员和养护员工的业务指导、培训，普及建设和养护知识及技能，提升管理人员的业务水平，更好地开展城乡基础设施管护工作。

三是积极运用先进信息技术。加强信息技术在城乡基础设施养护管理的应用，推动数字化、智能化管理。将现代大数据等先进信息技术运用于事业单位企业化管理的工作，把大数据信息技术创新性转化为企业化管理效能。用"互联网＋"技术提高管理的科学性，根据需求的不同，选取相应的服务和管理模式，提升基础设施养护管理水平。实施信息化网络管理，要将基础设施管护与相应软件应用，纳入同一开发体系，提升数据应用效率和水平，实现养护业务网络化和数据化服务管理目标。

参考文献

［1］习近平.高举中国特色社会主义伟大旗帜,为全面建设社会主义现代化国家而团结奋斗——在中国共产党第二十次全国代表大会上的报告［EB/OL］.新华社,2022－10－25.

［2］中华人民共和国民政部,2021年民政事业发展统计公报［EB/OL］.中华人民共和国民政部,2022－08－26.

［3］姜刚,毛振华.分类引导县城发展方向［J］.瞭望,2022(30).

［4］孔伟艳.体制与机制的区别［EB/OL］.中国教育和科研计算机网,高校科技,2018－06－25.

［5］秦顺乔.缩小江西省城乡居民生活消费差距的对策［J］.经济师,2011(12):238－239.

［6］上海市统计局,国家统计局上海调查总队.2021年上海市国民经济和社会发展统计公报［EB/OL］.上海市统计局,2022－03－15.

［7］会宁县统计局.2021年会宁县国民经济和社会发展统计公报［EB/OL］.会宁县统计局,2022－05－18.

［8］张家港市统计局.2021年张家港市国民经济和社会发展统计公报［EB/OL］.张家港市统计局,2022－05－19.

［9］张延龙.城乡要素合理配置的四条路径［N］.经济日报,2022－08－08.

［10］张克俊,高杰.乡村振兴视域下的城乡要素平等交换:特征、框架与机理［J］.东岳论丛,2020,41(7).

［11］杨洁.论推进城乡统筹发展的体制机制创新［J］.当代经济,2011(21):68－69.

［12］杨爱君,杨昇.构建中国特色的原创性城乡融合发展理论［J］.河南社会科学,2021,29(1):92－99.

［13］金兆丰.中国统计摘要——2002［M］.北京:中国统计出版社,2002.

［14］中共中央,国务院关于建立健全城乡融合发展体制机制和政策体系的

意见 [N]. 人民日报, 2019 - 05 - 06 (001).

[15] 中华人民共和国民政部, 2022 年民政事业发展统计公报 [EB/OL]. 中华人民共和国民政部, 2023 - 10 - 13.

[16] 牛舒俊, 修泽华, 朱珊等. 新型城镇化过程中提高居民生活水平的探索 [J]. 住宅与房地产, 2017 (23): 25 - 28.

[17] 李后强. "两化" 互动更应发挥统筹作用 [J]. 中国西部, 2012 (8): 50 - 55.

[18] 何关新. 统筹城乡发展全面推进社保一体化 [J]. 中国人力资源社会保障, 2012 (4): 30 - 31.

[19] 丁宁. 中国特色城乡关系: 从二元结构到城乡融合的发展研究 [D]. 吉林: 吉林大学, 2019.

[20] 张延曼. 新时代中国特色城乡融合发展制度研究 [D]. 吉林: 吉林大学, 2020.

[21] 鲁万生. 以城乡融合促进乡村振兴的目标、难点与路径分析 [J]. 乡村科技, 2018 (19): 13 - 14.

[22] 张海生, 朱琴燕. 秀洲王店——向共同富裕典范加速奔跑 [N]. 中国经济时报, 2021 - 11 - 22 (004).

[23] 高梅生, 严金昌. 利用园地优势发展生态养鸡 [J]. 上海畜牧兽医通讯, 2005 (6): 51.

[24] 王凯, 赖镕榕. 从增加社会财富角度浅谈嘉兴秀洲区服务业发展 [J]. 统计科学与实践, 2015 (3): 47 - 50.

[25] 许经勇. 农村工业化、城镇化——温州农民收入持续增长的重要载体 [J]. 中共浙江省委党校学报, 2006 (4): 73 - 76.

[26] 林文忠. 乐清市柳市镇 "青山白化" 治理现状及对策建议 [J]. 安徽农学通报 (下半月刊), 2011, 17 (6): 15 - 16.

[27] 李王鸣, 朱珊, 王纯彬. 民营企业迁移扩张现象调查——以浙江省乐清市为例 [J]. 经济问题, 2004 (9): 30 - 32.

[28] 李玲. 城乡融合发展的浙江实践 [J]. 中共乐山市委党校学报, 2020, 22 (2): 89 - 96.

[29] 赖红波, 吴泗宗, 王建玲. 产业集群的自我否定与跨网络学习——以浙江温州低压电器产业集群为例 [J]. 华东经济管理, 2011, 25 (2): 13 - 17.

[30] 任晓. 原生式内生型产业集群的形成及其变迁——以温州柳市低压电

器企业集群为例 [J]. 社会科学研究, 2008 (5): 52 - 58.

［31］潘云夫. 新常态下中国电器之都的发展新思考 [J]. 东方企业文化, 2015 (21): 211.

［32］刘东亮. 文县碧口镇——大做"茶文章"经济和社会效益双提升 [N]. 每日甘肃网, 2017 - 11 - 20.

［33］碧口镇政府. 陇上江南碧口镇政府 [EB/OL]. 每日甘肃网, 2008 - 02 - 27.

［34］吴显文. 农业标准化建设调研报告 [J]. 现代农业, 2013 (8): 75.

［35］魏湘. 文县——种下小茶苗踏上致富路 [EB/OL]. 中国甘肃网, 2020 - 03 - 02.

［36］徐宁. 日本城镇化对城乡收入差距影响的实证研究以及对中国的启示 [D]. 兰州: 兰州财经大学, 2022.

［37］孙建军. 踏雪走基层之《首阳行》 [EB/OL]. 中国发布网, 2020 - 01 - 14.

［38］覃遵国, 周志斌. 围绕"四县"建设加快特色农业强县步伐 [J]. 党政干部论坛, 2012 (9): 8 - 9.

［39］俞树红. "中国药都"再出发——走访陇西中药材产区见闻 [N]. 甘肃经济日报, 2021 - 04 - 15.

［40］杨世智. 甘肃中药材交易中心上线运营 [N]. 甘肃日报, 2018 - 01 - 10.

［41］国家统计局甘肃调查总队. 2019 年甘肃省国民经济和社会发展统计公报 [EB/OL]. 甘肃省统计局, 2020 - 03 - 20.

［42］刘烨铭. 城乡要素双向流动的现实困境与破解 [J]. 成都行政学院学报, 2020 (2): 28 - 33.

［43］盛广耀. 中国城乡基础设施与公共服务的差异和提升 [J]. 区域经济评论, 2020 (4): 52 - 59.

［44］张永刚. 甘肃城镇基础设施投资与建设分析 [J]. 发展, 2018 (12).

［45］雷兴长, 王韫玉. 乡村振兴战略背景下城乡融合问题及路径 [J]. 经济师, 2021 (11): 32 - 33.

［46］国家统计局. 第三次全国农业普查主要数据公报 [EB/OL]. 国家统计局, 2017 - 12 - 15.

［47］发展改革委. 建立健全城乡融合发展机制体制和政策意见发布会 [EB/OL]. 发展改革委网站, 2019 - 05 - 06.

［48］张沛．专家：城乡融合发展要健全要素流动体制机制［N］．金融时报，2019 - 05 - 07.

［49］浙江省统计局，国家统计局浙江调查总队．2020 年浙江省国民经济和社会发展统计公报［N］．浙江日报，2021 - 02 - 28.

［50］柳博隽．统筹城乡的"浙江经验"［J］．浙江经济，2012（2）：23 - 26.

［51］解读浙江户籍制度改革新政全面放开县（市）落户限制［N］．温州日报，2016 - 01 - 15.

［52］徐光．浙江省发布全国首个美丽城镇建设评价办法［EB/OL］．浙江在线，2020 - 05 - 22.

［53］鄢毅平．美国缩小城乡收入差距对我国的启示［J］．中国集体经济，2011（13）：195 - 196.

［54］薛晴，任左菲．美国城乡一体化发展经验及借鉴［J］．世界农业，2014（1）：13 - 16.

［55］刘勇刚．缩小我国城乡收入差距的对策探析［J］．重庆行政（公共论坛），2013，14（5）：55 - 56.

［56］赵云峰．基于城乡一体化我国新型农村社区问题发展研究［J］．特区经济，2014（4）：150 - 151.

［57］徐宁．日本城镇化对城乡收入差距影响的实证研究以及对中国的启示［D］．兰州：兰州财经大学，2022.

［58］郭建军．日本城乡统筹发展的背景和经验教训［J］．农业展望，2007（2）：42 - 45.

［59］首都社会经济发展研究所和日本经营管理教育协会联合课题组，课题负责人王鸿春，［日］坂本晃．执笔人张晓冰，［日］水野隆张，有元舜治（日），吴玲玲．日本缩小城乡差距政策之考察［N］．北京日报，2011 - 10 - 17.

［60］刘进军，韩建民．明确乡村功能定位科学实施乡村振兴战略［N］．光明日报，2018 - 06 - 05.

［61］国家统计局．第三次全国农业普查主要数据公报（第一号）［EB/OL］．国家统计局，2017 - 12 - 14.

［62］雷兴长，徐烨．西北民族地区乡村振兴的途径与选择［J］．社科纵横，2019，34（1）：28 - 33.

［63］国家统计局．中华人民共和国 2019 年国民经济和社会发展统计公报［EB/OL］．国家统计局，2020 - 02 - 28.

［64］宋洪远．深化农村改革赋予农民更加充分的财产权益［J］．农村经营管理，2023（3）：16－18.

［65］王红艳．对农村土地经营权流转与农业规模经营发展的思考［J］．中国科技投资，2013（8）：197－197.

［66］韩长赋．中国农村土地制度改革［J］．农村工作通讯，2018（12）：32－35.

［67］贺雪峰．慎重稳妥推进农村宅基地管理制度改革完善［J］．中国党政干部论坛，2014（6）：18－20.

［68］雷兴长．从城乡融合发展视角探索农村宅基地制度改革［J］．社科纵横，2021，36（3）：64－68.

［69］陈文胜，陆福兴，王文强．稳妥推进农民住房财产权改革［N］．光明日报，2015－05－03.

［70］中国土地勘测规划院．全国城镇土地利用数据汇总成果分析报告［EB/OL］．国土资源部门户网站，2015－12－29.

［71］海皮．以宅基地改革确立乡村振兴的空间布局（上）［EB/OL］．澎湃新闻，2018－05－02.

［72］张军扩，张云华．关于深化农村宅基地制度改革的思考［N］．中国经济时报，2017－04－27.

［73］于晓华，钟晓萍，张越杰．农村土地政策改革与城乡融合发展——基于中央"一号文件"的政策分析［J］．吉林大学社会科学学报，2019（5）：66－72.

［74］中共中央，国务院．关于建立健全城乡融合发展体制机制和政策体系的意见［EB/OL］．新华社，2019－05－05.

［75］甘肃省人民政府．中共甘肃省委甘肃省人民政府关于建立健全城乡融合发展体制机制和政策措施的实施意见［N］．甘肃日报，2019－10－01.

［76］邵占维．抓住重点推进城乡融合协调发展［J］．中国乡镇企业，2011（12）：63－64.

［77］中华人民共和国中央人民政府．发展改革委就建立健全城乡融合发展体制机制和政策体系有关情况举行发布会［EB/OL］．中国网，2019－05－06.

［78］商务部服务贸易和商贸服务业司．商务部关于促进农村生活服务业发展扩大农村服务消费的指导意见［EB/OL］．中国商务部网站，2016－10－17.

［79］王华存，王舒婷，钱国权等．兰西城市群要素市场化配置及实现路径

［J］．开发研究，2022（5）：81 – 89.

［80］刘越山．扛稳粮食安全重任［J］．经济，2022（2）：40 – 43.

［81］闫东浩，崔萌，周自军．高质量推进高标准农田建设的思考［J］．中国农业综合开发，2022（4）：15 – 17.

［82］中共中央，国务院．关于全面深化农村改革加快推进农业现代化的若干意见［J］．河南农业，2014（3）：4 – 8.

［83］中共中央，国务院．关于建立健全城乡融合发展体制机制和政策体系的意见［N］．人民日报，2019 – 05 – 06.

［84］李旭．农产品加工企业的发展困境与对策——以湖北土老憨生态农业集团为例［J］．山西农经，2022（11）：72 – 74.

［85］中共中央，国务院．关于建立健全城乡融合发展体制机制和政策体系的意见［N］．人民日报，2019 – 05 – 06.

［86］何萱．新型农业经营主体培育政策研究［J］．农民致富之友，2018（14）：6.

［87］雷兴长，徐烨．西北民族地区乡村振兴的途径与选择［J］．社科纵横，2019，34（1）：28 – 33.

［88］农业部．关于推进"三品一标"持续健康发展的意见［J］．农产品质量与安全，2016（3）：6 – 8.

［89］李登旺，仇焕广，吕亚荣等．欧美农业补贴政策改革的新动态及其对我国的启示［J］．中国软科学，2015（8）：12 – 21.

［90］张红宇．中国特色农业现代化——目标定位与改革创新［J］．理论参考，2015（6）：31 – 38.

［91］泰安市农业农村局项目部．我省推进基础设施向农村延伸［EB/OL］．泰安市农业农村局，2018 – 08 – 23.

［92］卓健．城乡交通与市政基础设施［J］．城市规划学刊，2014（6）：117 – 120.

［93］山东省人民政府．中共山东省委山东省人民政府贯彻《中共中央、国务院关于建立健全城乡融合发展体制机制和政策体系的意见》加快推进城乡融合发展的实施意见［EB/OL］．山东省人民政府，2020 – 03 – 03.

［94］夏锦胜，陈昌阔，汪君珠等．贵州六盘水市大河镇煤矿集中开采区矿山环境综合治理经验［J］．科技资讯，2022，20（20）：140 – 143.

［95］曹敏．建立健全体制机制推进城乡融合发展［J］．中国经贸导刊，

2019（10）：5－14.

［96］中华人民共和国国家发展和改革委员会．国家发展改革委财政部关于印发《关于深化农村公共基础设施管护体制改革的指导意见》的通知［EB/OL］．发改农经〔2019〕1645 号，2019－10－19.

［97］张小溪．乡村振兴背景下农村文化基础设施投融资机制创新研究［J］．城市，2019（4）：31－42.

后　记

　　本书是甘肃省软科学项目"高质量发展视域下甘肃省推进城乡融合的发展机制与政策实践研究"阶段性成果（项目号23JRZA426）和甘肃省社科规划重点招标课题"健全城乡融合发展体制机制研究"阶段性成果（项目号20ZD007）。

　　本书的研究写作大纲由雷兴长拟定，雷兴长、谭伊茗、伏广彬写作、修改，研究生参与课题的调研，雷兴长负责统稿。本书在调研、写作、出版过程中，得到了兰州财经大学、兰州工商学院的大力支持，在此表示感谢。

　　本书内容的研究写作分工如下：

第一章　导论（雷兴长）

第二章　城乡融合发展的基础理论（雷兴长）

第三章　城乡融合发展的重点理论（雷兴长）

第四章　城乡融合发展的核心理论（雷兴长）

第五章　乡镇城乡融合发展的案例分析（雷兴长）

第六章　城市工商资本下乡融合发展案例分析（雷兴长）

第七章　城乡融合发展面临的诸多问题（谭伊茗、伏广彬）

第八章　借鉴东部地区与发达国家的城乡融合经验（雷兴长、谭伊茗）

第九章　推动农业转移人口市民化（谭伊茗、伏广彬）

第十章　实行乡村发展要素的开放体制（谭伊茗、伏广彬）

第十一章　健全城市发展要素的下乡创业机制（雷兴长、伏广彬）

第十二章　构建乡村经济多元化的发展机制（雷兴长、伏广彬）

第十三章　铸造乡村居民收入的增长机制（谭伊茗、伏广彬）

第十四章　实施城乡基础设施建设维护一体化机制（谭伊茗、伏广彬）

雷兴长

2024 年 12 月 6 日